"双减"中的幸福体育

霍中阳◎编著

中国书籍出版社
China Book Press

图书在版编目（ＣＩＰ）数据

"双减"中的幸福体育 / 霍中阳编著 . -- 北京 : 中国书籍出版社 , 2022.5

ISBN 978-7-5068-9029-8

Ⅰ . ①双… Ⅱ . ①霍… Ⅲ . ①体育课—教学研究—小学 Ⅳ . ① G623.82

中国版本图书馆 CIP 数据核字 (2022) 第 089559 号

"双减"中的幸福体育

霍中阳　编著

责任编辑	李　新
责任印制	孙马飞　马　芝
出版发行	中国书籍出版社
地　　址	北京市丰台区三路居路 97 号 (邮编 :100073)
电　　话	(010)52257143(总编室)　 (010)52257140(发行部)
电子邮箱	eo@ chinabp. com. cn
经　　销	全国新华书店
印　　刷	三河市明华印务有限公司
开　　本	710 毫米 ×1000 毫米　 1/ 16
字　　数	300 千字
印　　张	16.688
版　　次	2022 年 5 月第 1 版
印　　次	2022 年 5 月第 1 次印刷
书　　号	ISBN 978-7-5068-9029-8
定　　价	72. 00 元

作者简介

　　霍中阳，高级教师，北京市体育学科教学带头人，现任北京市密云区第二小学教师。先后担任密云区学校体育工作指导小组成员、"北京特级教师工作室"成员、"密云区篮球名师工作室"及"密云区小学体育工作室"核心成员。曾荣获"北京市体育达标先进个人"、"密云区教委系统师德先进个人"等市区级荣誉称号。

　　承担或参与《"高素质专业化创新型"视野下卓越体育教师专业标准构建与培养方略》、《信息技术融入小学居家锻炼课程开发研究》等多个教育部、市、区级课题。参与编写北京师范大学出版社出版的《义务教育体育与健康课程标准解析》和高等教育出版社发行的《中小学体育教材教法》等，先后有十余篇论文在《北京教育》、《中国学校体育》、《体育教学》等刊物发表。

序

2021 年 7 月 24 日，中共中央办公厅、国务院办公厅印发了《关于进一步减轻义务教育阶段学生作业负担和校外培训负担的意见》。2021 年 8 月 14 日，中共北京市委办公厅、北京市人民政府办公厅印发《北京市关于进一步减轻义务教育阶段学生作业负担和校外培训负担的措施》，其中就"有效减轻学生过重作业负担"提出四项落实举措：（1）统筹作业管理；（2）控制作业总量；（3）加强作业设计指导；（4）用好课余时间。2021 年 8 月 17 日北京市举行的新闻发布会上，进一步明确了北京市在校内服务提质增效方面，有效减轻学生过重作业负担是减轻课内负担的重要切入点，包括统筹作业管理，控制作业总量，加强作业的设计指导，充分发挥作业的诊断、知识巩固、学情分析等功能，体现素质教育导向、涵盖德智体美劳全面育人的基础性作业，鼓励布置分层、弹性、个性化的作业，切实提高作业质量和针对性。一系列文件、政策和新闻的重磅出台，不仅牵动着北京市学校体育的未来发展走向，同时影射出国家对于青少年健康心理与强健体魄的重视程度已是前所未有。该书正是在课改与"双减"的浪潮中因势利导，因情施策，应运而生。

该书是北京市密云区第二小学在"双减"中探索幸福体育的教学之路，该校为贯彻和落实中央和北京市的文件，推行了学、练、赛相结合的幸福体育教育，打造了集运动能力、健康行为、体育品德为一体的发展学生核心素养的幸福体育课堂，做好让学生掌握 1~2 项运动技能，提升学生身体素质和运动能力的课程实施方案。该校体育组一直在研究学校的体育教学，常态化的在抓"育体"与"育心"两者的有机结合，形成内在的统一，力求实现"育德、育智、育体、育美、育劳"全面发展的密云二小"幸福体育全面教育"。学校的体育教育强调学生只有在学会运动技能、增强体质的同时才能促进学生的心理健康与体育品德，并在教与学、学与练、练与赛的过程中体验运动项目完整性，这是该校对"幸福体育"的追求。具体校本课程体现在该校的体育课程实施方案，具有一种不寻常的文化和理念，特别强调法于"学"中生成，于"练"中内化，于"赛"中升华，这与"双减"提质增效，促进学生从"被动体育"向学生自主自爱自练的"主动体育"有着异曲同工之妙。该校还站在一定的高度研究，"欲文明其精神，先自野蛮其体魄；苟野蛮其体魄矣，则文明之精神随之。"学校体育固本行动，面向全体学生，开足开好体育与健康课，完善"健康知识＋基本运动技能＋专项运动技能"的体育教学模式。坚持教学是基础、训练是重点、竞赛是关键、育人是根本的原则，已势在必行，毋庸置疑。他们无论是炎炎夏日里的汗流浃背，抑或是凛凛寒冬中的坚韧不拔，寒来暑往，四季迁流，他们以浑厚的口号，嘹亮的哨音，谱写着"双减"背景下幸福体育的美妙乐章。

该书于笔墨之间流露出密云区第二小学在校长的引领和带动下，体育教师以生为本、尊重学生天性的释放，唤醒学生对体育的热爱，以落实核心素养导向下的教学目标为宗旨，以学生掌握1~2项运动技能为目的，以针对重难点开展探究性体育活动实效性为载体。完全的体现了该校校长的办学理念和顶层设计。字里行间彰显着为师者的专业素养，彰显着体育教师上好体育课的同时，利用一切时间在做教学研究、学生研究、教育研究。这其中有一位好带头人，密云区第二小学体育组组长霍中阳老师，我认识霍老师好多年了，从他1995年在北京教育学院参加学历进修到北京市小学体育学科教学带头人，再到2021年参与编写高等教育出版社发行的《中小学体育教材教法》，我很高兴看到他的成长与进步。"双减"背景下，他和他的团队正在努力打造"双增"课堂，增强课堂教学质量与教学效率，致力于构建以"幸福体育"为核心理念的课堂教学。并能够将其所积淀的经验以文字形式呈现，诠释了我们体育教师教学、研究、撰写于一体，值得我们学习和尊敬。

陈雁飞

2022 年 3 月于北京

前　言

体育课程是传授学生终身体育技能，引导学生在未来学习、工作中正确认识体育运动，科学参加体育锻炼的重要工具。因此，学校体育课程肩负着重要的使命。2021年7月24日，中共中央办公厅、国务院办公厅印发《关于进一步减轻义务教育阶段学生作业负担和校外培训负担的意见》（简称"双减"政策）。教育机构应通过"双减"助力补齐学生体质健康短板，建设体教融合相关特色学校，实现体育课程"教会、勤练、常赛"，促进学生体育学业评价和升学体育考试的科学化，使体育与劳动、国防、安全、科技、艺术教育相结合。本书将围绕"双减"政策下的幸福体育教学展开论述。

本书分为七个章节。第一章为"双减"政策下的"双增"育人模式（理念），从幸福观角度对"双减"政策下的体育教学模式进行简单论述；第二章为指向核心素养的体育大单元教学，前四节通过对篮球、足球、武术、体能训练四个体育教学的主题内容对大单元模式教学进行展开论述，第五节通过案例对这一教学模式进行深入分析；第三章为打造特色体育课后服务多元供给，主要从社团活动的角度对体育教学的课后服务展开论述。第四章为落实体教融合的课余体育训练，主要围绕篮球、足球、田径等项目的课余体育训练展开论述。第五章为培养集体荣誉感的群体活动，从课间操、集体跑步、体育节、单项赛等方面进行分析和探索。第六章为提升主观幸福感的家庭体育作业，则从体测类、活动类、拓展类等三个方面对体育作业与学生主观幸福感进行研究和论述。第七章为"双减"政策下学校、学生变化喜人，从主管领导、班主任、家长和学生的角度，对"双减"政策下的体育教学活动进行分析论述。

本书在撰写的过程中，得到了许多专家学者的帮助和指导，参考了大量相关学术文献，在此表示真诚的感谢！

由于作者水平有限，加之时间仓促，疏漏之处在所难免，在此，恳请同行专家和读者朋友批评指正！

作者

2022年1月

目录

第一章 "双减"政策下的"双增"育人模式（理念）

2021 年 5 月，中央全面深化改革委员会第十九次会议，审议通过了《关于进一步减轻义务教育阶段学生作业负担和校外培训负担的意见》（以下简称《意见》）。《意见》的出台旨在深入贯彻党的十九大和十九届五中全会精神，切实提升学校育人水平，持续规范校外培训（包括线上培训和线下培训），有效减轻义务教育阶段学生过重作业负担和校外培训负担（以下简称"双减"），构建教育良好生态环境，有效缓解家长焦虑情绪，促进学生全面发展、健康成长。在"双减"落实的同时，其实也是在推动"双增"。所谓"双增"，一是减轻校内课业负担，使学生参加户外活动、体育锻炼、艺术活动、劳动活动的时间大幅增加；二是减轻校外培训负担，把体育和美育列入非学科类培训，使学生接受体育和美育的校外培训时间大幅增加。

"双减"政策对学校体育工作提出了新的要求，学校体育要借"双减"政策的东风实现"质效双增"。《意见》提出，要提升课堂教学质量，科学利用课余时间开展适宜的体育锻炼，提高课后服务质量等。在"双减"政策下，学校体育教学首先要抓好课堂教学主阵地。以新课程标准为依据，优化教材教法，科学制订教学进度计划；以"学、练、赛"为抓手，激发学生竞赛热情，认真上好每一节体育课；努力打造良好的师生关系，不断提升学生体育学习能力，促进学生体质体能的科学性发展；有效普及体育基础知识，教会学生运动的技能技巧，培养学生爱运动、愿运动的意识与习惯，为学生的终身体育发展奠好基，铺好路。其次要组织指导好学生课外体育运动。课后服务保证了学生"勤练"的时间，只有"勤练"了，技能提高了，才可能"常赛"，通过比赛来检验成果，使学生获得体育运动的成就感。各个社团组织必须尽最大的容量，满足学生不同层次的需求，使田径、篮球、排球、足球、乒乓球、羽毛球、板球、毽球、独轮车、花样跳绳、武术、体操、健美操、韵律操、舞蹈等项目在校园遍地开花，形成连续不断、形式多样的赛事，满足学生多样化需求。除了教会学生锻炼身体技能、提高身体素质之外，还要把体育育人的作用发挥出来，在科学训练的过程中帮助学生磨炼坚强意志、培养健全人格，实现全面发展。

第一节　探索"双减"中的以体育人

毋庸赘言，获取幸福的途径或有很多种。但随着社会的发展与进步，人们越来越深刻地认识到，教育才是获得幸福的最佳手段和途径。它不仅仅是为学生的成人做准备，更是伴随着人类终身的生存方式。近年来，北京市密云区第二小学（以下简称"密云二小"）一直探索和践行幸福教育。学校体育以"学会、勤练、常赛"为抓手，引导学生享受运动乐趣，聚焦健康知识、基本运动技能、专项运动技能的形成，努力提高迁移能力，形成良好体育品德，最终达到"以体育人"的目的。

"教育的根本目的是促进人的全面发展"，"立德树人"是发展中国特色社会主义教育事业的根本所在，是培养德智体美劳全面发展的社会主义建设者和接班人的本质要求。体育代表着青春、健康、活力，关乎人民幸福，关乎民族未来，是立德树人的育人工程[1]。到了 2035 年，现在的中小学生正是中国特色社会主义建设的主力军，他们经历的体育教育，幸福健康成长的历程，对实现教育强国、体育强国、健康中国的国家战略至关重要。

一、追问幸福

幸福是个极富魅力和诱惑力的词汇，它是人生的最终目的，追求幸福是人类所具有的天赋权利。幸福具有主体性，是人们存在和生活的基本目标。幸福的内容丰富，寓意深远。有人说幸福是感悟出来的；有人说幸福是体验出来的；有人说幸福是创造出来的。有人认为快乐是一种幸福，有人认为吃苦耐劳是一种幸福，有人认为物质上的富有是一种幸福，有人认为精神上的满足是一种幸福。总之，幸福与一个人的价值理念、情操志向、文化素养、审美情趣密切关联，与人的现实生活息息相关。有先哲说："生活和幸福原来就是一个东西，一切的追求，至

---

[1]　深入学习贯彻习近平总书记系列重要讲话精神推动学校体育工作再上新水平——中共中央政治局委员、国务院副总理刘延东在全国学校体育工作座谈会上的讲话摘登 [J]. 中国学校体育，2017（10）：14-16.

少是一切健全的追求都是对幸福的追求。"①古往今来，无论是在西方还是在东方，人们都在普遍地追求幸福，寻觅幸福，而对幸福真义的把握无疑将有助于人们获得并创造幸福。

（一）历史的追寻

幸福是个古老而神圣的话题，人们幸福观念的产生和形成，经历了一个渐进的发展过程，人类对幸福的探索，也经历了这样一个辩证的发展过程。

纵观中外先贤探索的历程，可以看出，他们从不同的方面对幸福问题阐发了自己的见解，提出了许多颇有价值的思想。在西方，人们对幸福的探讨可以追溯到两千多年前的"古希腊三哲"时期。苏格拉底的"美德就是知识"的命题就具有丰富的内涵。首先，他认为知识是德行的必要条件。也就是说，任何行为只有受道德知识的指导，才可能是善的。反之，如果不受道德知识的指导，便不可能为善。苏格拉底说："追求知识有着极大的重要意义"，"使一切人德行完美所必需的就只是知识"。苏格拉底把幸福与智慧联系起来，十分强调智慧和知识在人们获得幸福中的重要作用。柏拉图认为单纯的感性生活不能获得幸福，而单纯的理性生活也不能得到幸福，他提出，善的生活应该是一种混合的生活，是一种理性与感性、快乐与智慧混合的生活，柏拉图的幸福观显示出"和谐"的特征②。亚里士多德则把德性看成幸福的重要构成内容，认为"幸福即是某种德性"，"幸福是合乎德性的现实活动"，他是幸福和谐论的著名代表。

继"古希腊三哲"之后的伊壁鸠鲁对幸福的阐述更为直接和丰富，他说："幸福是一种快乐的体验"，"幸福的生活是我们天生的善，我们的一切取舍都从快乐出发，我们的最终目标乃是得到快乐"。伊壁鸠鲁将快乐区分为两种，一是身体快乐，二是精神快乐。他强调精神快乐，不提倡"有花堪折直须折"的及时行乐。赫拉克利特提出："仅仅把肉体看成是一种幸福是错误的。"德谟克利特则指出"给人幸福的不是身体上的好处，也不是财富，而是正直和谨慎。"他还说："幸福不在占有畜群，也不在占有黄金，它的居处是在我们的灵魂之中。"

到了近代，对幸福的阐释最富代表性的便是弗洛伊德。弗洛伊德认为幸福来自本能，尤其是人们性本能的满足。"本能的心理能量是幽闭在本我之中的，随着时间的延长，这些心理的能量不断聚集、增长，以致肌体内部的紧张程度太高而不能忍受。因此，本能会要求能量的不断释放以减轻紧张度。当能量释放时，

---

① 费尔巴哈. 费尔巴哈哲学著作选 [M]. 商务印书馆出版社，1984：543.
② 罗素. 西方哲学史 [M]. 商务印书馆出版社，1981：143.

紧张度下降，人随之体会到快乐感。"阿德勒则把幸福感同生活的意义联系起来，他认为："生活的意义不是为个人优越而奋斗，而是在于如何满足人类和谐友好的生活，渴望建立美好社会的需要，在于对人类全体发生兴趣。"个人一旦体会到这种生活的意义，也就获得了幸福。

在我国，人们对幸福的探讨也有颇丰硕的成果，强调突出"己悦"与"众乐"。孔子有言："知之者不如好之者，好之者不如乐之者""学而时习之，不亦说乎""有朋友自远方来，不亦乐乎"。孟子也说人生有三乐："父母双全，兄弟无故，一乐也；仰不愧于天，俯不怍于地，二乐也；得天下英才而教育之，三乐也！"这里的"悦"与"乐"实际上是一种情感满意状态，也是一种幸福。

范仲淹倡导的"先天下之忧而忧，后天下之乐而乐"，文天祥提倡的"人生自古谁无死，留取丹心照汗青"，所阐述的是一种广博浓烈、极富有道德意义的幸福。这是一种具有崇高境界的幸福，它是建立在奉献自己、幸福别人这一基础上的。

幸福是一个宏大、永恒又艰难的命题，虽然东西方无数贤哲不断对幸福进行历史的追寻，也提出了许多闪光的思想，但幸福依然是一个待解的难题。它既简单奇妙，却又模糊混沌。幸福究竟要义何在？虽然志士仁人没有给出一个确切的、为世人所公允的答案，但却给了我们颇多的启迪和感悟。

（二）现实的辨析

我们没有能力也没有必要给出一个公认的幸福的定义。在此，仅针对"幸福——教育的应然选择"这一命题，结合历史的思索和现实的辨析做必要的解读。我们不能回避的话题就是"幸福是什么？"

幸福是一种主观感受。幸福尽管有其客观来源，但终归还是一种主观感受。幸福是一种心理体验，属意识范畴。幸福与不幸福存在于每个人的独特体验中。在人的心理体验之外，无所谓幸福不幸福。换言之，幸福是人类个体认识到自己需要得到满足以及理想得到实现时产生的一种情绪状态，是由需要（包括动机、欲望、兴趣）、认知、情感等心理因素与外部诱因的交互作用形成的一种复杂的、多层次的心理状态。

幸福是一种客观状态。幸福问题其实是一个价值问题。价值反映的是客体对主体特定需要的满足程度，故价值有高低、大小之别。需要是对客观对象的需要，这决定了作为客体满足主体需要程度的价值，是客观的，蕴涵于价值中的幸福也因此必定是客观的。

幸福是和谐发展。幸福是各种好事的整体优化和和谐发展。个别和短时的快乐未必是真的幸福，个别和短时的痛苦也未必是真的痛苦，再好的单一事件都构不成完美的生活和全面的幸福。幸福在时间上、内容上，都只能指其整体优化和相互协调的状态。幸福指数是许多快乐指数的有机整体。

幸福与快乐关系密切，一切幸福都离不开快乐。但幸福又不等同于快乐。一方面，快乐通常与较低的目标相联系，具有瞬时性，但幸福是长久的，具有稳定性。它通常与重大的目标、价值实现相联系。"幸福是对于人生具有重要意义的需要、欲望、目的得到实现的心理体验"[①]，"幸福是人们在社会生活实践中，由于感受到人生价值的实现而形成的一种精神上的满足"[②]。另一方面，快乐是幸福的前提，幸福是对人生有重大意义的快乐，日常生活中的快乐只有与人生价值和目的相联系，只有与人的至善完满的幸福相联系，才能获得人生存在的意义。

从内容上看，幸福无外乎涵盖了三个方面：衣、食、住、行、用等诸领域优越的物质生活条件；不同个人和群体间的协调关系；个人良好的内在精神状态。所以，幸福包括了物质的幸福、社会的幸福（伦理幸福）和精神的幸福。物质的幸福涉及的是人和自然的关系，即人类如何抵御饥饿、严寒、疾病、自然灾害等威胁，获得相对自然界的安全感和自由感。社会的幸福实际上就是人与人之间的关系，涉及的是个体如何在社会关系中获得安全感、归属感、自由感和成功感。精神的幸福涉及的是个体无限心灵与其所处的有限现实之间的关系，或者说是超越世界与现实的关系，其所面临的是如何在有限的现实中追求永恒的价值和获得生活的意义。幸福就是一种感觉，敞开心灵去感受，幸福无处不在；幸福就是一种充实、闲适，没有空虚感、匮乏感、无聊感，没有内在的紧张、焦虑；幸福就是内心的平安，自由自在；幸福就是主动学习、自主学习、开放学习、创造学习体验的快乐；幸福就是心理健康与身体健康的和谐统一。

二、幸福教育

教育观是教育活动及其结果的性质和意义在人的意识中的反映，内含着教育的价值，体现出教育的价值取向。一方面，作为一种社会现象，教育总是为一定的统治阶级服务的，为维护一定政治集团的利益，并通过提高劳动者的技术素养和能力素养对经济发展产生促进作用，直接表现在国民经济速度增长、国家科技水平提高、军事力量强大等显性的现象上。教育所具有的这种政治功能和经济功

---

① 孙英．幸福论 [M]．人民出版社，2004：18．
② 高兆明．存在与自由伦理学理论 [M]．南京师范大学出版社，2004：255。

能，就是人们在普通意义上所认识和理解的教育的社会价值，也就是教育的"有用性"。从国家发展的角度看，将"有用性"的教育目标确定为教育活动的目的，应该是十分必要的。另一方面，教育的对象是人，幸福教育就是要把教育的目的回归到人，体现出教育对人的关照，其目的是培养人的幸福情感和幸福能力，培养能够发现幸福、创造幸福、享用幸福的人。无论教育是以"个人"还是"社会"抑或兼顾社会与个人，都需要通过教育协调起来，从而实现幸福教育。

有人说过："真正的幸福教育是不能描写的，它只能体会，体会越深就越难以描写，因为真正的幸福教育不是一些事实的汇集，而是一种状态的持续。"因此，幸福教育既不是一种口号，也不是一种教育模式，而是一种教育观念、教育追求和教育理想，只可意会，不可言传。幸福教育是一种感觉，这种感觉应该是愉快的，使人心情舒畅，甜蜜快乐的；幸福教育就是以培育人的情感为目的的教育，是培养能够创造幸福、享受幸福的全面发展的人的教育。学校是学生心灵成长的场所，是学生通向未来幸福的驿站。兴趣的产生、知识的获得、思维的深化、想象的拓展，蕴涵着无尽的幸福，在这个幸福的乐园中，学生能健康成长，放飞理想，拥有持久的幸福感。

亚里士多德认为，学生对精神丰富、精神高贵的追求，就是对幸福的追求。学生的幸福表现为：教育教学中所建构的意义不断充实，德性不断发展，得到自我的充分发展与自由，精神变得丰富和高贵。这就是幸福教育的终极追求。幸福教育让学生在幸福生活中准备未来的幸福生活。幸福教育既关照当下，更指向未来。幸福教育关注学生生命的自觉与成长，关注爱、价值与归属，追求生命的真实成长与意义。

密云二小倡导的幸福教育包含身心健康、知识技能、社会（人文）三个层面。

我们倡导的健康是身体及心理的双重健康。身体健康主要指身体形态发育良好，体形均匀，对疾病的抵抗能力较强，能够适应环境变化，有较强的身体活动能力和劳动能力，身体健康是一切的根本。心理健康是指心理的各个方面及活动过程处于一种良好或正常的状态。心理健康的理想状态是保持性格完好、智力正常、认知正确、情感适当、意志合理、态度积极、行为恰当、适应良好的状态。

幸福教育所指的知识和技能是学生通过学习或实践而获得的知识与能力。既要让学生学会当下需要的知识和技能，也要为学生将来工作、生活所需的知识和技能打下基础。

社会（人文）是指对学生信仰、情感、道德和美感等方面进行教育和培养，为国家培养有责任感和家国情怀的社会主义建设者和接班人。

密云二小倡导的幸福教育最终就是要使学生有良好的自我意识，能做到自知自觉，既对自己的优点和长处感到欣慰，保持自尊、自信，又不因自己的缺点感到沮丧；具有学习、工作、生活所需的基本知识和技能；坦然面对现实，既有高于现实的理想，又能正确对待生活中的缺陷和挫折，做到"胜不骄，败不馁"；保持正常的人际关系，能承认别人，限制自己；在与人相处中，尊重多于嫉妒，信任多于怀疑，喜爱多于憎恶；有较强的情绪控制力，能保持情绪稳定与心理平衡，对外界的刺激反应适度，行为协调；处事乐观，满怀希望，始终保持一种积极向上的进取态度；珍惜生命，热爱生活。

平山无墨千秋画，湛水无弦四季歌。幸福教育是教育的出发点、终极目标和核心价值观。幸福的学生都是一颗颗独特的真善美的种子，我们要通过幸福教育，锻造生命智慧，把颗颗种子引向幸福，引向希望。

三、"双减"中的幸福体育

为了有效落实"双减"政策，增强学生体质健康，北京市密云区第二小学在幸福教育理念的引领下，推行学、练、赛相结合的幸福体育教育。立足学生的认知规律，满足学生多样化的需求，打造特色突出、切实可行的体育文化。

在课堂教学中，首先，积极落实教会、勤练、常赛，多采用互助式、合作式、探究式等方法实施教学。学生在课堂上知道学什么，怎么学，为谁学。其次，教师精讲，为学生提供多种练习方法，保证其多练。每节课最后要设有比赛环节，以赛带练，为学生提供个人、小组、群体等形式多样的比赛。

其次在"两操"中愉悦身心。下课铃声响起，学生们期盼的大课间到了，他们安静有序地来到操场：上午，伴随着轻快的《上学歌》音乐节奏跳起自编操，做起了《垫上操》；下午，伴随着动感十足的音乐节奏，进行集体跑步。学生们不仅锻炼了身体，还愉悦了心情。

再次在"课后服务"时间满足个性化需求。学校充分利用资源优势，开展丰富多彩的篮球、足球、乒乓球、武术、花样跳绳等多项体育类的社团活动，以满足学生多样化需求。为学生搭建多种展示平台，形成了班级—年级—学校—区级—市级一贯的比赛机制，有效开展幸福体育育人活动，让学生在常赛中，长技能，促成长。

"双减"政策的目的是让教育回归本真，体育不仅代表着强健体魄，更代表着积极向上的精神。青少年是祖国的未来，更是体育强国的建设者。学—练—赛相结合的体育教育模式，让学生在学习体育知识的过程中更加热爱体育活动，在不断练习中强健体魄，在多样赛事中健全人格，"放肆"成长。

（一）"育体"与"育心"

由于人体是体质与心理的统一体，所以联合国世界卫生组织对"健康"的定义是：健康不仅是没有疾病和不虚弱，而且应包括体格、心理和社会适应能力的完美状态。国际初级卫生保健大会发表的《阿拉木图宣言》对健康的描述是：健康不仅是疾病与体弱的匿迹，而且是身心健康、社会幸福的完美状态，并提出"达到尽可能的健康水平，是世界范围内的一项最重要的社会性目标"。

（1）"育体"即通过身体练习，增进学生的身体健康，增强学生的体质，学会1~2项体育运动技能，掌握一定的运动技巧。

体育在教育中历来占有重要地位。古希腊著名哲学家赫拉克利特说过："如果没有健康，智慧就难以表现，文化无从施展，力量不能奋斗，财富变成废物，知识也无法利用。"毛泽东同志在《体育之研究》一文中精辟指出："体育之道，配德育与智育，而德智皆寄于体，无体是无德智也。""体者，载知识之车而寓道德之舍也。"科学地阐明了德智体三育的辩证关系。毫无疑问，健康是人生幸福的根本保证，拥有健康是拥有一切的前提。

有权威机构调查表明，初中生把"身体健康"放在人生追求的第12位，高中生放在第5位，大学生放在第2位。在老年人生活状况诸因素中，健康状况与生活满意度最为密切。很多研究均证实了身体健康状况对老年人的幸福感有显著影响。而且随着年龄的进一步增大，健康的影响力也越来越大 [1]。

这是一个很奇怪的现象。对于健康问题，年龄越小越忽视，年龄越大越重视，健康的地位成为一个变数问题，这和当前体育教育的目的——树立"健康第一"的观念，显然有一定的差距。老年人有这种观念可以说是生活的感悟，而青少年没有失去健康的体验，认为身体是年轻人可以挥霍的资本，认为失去健康是很遥远的事情。再有，社会、家庭的近期功利主义思想，也造成了青少年"重智轻体"的现象。

"重智轻体"只是片面考虑为未来的生活做准备，而忽视了眼前的幸福体验。近距离看，体育离快乐最近，远距离观察，体育活动所塑造的身体健康对一生的幸福生活影响更久远。从人生追求幸福快乐的角度来认识体育，更彰显出其价

---

[1] 苗元江，余嘉元.幸福——生活质量研究的新视角 [J].新视野，2003，4.

值[1]。有人曾经有过一个形象的比喻：健康是"1"，事业、家庭是"0"，后面的若干个"0"，只有"1"的存在，才能显示出价值的大小，如果没有了"1"，再多的"0"都失去了意义。

健康的体魄是成才、成功的物质基础。过分重视培养知识智能，而不注意训练良好的体质和保持健康的身体，甚至以牺牲健康为代价，就像是在建设一个基础不牢靠的空中楼阁。智力被看作是人生成功的必要条件，有时甚至被误认为是充分条件。只有当空中楼阁坍塌的时候，才会幡然醒悟，但为时已晚[2]。

（2）"育心"，并非单纯指心理学上的心理教育，而是指学校体育中的"德育"。其内容不仅有政治、思想和道德品质，还包括情感、意识、行为、个性等多方面特征。它是指通过体育活动促进学生的心理健康、个性品质及道德的全面发展。

长期以来，将健康退居其次再其次的教育现状，已经使一些孩子逐渐地失去了锻炼的情趣和刻苦磨炼的勇气，也使我们的家庭、学校、社会付出了沉重的代价。权威机构通过对 24378 名小学生的调查，得出了四个结论：一是小学生心理素质普遍偏低；二是城市学生心理素质比乡镇差；三是男生心理素质极其明显低于女生；四是年级越低，得分越低。中国社会科学院的调查结论是：三成中学生存在心理问题。更有报告说，现在的中小学生处于亚健康状态，具体表现为：身体成长上的"亚健康"，一些身体器官超前使用，如眼睛超负荷使用，致使近视率高，脊柱发育偏向畸形等；心理素质"亚健康"，来自家庭、学校、同学的学习压力，压力之下引发的逆反心理、厌学心理等；情感"亚健康"，对很多事情都很冷漠，变成单面、冷面的人；思想"亚健康"，青少年思想表面化，脆弱不坚定，容易接受和改变；行为"亚健康"，行为上程式化的生活作息，时间长了容易产生行为上偏激[3]。

当前的在校学生正是世界观和人生观形成的关键时期，一方面，他们对社会、人生和自我开始有所认识，另一方面，其个性心理并不成熟，在诸如人生观、道德观、审美观等方面渴望得到有益导向，在需要、兴趣、理想与现实的矛盾中又急需得到正确指引。而学校体育的一个重要特征是理论与实践紧密联系在一起，它通过练习和相互交往等实践来探索人生真谛，培养正确的世界观和人生观，这对于解决学生此时期的各种疑虑，促进其社会化过程，尽快适应我国社会主义建

---

[1] 邓文才. 幸福观念下对体育价值的认知 [J]. 体育学刊，2005，3（12）：36.
[2] 钟昆明. 谁是人才 [M]. 重庆大学出版社，2008：21.
[3] 王建宗. "健康不第一"的代价 [J]. 现代教育报，2009，3：7.

设发展和变化的需要，有非常积极的意义。因此，学校体育不仅要使学生在体质上有所加强，在智力上进一步拓展，在心灵上也要有一个良好构架。

人对社会的适应说到底就是对人际关系的适应，人际关系是影响人的心理的重要因素之一，体育锻炼能协调人际关系。学生除了在学校里能增加人际经验外，其他大部分时候参与人际交往活动中的机会很少。而体育锻炼正是一个能增进人与人之间接触、了解的有效方式。通过体育锻炼，会使个体社会交往的需要得到满足，能较好地克服孤僻，忘却烦恼和痛苦，协调人际关系，扩大社会交往，培养心理适应能力，丰富和发展个体的生活方式[①]。

（二）身心合一的幸福体育

体育"身心合一"的过程就是"育人"的过程，即通过体育活动实现增强学生体质与促进学生品质提升的内在统一，为社会培养健康向上的合格人才。

"变化者，乃天地之自然"，现代体育改革也涉及一系列的观念更新。首先是从目的论体育到过程论体育的转变。目的论体育把体育的目标定位于结果，它的目的是最终达到优异成绩，取得比赛胜利，体育只是成为实现这一目的的手段，对运动者个体的满足和需求则是完全忽视的。目的论体育重视运动的项目、技术、知识和外在表现，所以它强调服从、纪律、单调的分化训练，也看重生物力学和生理学的研究，以了解人的生理负荷。过程论体育重视参与运动者及体育运动本身的价值，它的目的放在运动者在参与运动过程中达到的自身满足的目标上，它并不否认体育的社会目的，但认为人自身的发展和参与运动给人带来的乐趣是体育的直接目的，社会发展只是间接目的。它重视运动者身体锻炼，同时也重视运动者对运动项目的自主选择、运动过程中学生情意目标的实现和通过运动对人的品行和能力的提高，认为体育还是一种文化教育活动，要求运动者在身心统一、人际和谐中获得全面娱乐。过程论体育把过去被动地进行体育活动转为主动地进行体育锻炼，从一生都参加体育活动的观点出发，实现体育生活化，也就是在人的一生中，体育是不可或缺的重要组成部分。简单来说，即实现我们常说的"终身体育"。

综上所述，学校的体育教学只有实现"育体"与"育心"的有机结合，形成内在的统一，才能达到"育人"的目的，才是具有幸福意义的体育。只有在学会运动技能、增强体质的同时促进学生的心理健康与道德提升，并在教与学的过程中体验幸福，才是我们所追求的"幸福体育"。换言之，只有通过体育教育，帮

---

① 吴云芳．体育锻炼如何促进心理健康 [J]．考试周刊，2008：16.

助学生达成运动能力、健康行为和体育品德等学科核心素养，才是我们所追求的"幸福体育"。

（三）"幸福体育"与"快乐体育"的区别

20 世纪 80 年代中后期，我国开始倡导"快乐教育"，体育教学也随之风行起"快乐教育"。正所谓"改革开放为我国学术界吹进了一股春风，人们的学术思路变得更活跃，许多学术禁区自然消失，学术上的重重禁锢得以打破。在学校体育方面，本着他山之石可以攻玉这种虚怀若谷的胸襟，学校体育界走出了制约，我国几十年的'三基'教育与体质教育的老框框朝着越来越新的目标迈进"。"快乐体育正在逐步成为我国中小学体育教育的一种改革思潮。它既是长期形成的单纯运动技术教育的管理体制和教学模式转变的反映，也是长期形成的以应试为中心的体育教师观念和行为转变的反映，其意义在于改变以教师为中心的体育教学为以学生为主体的体育教学。"

"快乐体育"最大的功绩就在于关注了学生的心理感受，把学生当成了真正的"人"来看待。

进入 21 世纪，随着教育改革实验的深入，很多教师对"快乐"概念本身出现一些困惑。我国心理学家林传鼎认为，愉快是"生理需要满足"时的体验，而不愉快则是"生理需要未满足"时的体验。概念制约了实验的发展。人们看到了快乐教育的这种缺陷，便做出了许多补偿性的措施，如提出正确处理高尚快乐与低级庸俗快乐、个人快乐与集体快乐、一时快乐与持久快乐、苦与乐的关系，等等，但这些都不能弥补"快乐"带来的局限性。

在此背景下，"幸福教育"理念悄然而生。因为幸福不是某一种情感形式，它是不受个别情感内容拘束的心理体验状态，它不只反映人的生理、心理层面，还反映人的社会伦理层面，所以"幸福教育"更适应教育的发展需要。

2018 年 9 月 10 日，全国教育大会中指出："要树立健康第一的教育理念，开齐开足体育课，帮助学生在体育锻炼中'享受乐趣、增强体质、健全人格、锤炼意志'。"[1] 这一理念为整个学校体育的谋篇布局指明了方向，明确了任务。这次大会发出了推动学校体育革命性变革的号角，对做好学校体育改革提出了根本遵循。为贯彻落实习近平总书记关于教育、体育的重要论述和全国教育大会精神，把学校体育工作摆在更加突出位置，构建德智体美劳全面培养的教育体系，2020

---

[1] 吴晶，胡浩.习近平在全国教育大会上发表重要讲话 [J].陕西教育（高教），2018（10）：80.

年 10 月 15 日，中共中央办公厅、国务院办公厅发布《关于全面加强和改进新时代学校体育工作的意见》（以下简称《新时代意见》）指出，"学校体育是实现立德树人根本任务、提升学生综合素质的基础性工程，是加快推进教育现代化、建设教育强国和体育强国的重要工作，对于弘扬社会主义核心价值观，培养学生爱国主义、集体主义、社会主义精神和奋发向上、顽强拼搏的意志品质，实现以体育智、以体育心具有独特功能。"①体育代表着青春、健康、活力，关乎人民幸福，关乎民族未来，是立德树人的育人工程。同时"享受乐趣，增强体质，健全人格，锻炼意志"四位一体的学校体育目标也为我们的"幸福体育"提供了有力的支撑。

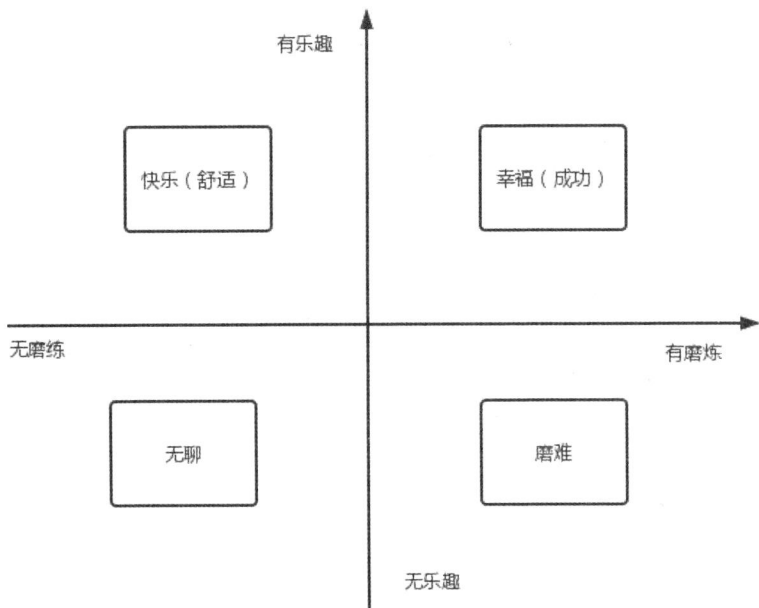

图 1-1-1　乐趣与磨炼

如图 1-1-1 所示，只有磨炼没有乐趣的体育，对学生来说是一种磨难；既无磨炼又无乐趣的体育，是一种无聊的、没有实效性的体育；只有乐趣而没有磨炼（必要的付出）的体育（或生活），是一种"舒适"的体育（生活），但也是一种没有生命力的、不会持久的"快乐"；经历一个相对"痛苦"的磨炼过程，最终体验成功快乐的结果，才是"幸福体育"。即：体味到运动的乐趣与艰辛的体育，

① 中共中央办公厅国务院办公厅印发《关于全面加强和改进新时代学校体育工作的意见》[J].
体育教学，2020，40（10）：5-7.

才是使人走向成功的体育。这里所指"体味艰辛"的"磨炼"，不是学生的身心遭受磨难，而是一种幸福的付出。因为，"从历史的维度来看，幸福观是人的当前幸福体验与未来幸福体验的统一。人如果只顾眼前的幸福，他就失去了理性的内容。所以当人觉得未来的幸福与现在的幸福相较更多时，他可能更看重未来的幸福体验。但是他又不是以舍弃当前幸福为代价，因为对当前幸福的延缓满足已经构成了未来幸福的内在组成部分"①。

第二节　幸福观下的体育教学

近年来，从国家到社会层面，越来越多的人意识到体育对于人格发展的重要性，而诸多的事件也都证明体育与教育的不可分割性。

蔡元培先生曾提出"完全人格"这样一个概念。他认为，完全人格的形成，首先需要的是体育。继而，他又把"完全人格"解读为"健全人格"，他认为有四个"育"才能让人形成健全人格——体育、智育、德育、美育。"以体育人"是指通过体育锻炼，孩子们心中树立正确的价值观，用体育锻炼的方式去引导教育。

在体育竞赛活动中，学生需要承受体力、智力的挫折和压力，同时要不可避免地面对体育规则的制约，一个人能够做到遵守规则、诚信自律、公平正义，不仅反映一个人的心理素质，也能反映一个人的体育品德素养。

《新时代意见》指出，"围绕教会、勤练、常赛的要求，完善体育教师绩效工资和考核评价机制。将评价导向从教师教了多少转向学会了多少，从完成课时数量转向教育教学质量。"

"体育"二字的内涵：体是育的载体，也就是通过身体活动来进行教育的实践。在"幸福教育"理念的指导下，经过十几年的实践和总结，我们既有继承，也有发展，逐渐形成了"学会、勤练、常赛"的以体育人体系。

"学会"让孩子们享受乐趣，"勤练"让孩子们增强体质，"常赛"健全孩子的人格、锤炼孩子的意志。这三方面有机融合，一体推进，共同搭建起"以体育人"的基本框架。

---

① 刘次林.幸福教育论[M].北京：人民教育出版社，2003：192.

一、"学会"是运动技术获得的主要途径

"学会、勤练、常赛"的要求，要形成常态化、规范化、系统化。这里的"学会""勤练""常赛"可以从两个方面来理解和把握，一是"学会"是后两者的前提，只有学生学会了，有了运动能力的条件保障，他们才能去经常锻炼并经常比赛，因为所谓"学会"是理解了、掌握了、能用了。二是"学会"的结果也能够通过"勤练"和"常赛"得到进一步提升，使得运动技能螺旋式上升。[①]

"学会"是体育教学中教师钻研教材，一语中的、穿透性强的讲解、示范引领下进行的相关运动技术的教学活动，是学生实现从无到有、从生疏到熟练、从不会到会的基本路径。要求教师能设计出针对性强、铺垫性强的辅助练习，讲清楚所教技术动作的锻炼价值、动作要领及学练方法，能进行规范、优美的动作示范，帮助学生建立正确的动作表象，以促进学生掌握技术动作的学习进程。

（一）"学会"的内容

2020年10月中共中央办公厅、国务院办公厅印发《新时代意见》指出：强化学校体育教学训练。逐步完善"健康知识＋基本运动技能＋专项运动技能"的学校体育教学模式。这就指明了学生需要"学会"的内容，学生要学会科学锻炼和健康知识，掌握跑、跳、投等基本运动技能和足球、篮球、排球、田径、游泳、体操、武术、冰雪运动等专项运动技能。

（二）"学会"的策略

体育学习是不同于其他学科的一种特殊学习方式，是要通过实践活动的，大多数情况下是通过听讲、观察、练习等多种学习行为方式共同完成的，而且，大多数课堂都是通过此方式体现学习的过程，基本上形成了固定的模式，被广大一线教师普遍采用。这种被大家认同的学习方式并无不妥，但在具体操作层面，却往往忽略了学生的个体差异，即体育教师通常会按照自己的思路、习惯和施教方案组织学生学习，通常是"以教定学"。这样一来，把全班学生当作一个学生来教的现象就较为常见，从而形成一刀切、大统一的组织，学生往往是在被动地接受式学习，既没有结合学生的实情区别对待，也没有让学生有自主学练的时空安排。产生这一现象的根源在于长期以来，人们比较追求整齐划一的组织，这种认识实际上存在一定的偏差。学生在体育学习中，教师的教是要结合学生的学习特

---

① 于素梅，许弘.《体育与健康》教学改革指导纲要（试行）》解读 [J].首都体育学院学报，2021，33（4）：371-377.

点、学习需求、学习能力等灵活把握，以此确定该如何教，实现"以学定教"，全面把握学情，有效组织学生学习，不切实际的、大统一的让学生被动参与学习的现象要尽可能规避，走出认识上的误区，因材施教，充分调动学生学习的积极主动性，从而提高学习效率[①]。

（三）"学会"的价值

"教会"是针对教师而言，"学会"是针对学生而言，两者相互关联，密不可分。教会学生 1—2 项体育技能，或者说学生学会 1—2 项体育技能，对学生的一生会产生深远的影响。

体育让学生多才多艺，告别坏习惯。业余时间学生打游戏、看动漫，有时候到了吃饭时间都叫不动自己的孩子，是很多家长都遇到过的头痛问题。学生学会一项或几项体育运动技能，他们业余时间会得到充分利用，在体育运动过程中，他们的各方面能力都能得到锻炼。当学生无所事事，盯着游戏不放时，运动会是生活的最佳"调和剂"。

体育可以令学生扩大社交圈。学生学会一项体育技能并利用这项技能进行身体锻炼时，会接触和认识很多新朋友，这是因为体育活动是开放式的，大多数体育活动都需要有其他人参与才更有乐趣，即使是一个人进行的跑步活动，也会在锻炼的过程中遇到志同道合的"跑友"。所以体育活动能够扩大学生的社交圈，提高社会交往能力，有利于健全人格的形成。

不仅如此，体育还可以提高学生的洞察力，发展韧性。在教与学的过程中，孩子只有专心听讲，认真观察，才能学会体育运动技能。学生需要观察教师的示范，需要领会同伴的意思，需要判断对手的企图，才能学会并掌握该项技能。在这个学会的过程中，学生的洞察力就会得到提高。体育技能的形成不是一朝一夕的，需要学生认真学练，多次实践，这一点又培养了其永不放弃、坚忍不拔的精神。

二、"勤练"是运动技能掌握的重要环节

运动技能的形成是大量反复练习的产物，是熟练化的动作行为或熟练完成技术动作的能力，任何运动技能都需要通过反复练习才能形成。只有勤奋刻苦、不断地进行身体练习，才能切实巩固技能和增强体能。因此，勤练是掌握运动技能的重要环节，也是实现学校体育目标的主要手段。

---

① 于素梅.从一体化谈"学、练、赛"及其应用 [J].体育教学，2020，8：17-19.

"勤练"是指体育教学中学生在教师的启发、引导下采用多种有效练习方法，围绕学会相关运动技术进行的各种针对性的练习，是学生实现从单个技术到组合技术到运用技术到提高技能的关键环节，是学的延续和内化吸收的过程，是核心要素。在这一过程中，教师可以将技术动作进行合理地拆解和组装，就像常用的分解练习和完整练习一样，当学生把每一个被拆解的技术动作都熟练掌握后，再攻克下一个技术动作的练习，依次叠加，层层深入，最后将拆解的技术动作进行有机重组，最终达成掌握运动技能的目标。

（一）"勤练"的内容

"勤练"一是巩固提高所学技能，二是提高体能。所学技能在前面"学会"的内容里已经进行了说明，这里主要说一下体能，提高体能对掌握运动技能有很大的促进作用。体能要素主要包括心肺耐力、柔韧性、身体成分、反应时、速度、协调性、灵敏性、爆发力、平衡能力、肌肉力量和肌肉耐力，以及这些运动素质之间各种组合性运动素质的发展水平。

发展身体素质最好、最有效、最简单的时期被称为敏感期，又称为关键期、天窗期，是身体素质发展重要时期。

从当前国内外较为公认的运动员长期发展模型（LTAD 模型）来看，身体素质天窗有 12 个，年龄区间在 5～22 周岁，男生普遍比女生晚 1～2 岁，且有的身体素质天窗期并不只有一个阶段，在不同的年龄阶段出现连续的几个时间段（表1-2-1）。

表 1-2-1　身体素质敏感期（训练天窗）出现时间 [1]

身体素质	出现时间			
性别	女孩		男孩	
柔韧（2个）	第一天窗	第二天窗	第一天窗	第二天窗
	4-7 岁	11-13 岁	5-8 岁	12-14 岁
速度（2个）	第一天窗	第二天窗	第一天窗	第二天窗
	5-8 岁	11-14 岁	7-9 岁	13-16 岁
协调性（1个）	天窗		天窗	
	11-13 岁		12-14 岁	

[1] 邢文华，曲宗湖. 研究少年儿童身体素质发展的特点对改进中小学体育教学的启示 [J]. 北京体育学院学报，1982（01）：45-52.

续表

身体素质	出现时间					
力量（3个）	第一天窗	第二天窗	第三天窗	第一天窗	第二天窗	第三天窗
	10-13岁	13-18岁	18-21岁	12-15岁	15-20岁	20-25岁
耐力（2个）	第一天窗	第二天窗		第一天窗	第二天窗	
	11-13岁	16-21岁	12-14岁	17-22岁		
爆发力（1个）	天窗			天窗		
	15-21岁			16-22岁		

学生身体素质都存在敏感期，虽然"敏感期"不存在一个高度明确的时间框架或阶段，而存在一个较宽的时段，在这一时段中发展某一身体素质最容易实现目标。教学中建议根据不同年级学生所处的身体素质敏感期，以及男生和女生敏感期的年龄差异，重点发展身体素质敏感期为主的体能。

（二）"勤练"的策略

学校体育的主阵地课堂教学是实现"勤练"的途径，《关于全面加强和改进新时代学校体育工作的意见》中指出"健全体育锻炼制度，广泛开展普及性体育运动""组建体育兴趣小组、社团和俱乐部"，这些都是学校体育实现"勤练"的途径。

在课堂教学中，密度和强度是衡量体育课科学与否、质量优劣，以及锻炼效果等重要指标，而且越来越多的教师已经认识到了体育课上合理安排练习密度和强度的重要价值和意义。尤其是《义务教育体育与健康课程标准(2022版)》提出了每节课群体运动密度（所有学生总体运动时间占课堂总时间的比例）应不低于75%，个体运动密度（单个学生的运动时间占课堂总时间的比例）应不低于50%；每节课学生平均心率，即运动强度，应达到140～160次/分以后，一线教师们对密度与强度的重视程度远远超过以往任何时候。但是，有的教师在体育课上有过分追求大密度和大强度的现象。然而，一节体育课上无论是密度还是强度，在确定其大小之前，需要充分考虑课的类型、运动项目特点、学生实际等诸多因素，单纯为追求密度和强度的体育课，显然其科学性和适宜性难以得到应有的保证，毕竟密度和强度不是越大越好，而是适当、有效才好。

（三）"勤练"的价值

"勤练"锻炼孩子体魄，让孩子健康成长。孩子在科学的指导下持续参加体育锻炼是具有健康体魄最重要、最有效的手段。众所周知，经常进行体育锻炼能够强化呼吸系统，满足机体对氧的需要；能够使肌肉更加强健，给关节更好的支持；能够提高人体对疾病的抵抗力；能够促进血液循环，改善大脑营养，有助于保持精力和稳定情绪等等。

"勤练"让家庭更和睦。"勤练"不只局限在学校里，校内校外相结合才能实现勤练，才能达到巩固提高体育技能的目的。想像一下，当父母一起携手观看孩子参与的一堂训练课或者孩子完成作业后，一家人一起运动，那是一个多么温馨的画面。在这个时候，一些家庭琐事、生活中的小烦恼、家庭里的小矛盾都会烟消云散。在增强体质的同时，还增进了家人之间的感情，使"家"味更浓，亲情更浓。

"勤练"让孩子懂得坚持。精神与肉体是不可分的；精神力量能鼓足肉体的力量，使肉体的耐力同细微而温柔的情感融为一体。[①] 坚持和专注对一个孩子来说是他人生中极为重要的一课。

一个人不成功是因为没目标，没理想，没自信，做事不能持之以恒。不坚持就不知道自己的潜能有多大。我们一起来看看在《永不言弃》这部电影中主人公布洛克是如何完成超乎常人的训练。

在一次常规死亡爬行训练后，队员嬉笑打闹间，布洛克认为今年的对手比自己的团队强多了，不可能打败他们。于是，教练想看看布洛克死亡爬行的最好成绩。教练用布蒙住了他的眼睛，这样做的目的是不想看到当布洛克达到某个点的时候就放弃。教练让布洛克背着重达 160 磅的杰瑞在足球场爬行。在爬行一段时间后，布洛克气喘吁吁地问："到 20 码了吗？"教练大声答道："别管到了没有，尽你的全力继续向前，就是这样！"在这个漫长的爬行过程中，教练喊了 13 次"对了（就是这样）"，喊了 15 次"加油"，喊了 23 次"别放弃"，喊了 13 次"不要停"，喊了 48 次"继续"。当布洛克停下到达终点的时候，他走完了一个标准的足球场（约 100 码）全场。要知道，在这之前全队的最好成绩才不到 30 码！最后，教练对布洛克说："你是团队里最有影响力的球员，如果你认为我们会失败，他们也会这么认为。别告诉我你不能给我比我刚才看到的更多了。你刚才背着一个 160 磅的人爬完了整个赛场！上帝给了你领导的能力，不要浪费了它！"

没有压力，你永远不知道潜能有多少；没有自信，你永远不知道能走多远。不要自我设限，你一定可以办到。这就是体育教给我们的——只要坚持，奇迹就

---

① ［苏］B.A. 苏霍姆林斯基著；蔡汀译 . 怎样培养真正的人 [M]. 北京：教育科学出版社，1992. 5（2021.1 重印）：33

有可能发生。

三、"常赛"是运动能力形成的关键手段

竞赛是体育活动的显著特征和价值体现,是运动技能和体能的综合展示,也是对学生运动技能掌握程度和体能发展水平的实战性检验。竞赛为学生巩固、提高和运用技能、发挥体能提供了有效的平台。同时,竞赛还是实现体育特殊育人价值的重要手段,对培养学生积极进取、遵守规则、责任担当等良好体育品德发挥积极作用,离开了竞赛,体育的育人价值会大打折扣。

"常赛"是指体育教学中学生在教师的启发、引导下进行的各种比赛。技能学练时的赛、学练技能的 PK 赛、掌握技能的展示赛、高质量完成技术动作的赛、单人的赛、多人合作的赛等,均是学生喜爱、积极、期待、愿意且热情参与的重要内容,是学、练的有效补充、缓解和调节,是检验学练效果的重要手段。

(一)"常赛"的形式

中共中央办公厅、国务院办公厅印发《关于全面加强和改进新时代学校体育工作的意见》指出:"定期举办学生运动会或体育节,组建体育兴趣小组、社团和俱乐部,推动学生积极参与常规课余训练和体育竞赛。"①

学校体育中有多种多样的"赛"。体育教学中有展示、小组竞争、班级集体挑战等;单元计划中有每节课的赛和单元赛季;课余训练中有技能比拼、队内对抗、校内比赛、校际交流、对外竞赛等;社团活动有成果展示、组内比赛和组外比赛等;家庭锻炼有自我超越、线上比赛等。

(二)"常赛"的策略

学校体育"学会、勤练、常赛"中的"赛"不能与严格意义上的竞技体育中的比赛画等号,但也不是毫无关联。体育课程一体化实施强调"学会、勤练、常赛"综合发挥效应,要消除只重视"教"与"练"而忽略"赛"的现象,要正确认识、合理把握和有效组织丰富多样的"比赛"活动。除了课堂上的教学比赛,激发学生的学习兴趣,通过比赛强化练习,帮助学生掌握运动技能和形成运动能力外,还要注重组织课外的班级、年级、校际之间等比赛,以及鼓励学生积极参加一些校外社会机构组织的某单项运动的竞技比赛。一些在某项运动上有天赋的

---

① 中共中央办公厅国务院办公厅印发《关于全面加强和改进新时代学校体育工作的意见》[J].体育教学,2020,40(10):5-7.

学生，或许通过参与多种层级的专项比赛，能够进一步提高专项化水平，可以作为一项特长发展。普通学生通过"学会、勤练、常赛"这种系列化方式，能够有效促进其对体育的兴趣，更有利于促进对终身体育技能的掌握。然而，现实中，有一些人的认识存在一定的误区，往往将"学会、勤练、常赛"中的"赛"完全等同于竞技体育中的"赛"。这就导致了两种新的情况：一是在课程实施过程中，尤其是在课堂上，不组织教学比赛。这一现象产生的原因如下：有的认为场地器材条件达不到比赛所需，或者认为上课时间不充裕，或者认为班级人数过多无法组织比赛，或者认为学生还没有掌握相关技能等等。二是体教不融合，组织学生参与课余训练和校外各类比赛，但忽略学生文化课学习及其全面发展的教育，为比赛而比赛，锦标主义思想较为严重，过多强调竞技运动赛事，带有明显的功利性，影响学生的全面发展，影响学校体育工作健康可持续发展，也影响体育课程一体化有效实施。

（三）"常赛"的价值

体育竞赛最能培养和体现体育精神。精神，是一个人的内在支撑力，体育精神无关国界、跨越种族，一直激励着人类不断战胜自我、挑战极限。

体育激发人们爱国主义精神。体育向来是最能团结广大人民群众的有效载体。每一次奥运会，每一次五星红旗冉冉升起，每一次《义勇军进行曲》高奏，无论是身在现场，还是通过网络媒体，抑或赛后的重温，都能让每个人热血沸腾。

体育教会孩子团队协作。体育精神中有一项十分重要的内容就是团结协作。任何成功，都离不开有效紧密的团队配合。集体项目的开展，每一个角色所处的地位和作用均有所不同，要想赢得比赛取得最终胜利，需要的是全员的出色表现。体育场向来不是一个人的秀场，体育追求的是战术的配合和集体的协作。哪怕是一些一个人的项目，也离不开队友的陪练和成长道路的付出。

体育教会孩子如何沟通。想成为优秀的队员，就必须学会在赛场上和教练沟通、与队友交流，甚至如何应对裁判；在赛场下，队员与队友、教练更应多沟通交流，了解除了比赛之外的生活细节，这样才能使团队更融洽，更团结。经常参加运动、训练、比赛的孩子在与人沟通方面比同龄的孩子更多，这也使得他们更容易与人沟通，这些会不知不觉地体现在生活中。

体育培养孩子运动精神。体育会教会孩子们如何在规则的约束下去赢，也会教会孩子们如何体面并且有尊严地去输。任何一项体育项目，都是在一定的游戏规则下进行，都必须在首先确定竞赛办法，竞赛秩序的前提下开展，包括裁判的判决，都基于项目本身的规则。体育竞赛，是在培养学生体育的规则意识，赢得起放得下，尊重对手，尊重裁判，尊重比赛。输赢是次要的，懂得运动精神，学会积极正面地迎接每一项挑战才是真正的赢家。其实，我们并不苛求孩子做到完美或赢得比赛，我们希望他们能够发挥出他们的最大潜力。"随便玩"和"竭尽全力"是两种截然不同的状态，可以说有天壤之别。我们希望孩子从小就懂得如何尽自己的努力、做到最好！在赛场上，孩子会遇到不同的对手，会经历不同的人生，从而更好地认清自己、审视自己。比赛能够帮助孩子们在失败后寻找到一线希望，或是激发更强的斗志。

体育培养孩子体育精神。体育精神是体育的整体面貌，是公平、公正、公开及凝聚力、感染力和号召力的反映。体育精神包含体育情感与体育品格。体育情感指学生在课内外体育活动中产生的持续、稳定的态度体验，表现出对体育的热爱，尤其对体育浓厚兴趣，这种兴趣能提升参与水平。体育品格是体育的品德和人格特征，如遵守规则、尊重裁判、勇敢拼搏、刻苦锻炼、互相激励等。体育精神的塑造是体育学科在"以体育人"方面的重要目标，体育竞赛有利于体育精神相对完美的塑造。健全人格是指人格正常和谐发展，蔡元培先生在 1919 年就提出"完全人格，首在体育"。拼搏又合作的参与竞赛能够有利于体育精神的塑造和促进人格更加健全[①]。

人无精神则不立，国无精神则不强。精神是一个民族赖以长久生存的灵魂，唯有精神上达到一定的高度，这个民族才能在历史的洪流中屹立不倒、奋勇向前。

第三节　幸福体育中"学、练、赛"

"学会、勤练、常赛"的以体育人体系（图 1-3-1）主要通过单元教学、群体活动、体育社团和课余训练、校外锻炼等多种途径实施。

图 1-3-1 "学会、勤练、常赛"

---

① 于素梅.从一体化谈"学、练、赛"及其应用 [J].体育教学，2020，8：17-19.

一、指向核心素养的体育大单元教学

在"双减"背景下的课堂教学中，我们以运动能力、健康行为、体育品德学科核心素养为导向，以"学会、勤练、常赛"为抓手，以"学、练、赛、评"、"引、导、放、收"等为教学策略，进行了主题式大单元教学。

《新时代意见》指出，"义务教育阶段体育课程帮助学生掌握1—2项运动技能，引导学生树立正确健康观""形成'一校一品''一校多品'的学校体育发展新局面。"[①] 因此，大单元教学显得务实和必要。大单元教学设计是单元教学设计的突破和升级，是大体育观和大体育教学思想的具体体现，也是落实党中央、国务院加强学校体育工作的内容载体。其延伸与发展是时代发展的需要，符合学校体育改革的要求，也符合健身育人的要求，有着政策层面的现实依据。大单元教学设计就是从优化教材结构和通盘设计着手，宏观审视一项教材完整的贯穿过程，发现教材之间、教学之间相互关系和互为补充的内在关联，运用系统的整体原理编排教材，沟通教材之间的联系，超越常规课和小单元设计，使每个单元不光有教学"点"的设计，还有教学重点"面"的设计，更有贯穿学期、年级、水平或学段的大单元"线"的设计[②]。

大单元教学是实现"学会、勤练、常赛"的重要途径之一，尤其是实现"学会"的主要途径。

近年来，密云二小提出了创建"自主开放课堂"的教学理念。"自主开放式教学"在教育理念上符合体育教育基本理念的精神。体育教学的主要功能是使学生掌握体育基本知识和运动技能，增强体能，促进健康，体验到运动的乐趣和成功，形成体育锻炼的意识和习惯，逐渐具备良好的体育品德。从传统的以体育知识技能的灌输转向培养学生自主学习、自主锻炼，发展独立思考能力和创造能力的教育。教师应以大单元教学为依托，精心设计每一堂课，给学生提供自主探索、实践、分析和交流的机会，激发学生的兴趣，培养学生的创新能力，让课堂每天都是新的，让学生成为课堂上生气勃勃的主人。

有调查显示，现在不少学生喜欢体育但不喜欢体育课。究其原因：喜欢体育，是因为体育的自由、激情、奔放，能体现运动乐趣、享受成功的喜悦。不喜欢体育课，是因为教学内容机械划一，单调乏味，脱离生活实际，缺少生气，教学方法死板、单一，不符合学生个体发展的需要。我们认为，丰富的教学内容、富有

---

① 中共中央办公厅国务院办公厅印发《关于全面加强和改进新时代学校体育工作的意见》[J]. 体育教学，2020,40（10）：5-7.
② 潘建芬. 大单元教学设计初探——以体育课程为例 [J]. 基础教育课程，2018，10：40-41.

创意的组织方式以及灵活多变的教学方法是贯彻"自主开放"的有效途径。因此在教学过程中应做好"引""导""放""收"四个环节。

（一）"引"是"自主开放教学"的前奏

"引"就是要把学生吸引到体育课堂、吸引到教学内容上来。教师在教学中要多想办法，激发学生学习兴趣，吸引学生的注意力。浓厚的兴趣是引起和保持青少年稳定注意力的重要条件。作为教师应不断通过自己的教学艺术，利用各种方法激发学生学习兴趣，把学生的注意力吸引到课堂上来。

（二）"导"是"自主开放教学"的基础

"导"即因势利导，形散神聚。自主开放的教学是以学生为中心，一切围绕学生，在有利于学生主体创造性发挥的前提下进行课堂教学，在教师的监督、引导下进行课堂教学。学生学会学习、主动参与，完成小组和个人教学目标，并及时评价反馈，总结经验，调整教学。

笔者曾经教过一个男生，他好动、顽皮，时常有违反课堂纪律的现象发生，并且经常在课中与其他同学吵闹，甚至"大动干戈"，教育多次效果并不明显。而在一次"山羊分腿腾越"的课堂教学中，笔者发现该生在练习时，助跑有力，富有节奏，身体动作协调、自然，腾越时居然能做出"挺身"动作，空中姿势优美。于是，笔者及时组织个人展示环节，邀请他在全班同学面前展示，并进行了表扬。在以后的支撑跳跃教学中，笔者又邀请他担任小老师，协助老师去帮助那些需要帮助的同学。渐渐地，他在体育课上的学习活动中注意力越来越集中，也改掉了好吵闹的坏习惯。

把学生吸引到课堂并抓住教育契机"因势利导"，激发学生的主动性，发挥学生的集体智慧，使其主动参与，大胆实践，是"自主开放教学"的基础。

（三）"放"是"自主开放教学"的关键

1. 课堂向课前开放

传统封闭的课堂教学是上课了，才向学生宣布教学内容，这样不利于学生主动做好课前准备，教学起点较低，教学效果欠佳。开放教学重视学生的课前准备，课前向学生公布教学内容，让学生通过看书自学、查找资料、收集信息、小组合作等手段，对所学内容有充分了解。这样，在教学时，学生就可以积极地主动参与活动。这对于培养学生自主、合作、探索的能力有积极的意义。比如在低年级快速跑教学中，尽管教师反复强调要跑成直线，但由于学生没学过两点间直线最短，不明白为什么要跑直线，所以屡屡出现曲线跑现象。我们在进行这部分教学时，课前先布置任务:（1）以小组为单位找两根一样长的绳子摆在地上，要求一根抻直，一根弯曲，看绳子长度是否发生了变化?（2）在地上画两条平行线，让父母在两条平行线之间摆两根绳子，要求一根绳子是直的，一根绳子是弯曲的，然后把两根绳子放一起抻直，看是不是一样长? 上课时教师在起点和终点之间画一条直线和一条曲线，让跑得快的同学跑曲线，跑得慢的同学跑直线，结果学生看到跑得慢的同学先到了终点。学生结合课前的实践，教师再适时点拨，就很容易记住直线跑最快。

课前开放不仅仅是让学生提前知晓练习内容，进行课前自学，教师更需要提前备课，熟悉教材，熟悉学生。

2. 课堂中开放

开放教学主张教与学的互动。教师充当教学的组织者、引导者、服务者，让学生自主探索、互相促进、和谐发展、共同提高。比如，跨越式跳高教学，笔者先让学生用单脚起跳跨越一定高度的障碍，再讲出动作的关键（特征）:侧面直线助跑，单脚起跳，两腿交替越过横杆。然后学生自由练习、体会。在几次试跳练习后，大部分学生就能够做出类似跨越式跳高的动作。这时，教师引导学生步入正确跨越式的轨道，再次练习时，就会得心应手，游刃有余。最后，教师和同学们一起总结要领。这样学生不仅都清楚跨越式跳高的正确动作方法、要领，还能够在以后的运动中举一反三，充分发挥他们的创造力。

3. 课堂向课后开放

体育与健康课程是一门以身体练习为主要手段，以体育与健康知识、技能和方法为主要学习内容，以增进学生健康为主要目的的必修课程，它具有鲜明的基础性、实践性和综合性。因此，课堂向课后开放具有三个阶段，由浅入深，由易到难，循序渐进。（1）课上内容还需继续练习，巩固提高，即课余时间的自觉锻炼等。（2）课上内容还需合作探索、互相切磋，即课外活动的比赛交流等。（3）学生所学课上内容可进入家庭、走向社会，即在节假日期间指导家人或社区人们共同参加体育锻炼与活动等。

（四）"收"是"自主开放教学"的"点睛"之笔

"收"要适时，以便发现问题。收得太迟会给人以松散、放任之感;收得太早会压抑学生的积极性，甚至会熄灭学生的创造火花。

"引""导""放""收"构建了自主开放的教学模式。打破传统的以教师为中心、以教为主的教学模式，变传统的"要我学"为"我要学""我想学"，变被动地接受为主动地积极刻苦学习，使学生不认为体育学习是一种痛苦和负担。同时，创造了良好的体育课堂气氛，学生能从思想、情感和行为上真正融入课堂教学活动之中，能够做到"求""趣""行""创""活"。"求"即激发学生求知欲望。"趣"是运用语言艺术巧妙设疑，引发学生实践兴趣；"行"是提供机遇让每一个学生都有平等表现的机会，让他们相信自己能行；"创"即创造力的培养。在实际教学中构建和谐的课堂教学氛围，使学生形成最佳的情绪状态，激发学生的创造意识，培养学生体育认知兴趣，促进学生的创造能力；"活"即活跃课堂气氛。

二、打造特色体育课后服务多元供给

"双减"政策落地后，将长期以来被学校教育边缘化的体育教育拉回到了学校教育的主阵地。从此体育不再纸上谈兵，彻底改变了"说起来重要，做起来次要，忙起来不要"的不良局面。落实"双减"政策，给了我们学校体育更多的机遇与挑战，学校对体育课的重视程度及改进力度也是前所未有的，课后服务体育类课程占据了课程的主要位置，体育社团的地位和作用日渐凸显。

学校体育社团活动打破班级、年龄，甚至是校际的界限，就像一个缩小的社会，让孩子们在相互交往中学、练、竞争。情境主义取向强调情境对认知的影响。其认为，认知可以是基于人与人的交往的。因此，学生的理性思维能力可以通过与更有能力的人，或者更有深度的内容接触而提升到更高的水平。情境主义者也支持这样的观点，即认知是"情境化的"而非存在于头脑中，也就是说知识是可以通过社会实践慢慢积累产生的。换句话说，学习可以被看作是社会生活的一部分，学生可以在与情境的互动中逐渐学会适用于特定情境的行为。相反，当学生对某一特定知识领域不够熟悉，或者没有挑战性的学习内容以及人际环境，又或学习情境是陌生的，那么他们的理性思维能力则不能得到很好的激发。我们的社团活动正是创造了一个"学、练、赛"的情境，让学生在这种环境中学会、勤练、常赛。

（一）体育社团活动概况

密云二小有较为完备的场地设施：文体馆一座，200米田径场一块，七人制足球场一块，室外篮球场两个，室外网球场地一块，室外羽毛球场三块。另外，教学楼前还有近4000平方米的小广场，这些设施为我们开展体育社团活动提供了硬件保障。

近年来，密云二小每年平均开设体育类社团39个，参加各类体育社团学生900余人，其中男生550人左右，女生350人左右。组织活动教师以本校教师为主，外聘教师为辅。外聘教师主要是本区内专业水平较高，且具有一定教学经验的教师。

（二）体育社团活动目标

积极组织联系、团结吸引爱好体育运动的学生参加体育锻炼，增强体质，提高运动技术水平，为满足学生日益增长的健康需求服务。增进与各兄弟学校的进一步交流，打造密云二小的体育品牌，提升密云二小体育在全区的影响力。

（三）体育社团机制保障

1. 完善管理制度

完善的管理制度是活动开展的有力保障。在社团活动之初，学校成立课外活动领导小组，研究、制订并出台了一系列制度，让社团活动在制度的指导下有序开展。

2. 明确领导小组职责

领导小组成员明确职责，分工管理，定期召开会议，确定工作方案。小组成员不定期走进课外活动的课堂，深入听课，发现问题及时解决。领导小组督导教师辅导社团活动必须做到"四有"，即学期初有计划、上课有教案、活动结束有总结、每个学年不少于两次的展示。对于辅助教师重点检查是否做到"五管"，即管学生出勤、管学生纪律、管学生安全、管学生思想状况、管与家长沟通和交流。学校通过对教师的管理，让在校学生处于无缝管理的模式中，同时提高活动的实效性。

3. 严格落实市区经费管理办法，提高资金使用效率

组织相关人员学习课外活动的相关文件，尤其是经费使用管理办法。严格按照上级要求落实，单独建立台账，专款专用。将每一分钱都用刀刃上，确保把钱花在学生身上。

4. 特色项目落实到人，确保项目更快更好地发展

确定特色项目。通过对该项目全方位、多角度的打造，使其逐步具备规模，形成特色。学校对特色项目给予高度重视，增加人力、物力投入，组建专家型团队，保证学生数量，实行阶梯状发展模式。为其搭建展示舞台，确保该项目更快、更好地发展。

（四）常规活动安排

体育社团要针对不同年龄段的青少年特点，组织开展适合不同年龄段青少年的体育运动和比赛活动，以提高他们的运动健身意识和保持身心健康的意识。并开拓新的合作途径，积极和各单项体育协会、学校、社区、体育局等单位和部门，合作举办比赛、培训等活动。做到以品牌吸引人，以场地吸引人，以活动吸引人，以项目吸引人，以形式吸引人。确保活动安全且圆满地开展。

（五）重视宣传，扩大影响

体育社团要精心组织、精心策划，加大宣传力度，制作宣传栏目、印制宣传资料。每次活动要积极地从各个角度去报道（包括报纸、网络、电视台、微信、美篇等媒体），运用各种宣传平台和宣传方法，大力营造体育活动氛围，扩大学校体育的影响力。根据各个体育项目社团的实际情况，发挥自身优势，积极开展各种形式的对外交流与合作。

三、落实体教融合的课余体育训练

为贯彻落实习近平总书记关于体育强国建设的重要指示和全国教育大会精神，充分发挥党委领导和政府主导作用，深化具有中国特色体教融合发展，推动青少年文化学习和体育锻炼协调发展，促进青少年健康成长、锤炼意志、健全人格，培养德智体美劳全面发展的社会主义建设者和接班人，体育总局、教育部于2020年印发了《关于深化体教融合促进青少年健康发展意见》的通知。该通知指出，学校要"开展丰富多彩的课余训练、竞赛活动，扩大校内、校际体育比赛覆盖面和参与度，组织冬夏令营等选拔性竞赛活动""大中小学校在广泛开展校内竞赛活动基础上建设学校代表队，参加区域内乃至全国联赛。对开展情况优异的学校，教育部门会同体育部门在教师、教练员培训等方面予以适当激励"。[①]

社会的进步与发展，对体育特别是学校体育提出了更高的要求。同时，课余运动训练作为学校体育的重要组成部分也越来越受到关注和重视。学校体育是一所学校办学的窗口，体育比赛是学校对外交流的平台，也是把学校体育的"学、练、赛"推向更高水平的重要途径。

在校学生还是以学业为主，参加课余体育训练是根据自愿的原则，利用课余时间，在不影响完成学习任务的前提下进行的。对那些有一定特长或爱好的学生

---

① 关于深化体教融合 促进青少年健康发展的意见 [J]. 体育教学，2020,40（10）：8-9.

进行训练，培养和挖掘他们的竞技能力，逐步使他们的运动才能得到定向发展和提高。这就对"学、练、赛"提出了更高的要求。

密云二小体育课余训练以发展学生体能，提高运动技能，养成良好行为习惯，培养体育精神为目标，以增强学生体质，促进其德、智、体、美、劳全面发展，使学生掌握体育的基本知识、技术、技能以及科学锻炼身体的方法，并养成良好的锻炼习惯，提高学生的心理素质，促进学生的个性发展为宗旨。

为了使运动训练有计划、有步骤、高效益地进行，确保训练目标的实现，学校制订了管理机制及方法，以保障学校运动训练队的科学管理和实施。

我校课余体育训练主要由篮球课余体育训练、足球课余体育训练、田径课余体育训练等构成。

四、培养集体荣誉感的群体活动

有研究表明，获取稳固的知识和技能依赖于不断的练习。人们的知识（基础）一般铭刻于长时记忆之中。大部分信息，特别是课业内容和高度技能化的活动（如运动技能；或者艺术类活动如乐器演奏），必须先经过一定程度的加工处理，而后才能储存到长时记忆中。

为了能更长久地保存信息，它们必须被转换为长时记忆。长时记忆就是保存时间较长（比如数十年）、容量较大以及高度组织化（比如类别化的）的一种记忆。从短时记忆到长时记忆的信息转换可以通过不同的加工策略来实现，而练习则是这一转换过程得以实现的关键所在。

所以，"勤练"能够巩固所学的运动技术，然后做到完全掌握熟练运用。另外，"勤练"可以使身体各器官获得充足的氧气和营养物质，以促进其生长发育。经常运动可改善人体的新陈代谢，促进骨骼生长，提高骨密度，强健肌肉，提高心肺功能，加大肺活量。经常锻炼的人神经系统的调节功能得到强化，身手更敏捷、灵活。此外，体育锻炼可消耗脂肪，增加肌肉，青少年坚持体育锻炼可以减轻体重，塑造良好体型。

经常进行体育锻炼也可以给人带来愉悦感，缓解紧张情绪，减轻学习产生的压力。因为体育锻炼还可以改善神经系统功能，增强记忆力和反应能力，提高学习效率；同时经常进行体育锻炼可以使青少年形成乐观的情绪与开朗的性格，减少和避免产生抑郁与焦虑的现象。

群体活动由于时间集中，学生参与的覆盖面广，更能凸显"勤练"的效果。

（一）课间操

学校群体活动首推的就是课间操。课间操是学校日常教育教学活动的重要组成部分，是学生每天一小时"阳光体育"活动的有力保障。它对学生良好习惯的养成和顽强意志的培养以及促进学生的身心健康具有不可替代的作用。

学校针对传统的课间操形式过于单一，内容刻板有余，而个性、活泼不足的情况，进行了创新设计，力求体现科学性、健身性、观赏性、教育性。

（二）大课间集体跑步

为了贯彻落实学生在校每天锻炼一小时的要求，学校在每天上午 30 分钟课间操的基础上，下午又增加了 30 分钟的集体跑步活动，经过十几年的坚持，形成了自己的特色。

集体跑步活动的变革始于 2008 年，当时的"阳光体育"冬季长跑活动风靡全国。我们从那时起，变冬季长跑活动为一年四季的每天 30 分钟集体跑步活动，努力打造密云二小"阳光跑步品牌"，确保学生每日在校有充足的体育活动时间，让学生得到各种形式的锻炼，推进校园群众性体育活动的深入开展。结合学生的生理和心理特点，本着提高学生身体素质，激发学生跑步兴趣的原则，我们对集体跑步活动进行了创新设计与改进。

为了切实提高各个年级段学生参与活动的积极性，使活动能真正有效地进行，学校根据各年级学生的年龄特点和身体情况，将全校 1500 多名学生按年级划分三块场地进行活动，并用音乐指挥跑步全过程。在此基础上，我们针对五、六年级进行了重点打造——五、六年级的集体跑步要体现健身性、观赏性、教育性。跑步过程中需符合运动规律，有"慢—快—慢"的节奏变化，两个月必须变换一次跑步路线，如各种图形跑等，以此提高学生的跑步兴趣，保持学生对跑步活动的新鲜感。力争在集体跑步活动中做到体育与音乐、体育与国学、体育与艺术相结合，变"单一目标"为"多元目标"。

（三）体育节

随着教育改革的进一步深化和素质教育的不断推进，学校体育节被赋予了新的历史使命，即取代传统的学校运动会。以往传统学校运动会以竞技为主，只注重追求人的生理极限，更着眼于少数学生，从而使绝大多数学生失去平等参与的权利。为此，越来越多的人认识到，把校运会变为由教师、学生、家长共同参与的，以学生为主体的，融合学科文化知识与体育活动于一体的，以多种与体育相关活动为题材的体育节已成为学校运动会发展和改革的方向。学校体育节以节日系列活动的形式来开展，其浓厚的节日氛围，充分调动了学生参与的主动性和积极性，促使广大学生扩大知识领域，领略节日风情，同时增强学生参与体育锻炼的意识，提高身体素质，为养成终生锻炼的良好习惯奠定基础，是全校性课外体育活动的一种有效组织形式。

（四）单项赛

每月一次的群体性单项比赛，不但使学生情绪得到放松或转移，并且可以通过亲身参与各项体育活动来体验成功，享受活动过程带来的快乐，从而进一步推动群众性体育锻炼的普及。另外，每月一次的群体性单项赛魅力还在于各种体育活动很大程度上满足了参与者的心理需要，如实现理想、追求成就、创造价值、为集体作贡献等。广大学生在每月一次的单项比赛活动交往中不但提高了运动技能，强健了身体，也陶冶了情操，并获得了高层次的精神享受。

五、提升主观幸福感的家庭体育作业

家庭体育作业是指学校体育教师根据学生的年龄、性别、健康状况、身体素质等实际情况，为学生设计的利用课余时间或节假日在家或社区进行的，以身体练习为主要手段的有目的、有计划的体育锻炼活动。

2020 年 10 月中共中央办公厅、国务院办公厅印发《新时代意见》指出，"合理安排校外体育活动时间，着力保障学生每天校内、校外各 1 个小时体育活动时间，促进学生养成终身锻炼的习惯。"[1]《儿童青少年近视防控光明行动工作方案（2021~2025 年）》指出，"强化体育课和课外锻炼，着力保障学生每天校内、校外各 1 个小时体育活动时间""鼓励支持孩子参加各种形式的体育活动，使其掌握 1~2 项体育运动技能，引导孩子养成终身锻炼习惯。"[2]2021 年 4 月 19 日，教育部印发《关于进一步加强中小学生体质健康管理工作的通知》，强调着力保障中小学生每天校内、校外各 1 小时体育活动时间，并明确实施体育家庭作业制度。[3]

实施体育家庭作业是增强青少年身体机能素质的一条有效途径，它推进了体育教学目标的实现，对于增强学生身体素质、提高运动技能水平、体育运动改善

① 中共中央办公厅国务院办公厅印发《关于全面加强和改进新时代学校体育工作的意见》[J]. 体育教学，2020,40（10）：5-7.
② 儿童青少年近视防控说明行动工作方案（2021—2025 年）[J]. 中国眼镜科技杂志，2021（06）：53-55.
③ 教育部办公厅关于进一步加强中小学生体质健康管理工作的通知 [J]. 体育教学，2021,41（05）：4.

亲子关系、体育运动加强社区小伙伴的联系、养成终身体育锻炼习惯以及综合素养都起到了巨大的推动作用，使少年儿童真正参与到"我运动、我健康、我快乐"的体育活动中来。我们的体育家庭作业分为三类，即体测类作业、活动类作业和拓展类作业。

第二章 指向核心素养的体育大单元教学

义务教育体育与健康课程核心素养是课程育人价值的集中体现，是学生通过体育与健康课程学习而逐步形成的正确价值观、必备品格和关键能力，主要包括运动能力、健康行为和体育品德。

运动能力是学生在参与体育运动过程中的综合表现。运动能力包括发展基本运动技能、提高一般体能与专项体能水平、增强技战术运用能力及体育比赛或展示能力等，主要体现在体能、运动技能、运动认知与理解、体育比赛或展示等方面。

健康行为是增进身心健康和积极适应外部环境的综合表现。健康行为包括养成良好的锻炼、饮食、用眼、作息和卫生习惯，树立安全意识，控制体重，远离不良嗜好，预防运动损伤和疾病，消除运动疲劳，保持良好心态，适应自然和社会环境等，主要体现在体育锻炼意识与习惯、健康知识掌握与运用、情绪调控、环境适应等方面。

体育品德是指在体育运动中应当遵循的社会行为规范、体育伦理，以及形成的价值追求和精神风貌。体育品德包括自尊自信、勇敢顽强、积极进取、超越自我、追求卓越、遵守规则、诚信自律、公平竞争、文明礼貌、相互尊重、团队精神、社会责任感、正确的胜负观等，主要体现在体育精神、体育道德和体育品格等方面。

2021 年 8 月，《北京市关于进一步减轻义务教育阶段学生作业负担和校外培训负担的措施》指出，"严格落实国家课程方案和课程标准，开齐开足开好国家规定课程，严格规范教材使用。学校不得随意增减课时、提高难度、加快进度，小学一年级坚持零起点教学，其他年级按教学计划开展教学，做到应教尽教。"[1] "落实课堂教学基本要求、基本规范和基本规程，优化教学方式，强化教学管理，积

---

[1] 北京市关于进一步减轻义务教育阶段学生作业负担和校外培训负担的措施 [N]. 北京日报，2021-08-18（04）.

极推进'空中课堂''双师课堂''融合课堂'建设，提升学生在校学习效率。加强学科建设和教研管理，科学做好幼小、小初衔接，引导教师准确把握学科特点、知识结构、思想方法，遵循学生认知与成长规律，切实提高教学质量。"[1]

在"双减"背景下的课堂教学中，我们以运动能力、健康行为、体育品德学科核心素养为导向，以"学会、勤练、常赛"为抓手，以"学、练、赛、评""引、导、放、收"等为教学策略，进行了主题式大单元教学。

大单元教学设计就是从优化教材结构和通盘设计着手，宏观审视一个教材完整的贯穿过程，发现教材之间、教学之间相互关系和互为补充的内在关联，运用系统的整体原理编排教材，沟通教材之间的联系，超越常规课和小单元设计，使每个单元不光有教学"点"的设计，还有教学重点"面"的设计，更有贯穿学期、年级、水平和学段的大单元"线"的设计。大单元教学突破"小单元"，运用迁移理论，将此项目学习与彼项目学习、课内学习与课外学习、体育与生活紧密联系起来，拓展学习外延，发挥学科优势，提高教学效率。[2]

因此，大单元教学能够更好地完成中小学体育与健康课程目标。包括：帮助学生学会和提高运动能力，在学练多种运动项目技战术和参与比赛或展示的基础上，掌握1~2项运动技能；帮助学生学会运用安全与健康的知识和技能，形成健康的生活方式，掌握个人卫生、营养膳食、运动伤病预防等知识与方法，学会调控自己的情绪，积极应对挫折和失败，适应自然环境与社会环境；帮助学生积极参与体育活动，养成良好的体育品德，在参与体育学练和比赛或展示中，表现出自尊自信、勇敢顽强、积极进取、不怕困难、坚持到底、超越自我、追求卓越的精神。

第一节　小篮球大单元教学

篮球运动属综合性的集体性运动，从事篮球竞赛和各种篮球活动，有助于增进学生身体健康，活跃身心，增长知识，对锻炼人的综合能力起到积极影响。从生理学角度而言，适量参加篮球活动，对促进人体的生理机能，特别是内脏器官与感受器官的功能，中枢神经系统的支配能力，以及发展身体素质、心理修养等均有积极作用，篮球运动还具有强烈的教育作用。首先它是一个集体性很强的体

---

[1]　北京市关于进一步减轻义务教育阶段学生作业负担和校外培训负担的措施 [N]. 北京日报，2021-08-18（04）.
[2]　潘建芬. 大单元教学设计初探——以体育课程为例 [J]. 基础教育课程，2018，10：40-41.

育项目，对培养学生的组织性、纪律性、集体主义精神和机智灵活的应变能力具有显著作用。这与在校学生具有较强的上进心、好奇心和活泼好动的心理特征是相符合的。开展篮球竞赛，可以培养学生的竞争意识和开拓精神，同时通过篮球竞赛也可以培养其责任感、义务感和集体荣誉感。

一、目标定位

（一）运动能力

通过小篮球的课程学习发展学生跑、跳、投的基本活动能力，发展力量、耐力、速度、灵敏等身体素质，促进学生身体素质的全面发展，提高运球、投篮、传球、运球＋投篮、运球＋传球、传球＋投篮等运用技术的综合能力；通过师生的"教、学、练、赛"，为以后能够自主参加体育锻炼、积极参加相关比赛及篮球技术运用打下良好基础，让篮球运动成为学生终身体育的运动项目之一。

（二）健康行为

篮球运动是一项集对抗性、集体性、观赏性、趣味性、健身性于一身的综合性运动项目。篮球运动简单易行，可因人因地、因时因需随时进行，其便捷性吸引着各类人群参与其中，在竞争与趣味中强身健体，活跃身心。学生在奔跑、传球、起跳、投篮等动作中不断摸索其内在的规律，在科学方法的指导下，了解并掌握身体活动的相关知识，生命在于运动，而运动需要科学，将篮球运动与自身提质相结合，达到科学锻炼。学生在运球、传球、投篮、配合、对抗等运动中以一种无形的魅力吸引着参与者与观赏者，使人得到内心的愉悦与满足，这种乐在其中、乐此不疲的经历既有助于不良情绪的排解，又充实着生活。帮助学生在强身健体、愉悦身心的良性循环中不仅形成自觉锻炼的意识，更教会学生冷静面对成功，理性接受失败。

（三）体育品德

篮球运动是集体育精神、体育道德、体育品格于一身的运动项目。在比赛过程中学生能够正确面对裁判的误判、漏判等问题，重在参与、永不放弃、永不气馁、永不低头，做到胜不骄、败不馁，尊重裁判、尊重对方与同伴协作、赛出风格、赛出水平、力争胜利，在遇到问题时首先自我反思，顾全大局，树立良好的纪律意识和大局观。通过篮球这项对抗性的运动项目，发扬学生积极进取、勇敢顽强、不怕困难、坚持到底的体育精神，培养学生诚信自律、公平竞争、遵守规则等体育品德，培养学生文明礼貌、团队精神、社会责任感、正确的胜负观等体育品格。

二、内容结构

（一）基础知识与基本技能

篮球运动有着独特的运动表现形式和文化，其运动技能主要包括跑、跳、运、传、投等技术。一个技术动作有时会包括若干个基本动作，如练习过程中的行进间传接球接单手肩上投篮这一动作，就包括跑动，运球，传球，起跳，投篮等技术动作；如运球突破，会运用到脚步快速移动，高低、变向运球等技术动作；再如防守持球队员投篮，会运用到步伐、跳起等技术动作。

以六年级第二学期为例：

（1）小篮球基础理论、规则与裁判法、小篮球礼仪知识

（2）胯下、背后和转身运球学练

（3）原地单手肩上投篮、行进间高手投篮学与用

（4）交叉步、顺步持球突破学与用

（5）防守步伐学与用

（6）运球＋投篮、运球＋传球、传球＋投篮、运传投组合的学与用

（二）技战术运用

水平一：以熟悉篮球，提高学生兴趣为主，学会持球、按拍球、抛接球、简单传接球、原地投篮等技术，结合游戏进行比赛。

水平二：学会行进间运球、传接球、投篮等技术动作，结合篮球比赛的形式进行游戏和竞赛。

水平三：巩固加深之前所学技术动作，学会运用简单技战术，如挡拆、空切、反跑摆脱等技战术动作，结合篮球比赛，能够在比赛中运用所掌握的技术动作。

（三）体能

知道篮球运动所需的速度、力量、协调等一般体能与专项体能的简单学练方法，乐于参与篮球相关的体能游戏活动。如在运球折返跑、交叉跑、绳梯跑、"抓尾巴"等游戏发展灵敏性和反应时，通过双手运不同大小或不同重量的球发展协调性等。加强一般体能练习，逐步渗透篮球专项体能练习，如通过参与绳梯跑练

习发展速度，通过参与交替手运球练习发展灵敏性，通过固定线路的摸线折返跑发展心肺耐力等。

（四）展示与比赛

在篮球运动游戏活动中敢于根据不同方向、不同水平要求进行运球、传球和投篮动作展示，并参与形式多样的篮球游戏和篮球比赛。随着学段的增长进行3v3、4v4、5v5 的教学比赛。

（五）规则与裁判

知道篮球游戏活动的基本规则和要求，能够指出篮球游戏活动中违反规则的行为，并尝试进行判罚。了解篮球比赛的基本规则及判罚动作，如走步、带球撞人等常见犯规动作及警告或罚令出场等判罚动作。

（六）观赏与评价

知道如何观赏篮球比赛，如比赛中团队默契配合等；每学期通过现场、网络或电视观看不少于 8 次篮球比赛，如观看班级内、校队、全国或国际比赛等；尝试对比赛中篮球运动员的表现作出简单评价。通过年龄的增长，逐步了解篮球的重要赛事，并能对这些比赛进行评价。

三、教学方案

【方案 1】四年级上学期篮球单元教学设计
（1）学习主题。简化规则的 4v4 对抗比赛

（2）单元课时分配（表2-1-1）

表2-1-1 四年级上学期篮球单元课时分配表

主题	内容分类	内容要点	建议课时	
			小计	总计
在移动中使用3-4种技术进行1v1对抗，喜欢比赛。	基础知识与基本技能	1. 小篮球4v4基础理论与规则知识，中国篮球发展史，具体发展的篮球人物故事。 2. 进攻与防守基本姿势学与用。 3. 高运球和低运球学与用。 4. 行进间体前变向学与用。 5. 单手体侧传接球与胸前、头上传接球组合学与用。 6. 原地单手肩上投篮学与用。 7. 体前变向运球后投篮或上篮。 8. 运传、运投组合的简单学与用。	8	18
	技战术运用	半场四对四攻防对抗	1	
	体能	折返跑、冲刺跑、变速跑等。	2	
	展示与比赛	强调局部配合，简化规则的4v4比赛	4	
	运动项目的完整体验	1. 小赛季：半场4VS4小篮球赛。 2. 规则与裁判方法：介绍比赛流程，了解走步、带球走违例，看懂裁判手势。 3. 观赏与评价：文明观赛、学会欣赏，通过配合完成的得分和个人能力的得分。	3	

（3）单元学习目标

①运动能力。初步了解体前变向运球及变向后加速的动作方法。在半场有限制的条件下，行进中变向换手运球成功 ≥3/5 次；在 2v1 固定防守下的单手胸前和体侧传的实际应用练习成功 ≥3/5 次；在距篮筐一定距离的范围内进行单手肩上投篮练习成功 ≥4/10 个，技术组合成功 ≥3/5 次，防守步法灵活运用成功 ≥3/5 次；能运用所学攻防技术进行半场 4v4 攻防，并能够在简化规则到正式规则的 4v4 比赛。

②健康行为。能在校内外体育锻炼时自主学练，能和同学、朋友及家人分享所学篮球知识与技能；养成良好的运动习惯，树立安全意识，预防运动损伤和疾病；能在教师指导下自我调控情绪，主动交流，与同伴友好相处；能正确选择篮球的场地器材与适宜方法，保持良好心态，适应自然和社会环境等。

③体育品德。通过篮球技术的学练，不断挑战自我；提高遵守规则、尊重裁判、尊重对手的意识；培养诚信自律、公平竞争的素质，培养团队精神、社会责任感、正确胜负观等。

（4）教学方案（表2-1-2）

表2-1-2 四年级上学期篮球单元教学方案

课次	学习主题	技能学习目标	基本部分（学－练－赛）		
			学习活动	练习活动	比赛活动
1	介绍小篮球场地和基础理论与规则知识。	了解小篮球简单的比赛规则，熟悉小篮球场地的位置和场地线的作用。	1. 了解小篮球简单比赛的规则，熟悉小篮球场地的位置和场地线的作用。 2. 明确常见的犯规和违例动作，以及简单的裁判手势。 3. 了解CBA的篮球队和篮球明星。	1. 学生查阅资料，了解小篮球4V4比赛规则。 2. 观看小篮球规则教学视频，明确常见的犯规和违例动作，以及简单的裁判手势。 3. 练习简单的裁判手势。	1. 教师提问比赛相关知识，学生分组抢答。 2. 学生模拟比赛中出现的犯规和违例，学生分组进行执裁。
2	进攻与防守基本姿势学与用。	能够熟练的掌握防守和进攻站姿发展学生灵敏和速度素质。	防守和进攻在篮球游戏中的运用。	1. 防守侧滑步从边线到另一条边线的时间≤15秒。 2. 滑步和交叉步绕过10个障碍物，碰到障碍物次数≤2次，滑步失误次数≤3次。 3. 体能练习：折返跑。	运球争夺标志盘比赛：学生分成5人一组，分别站在篮球半场四个角各自大本营内。比赛开始时，各组滑步、交叉步从大本营出发，去拿其他组的标志碟，每组都要为自己争取更多的标志碟。在规定的时间内大本营标志碟多的队伍获胜。
3	高运球和低运球学与用。	能够做出高低运球技术，掌握高低运球时手的触球部位及身体姿势，在高低运球练习中，提高学生手控球能力。	学习高低运球。	1. 利用高低运球绕过10个障碍物，碰到障碍物次数≤2次，从边线到另一条边线≤25秒。 2. 利用标志杆做高运球练习。 3. 利用标志杆做低运球练习。 4. 体能练习：冲刺跑。	"穿越火线"：从篮球场底线分布四名防守队员，遇到防守时急停，防守人离开，运球加速向前，突破一次防守得1分。
4	行进间体前变向学与用。	能够完成行进间体前变向运球，发展学生灵敏和协调的能力。	1. 感受行进间体前变向换手运球。 2. 体会行进间体前变向后加速运球。	1. 练习原地体前变向换手运球≥30次。 2. 行进间运球，听口令快速变向换手运球。 3. 底线运球连续过障碍物，体前变向换手运球到中线。 4. 一般体能：篮球场半场折返跑。	"大渔网"比赛：学生为"鱼"散点于小篮球场内，教师为"渔网"。学生躲避渔网追捕的方式进行运球比赛。

续表

课次	学习主题	技能学习目标	基本部分（学－练－赛）		
			学习活动	练习活动	比赛活动
5	单手体侧传接球与胸前、头上传接球组合学与用。	感受原地单手体测、胸前传球，体会推、引、拨球的用力顺序，提高传球的准确性。	1. 感受原地单手体侧传球，了解推、引、拨球的用力顺序。2. 体会固定防守下，单手体侧传接。	1. 练习原地单手胸前传接球≥30次。2. 练习原地单手体侧传接球跨步练习≥30次。3. 练习原地单手体侧传接球≥30次。	"遛猴"比赛：5人一组，3人传球2人防守下的单手体侧传接球比赛，固定时间内记成功率。
6	原地单手肩上投篮学与用。	感受原地单手肩上投篮动作方法，掌握全身用力顺序，发展上下肢协调用力。	1. 体验原地单手肩上投篮的动作方法，掌握双手投篮持球手型。2. 感受近距离单手肩上投篮的全身用力顺序。	1. 徒手原地单手肩上投篮。2. 两人一组一球面对面站立交替做。原地单手肩上投篮20次。3. 原地近距离单手肩上投篮≥5个。4. 一般体能：半场冲刺跑。	运球单手肩上投篮比赛：四人一组，中线行进间运球至篮下近距离单手肩上投篮比赛，规定时间内，得分多队获胜。
7	不同方式的投篮。	学生自选投篮方式，做到身体平衡状态下的持球上举、压腕、拨指出手。	1. 篮球抛接游戏。2. 空心投篮练习。3. 打板投篮练习。4. 直线运球＋投篮。5. 曲线运球＋投篮。	1. 在距离篮筐一定范围内进行投篮练习，空心投篮≥2/10。2. 在距离篮筐一定范围内进行投篮练习，打板投篮≥4/10。	运球投篮赛：第一轮直线运球投篮赛，第二轮曲线运球投篮赛。
8	不同距离的投篮。	学生自选投篮距离，保证能够投到。	1. 复习空心投篮。2. 复习打板投篮。3. 不同距离的投篮。	1. 在距离篮筐一定范围内进行投篮练习，近距离投篮≥4/10。2. 在距离篮筐一定范围内进行投篮练习，远距离投篮≥2/10。	定点投篮赛：禁区内设置6个位置，投进后进入下一个位置，比赛谁先完成。
9	运球投篮技能组合练习。	体会运球和投篮的衔接。	1. 复习投篮。2. "五角星"运球。3. "五角星"运球＋投篮练习。	1. 运球过程中失误次数≤2次。2. 投篮命中次数≥4/10。	五角星运球投篮赛：两队同时出发，绕过五角星障碍进行投篮比赛。

续表

课次	学习主题	技能学习目标	基本部分（学－练－赛）		
			学习活动	练习活动	比赛活动
10	体前变向运球后投篮或上篮。	感受体前变向运球及变向后的加速运球，发展速度和灵敏的能力。	1. 感受原地体前变向换手运球与变向后的加速运球结合。 2. 体会行进间体前变向后加速运球。	1. 练习原地体前变向换手运球≥30次。 2. 原地运几次球，听口令跨一步练习，还原运球基本姿势。 3. 底线运球遇障碍物，体前变向加速突破到中线。 4. 一般体能：篮球场全场折返跑。	运球接力赛：分成两队站在底线，分别过3个相距4米的标志杆后返回传球给队友，最先完成的组获胜。
11	体前变向运球及变向后的侧向摆脱运球。	感受体前变向运球后侧向移动摆脱防守的突破运球，发展速度和灵敏的能力。	1. 感受原地体前变向换手运球后侧向移动的运球。 2. 体会行进间体前变向后侧向移动摆脱防守加速运球。	1. 练习左右位移的体前变向换手运球≥30次。 2. 左右移动运几次球，听口令跨一步练习，还原运球基本姿势。 3. 底线运球遇障碍物，体前变向接侧向移动后加速突破到中线。	运球接力赛：分成两队站在底线，分别过3个相距4米标志杆后返回传球给队友，最先完成的组获胜。
12	原地运球＋传球＋投篮组合。	体验运球、传球、投篮技术组合的衔接，发展灵敏、协调、判断的能力。	1. 体验半场中运球、传球、投篮技术组合的衔接。 2. 能够合理选择进攻方式与用运。	1. 原地传接球≥30次。 2. 传接换位≥20次。 3. 投篮命中次数≥4/10。	自投自抢，然后传球给下一个同学，先到10分队获胜。
13	传球、投篮和防守练习。	接球队员能够根据防守队员找空位，传球人准确到位。	1. 传球"溜猴"游戏。 2. 侧滑步练习。 3. 摆脱接球练习。	1. 传球"溜猴"游戏中连续传球≥10次。 2. 摆脱接球成功次数≥8次。	半场4V3传球比赛：两组同学，连续传球5次可以投篮，投进得分，得分后交换。
14	运球、传球、投篮组合。	体验运球、传球、投篮技术组合的衔接，发展灵敏、协调、判断的能力。	1. 小篮球场地中运球、传球、投篮技术组合的衔接。 2. 能够合理选择进攻方式。	1. 两人一组，在三分线45°位置进行"五角星"运球练习，完成后传给同伴，无球走位到适合投篮的位置，接同伴传球进行投篮。 2. 运球失误次数≤2次。 3. 投篮命中次数≥4/10。	4V4比赛：按照小篮球规则进行4V4比赛。

续表

课次	学习主题	技能学习目标	基本部分（学－练－赛）		
			学习活动	练习活动	比赛活动
15	简化规则攻防（鼓励进攻）。	体验4v4防守，根据防守队员位置选择合理的进攻方式。	1. 复习侧滑步。 2. 防守队员不抢断情况下的4v4练习。 3. 防守队员正常防守下的4v4练习。	1. 半场4v4，简化规则不强调违例。 2. 运球失误次数≤5次。	4v4比赛：分组比赛，固定区域和规定时间内，先得分的组获胜。
16	半场4v4挑战赛。	介绍半场4v4攻防比赛流程，教师安排学生担任运动员、裁判员、记录员、啦啦队等多种角色，体验真正篮球比赛的氛围。	1. 按照小篮球4v4比赛规则进行比赛。 2. 小篮球4v4比赛分工：运动员、裁判员、记录员、啦啦队。 3. 每节课进行两场比赛，下一节课学生之间角色互换，让每个学生都能体验多种角色。 4. 评选出冠军队、亚军队、季军队和优秀裁判员。		
17					
18					

【方案2】六年级上学期篮球单元教学设计

（1）学习主题

能够进行2—3人局部配合，可以自如的进行3v3、4v4对抗比赛，尝试裁判工作。

（2）单元课时分配（表2-1-3）

表2-1-3　六年级上学期篮球单元教学课时分配表

主题	内容分类	内容要点	建议课时 小计	建议课时 总计
能够进行3v3比赛，尝试裁判工作	基础知识与基本技能	1. 小篮球基础理论和比赛规则，篮球发展史，球星励志故事。 2. 单手肩上投篮、双手胸前投篮学与用。 3. 防守基本姿势与步伐的学与用。 4. 抢篮板技术学与用。 5. 组合动作运用：运球投篮、接球投篮、跑空位接球投篮、运球传球等。	7	18
	技战术运用	3v3攻防；简单的挡拆（主要是挡）战术。	2	
	体能	折返跑、冲刺跑、滑步、计时投篮等。	2	
	展示与比赛	3v3比赛展示。	4	
	运动项目完整体验	1. 技巧挑战赛：运球—传球—运球上篮—定点投篮。 2. 规则与裁判法：知道简单的违例，走步、两次运球、出界、打手、阻挡等。能够与老师一起进行裁判执法。 3. 文明观赛，懂得规则。	3	

（3）单元学习目标

①运动能力。熟练掌握单手肩上投篮的技术动作，提高命中率；接球投篮命中率3/5次，运球投篮命中率3/5次，跑空位接球投篮命中率3/5次，1分钟计时投篮命中8个以上；1v1、1v2防守对方投篮，成功率2/5次；能够进行3v3比赛；速度、力量、协调、爆发力等素质得到提高。

②健康行为。能在校内外体育锻炼时自主学练，能和同学、朋友及家人分享所学篮球知识与技能，养成良好的运动习惯；面对失误或比赛发挥失常，能在教师指导下自我调控情绪，主动交流，与同伴友好相处；正确选择篮球的场地器材与适宜方法，提高安全锻炼的意识与能力。

③体育品德。通过篮球技术的学练，不断挑战自我；提高遵守规则的意识，自我完成计数，培养诚信品格；在练习和游戏中培养团队协作能力，在比赛中培养顽强的意志品质和随机应变的能力。

（4）教学方案（表2-1-4）

表2-1-4　六年级上学期单元教学方案

课次	学习主题	学习目标	基本部分（学－练－赛）		
			学习活动	练习活动	比赛活动
1	小篮球基础知识，简单的规则	了解篮球发展史，了解球星励志故事，知道简单违例。	1. 了解篮球发展史，球星励志故事激励学生。 2. 掌握简单违例：走步、两次运球、打手犯规等规则。	1. 学生查阅资料介绍。 2. 通过视频，了解简单的违例，学习裁判手势。	老师做手势，学生抢答。
2	多种方式运球	能够根据防守形势，选择合理的运球方法。	1. 练习各种运球方法。 2. 观察防守人的位置，选择运球方法，护球、过人。	1. 原地高低运球，提前变向运球，背后运球。 2. 观察老师（防守人）位置选择不同的运球方式。	1. 两人一组，抢球护球。 2. 教师抢球，学生运球躲避。
3	多方式传球，运球传球组合	根据防守人站位选择合理的传球方式；运球传球准确到位。	1. 两人一组，练习传球。 2. 三人一组，一人抢球，根据防守人选择传球。 3. 三人一组，一人防守，运球将球传出。	1. 多方式传球各20次。 2. 观察防守人位置选择不同传球方式。 3. 原地运球将球准确传给同伴。	"溜猴"：4v1、6v2、9v3。
4	原地单手肩上投篮	练习原地单手投篮，掌握出手角度，压腕技术动作。	1. 原地练习肩上投篮动作。 2. 面对墙壁练习投篮动作。 3. 设置不同高度的障碍物投篮练习，掌握出手角度。	1. 练习肩上投篮动作20次，提高动作稳定性。 2. 根据不同高度的障碍物，体会出手角度，掌握适合自己的出手角度。	定点投篮比赛：环游中国，设置投篮点，投篮点以祖国的城市命名，投中一个代表去过一个城市，规定时间内，去过城市多的同学胜利。
5	提高原地单手肩上投篮动作稳定性，提高命中率；摆脱防守练习	提高投篮命中率，学习如何摆脱防守进行投篮。	1. 投篮练习，提高动作稳定性。 2. 抗干扰投篮练习。 3. 跑空位接球投篮练习。	1. 定点投篮，设置五个点，每点投进五个球。 2. 抗干扰投篮，提高动作稳定性，出手角度。 3. 绕障碍物跑空位接球投篮。	1分钟投篮比赛，绕开障碍物跑动接球投篮，得分多的小组获胜。

续表

课次	学习主题	学习目标	基本部分（学－练－赛）		
			学习活动	练习活动	比赛活动
6	接球投篮，运球投篮组合，行进间上篮	根据防守位置，选择合理的投篮时机，通过组合动作摆脱防守投篮。	1. 接球、运球、投篮动作组合练习。 2. 运用组合动作摆脱防守投篮。	1. 两人一组，传球、接球，运球投篮动作组合练习。 2. 2v1，摆脱防守，选择合理的投篮时机。	2v1，攻防比赛。接球后摆脱防守投篮；摆脱防守后接球投篮。得分多的小组获胜。
7	运球上篮动作组合，运球节奏变化	提高运球上篮技术动作的稳定度，学习运球节奏变化，摆脱防守，上篮得分。	1. 运球，在标志物处上篮得分。 2. 在标志物处运球急停急起摆脱防守上篮得分。	1. 左右两侧运球上篮各20次。 2. 两人一组，一人运球，一人防守，运球节奏变化摆脱防守上篮得分。	运球上篮比赛，在有干扰的情况下，提高命中率。
8	行进间接球上篮	体验接同伴传球行进间传球，学习摆脱防守，行进间上篮得分。	1. 摆脱防守，接球上篮得分。 2. 运球摆脱防守。	1. 两人一组，一人传球，一人接球上篮得分。 2. 三人一组，一人传球，一人防守，一人摆脱防守接球上篮得分。 3. 两人一组攻防练习，运球摆脱防守上篮得分。	行进间接球上篮接力，在规定时间内，上篮得分多的小组获胜。
9	投篮练习，比赛	根据防守位置，选择不同的投篮方式。	1. 防守人离得比较近，选择摆脱投篮或三步上篮。 2. 防守人离得比较远，可以选择接球投篮。	1. 三人一组，练习近距离防守的投篮。 2. 三人一组，练习远距离防守的投篮。	1分钟投篮比赛，以小组为单位，一人投篮，其他人负责传球，每个人完成2次三步上篮和五个点投篮，规定时间内，进球多的小组获胜。
10	抢篮板，抢篮板后攻防转换	学习抢篮板卡位技术，同时知道如何进行攻防转换。	1. 练习抢篮板卡位技术，判断球的落点。 2. 抢到篮板后，快速地进行攻防转换。	1. 三人一组，一人负责投篮，两人练习卡位抢篮板。 2. 2v2抢篮板攻防转换练习，一人负责投篮，一人站在三分线外，两人进行卡位抢篮板，进攻球员抢到篮板直接二次进攻，防守球员抢到篮板传给三分线外同伴。	3v3抢篮板比赛，球投出后，看哪队抢的篮板次数多。

续表

课次	学习主题	学习目标	基本部分（学－练－赛）		
			学习活动	练习活动	比赛活动
11	防守移动训练（侧滑步，前后滑步，加速跑，变速跑）	根据进攻球员的位置，选择不同的防守脚步。	1. 练习防守脚步。 2. 1v1防守练习。 3. 小组合作，相互配合防守练习。	1. 练习防守脚步各20次。 2. 练习如何选择不同的防守脚步。 3. 小组间合作，进行防守练习。	1v1攻防比赛，抢到球多的获胜。
12	运球＋传球＋投篮组合，防守训练	体验接球投篮，传球队员根据进攻球员位置准确的传球到位。如果投篮时机不好，运球摆脱防守投篮。	1. 接球投篮。 2. 运球投篮。 3. 接球、运球摆脱防守投篮。	1. 两人一组，一人传球，一人接球投篮。 2. 单人运球投篮练习。 3. 三人一组，一人传球，两人攻防，进攻队员接球后摆脱防守投篮。	2v1，摆脱防守投篮比赛。
13	运球＋传球＋投篮组合，防守训练	根据防守球员位置，摆脱防守，接球投篮。也可以接球、运球投篮。	1 接球，运球摆脱防守投篮。 2. 摆脱防守接球投篮。	1. 三人一组，一人负责传球，两人攻防，进攻球员接球运球摆脱防守投篮。 2. 三人一组，一人负责传球，两人攻防，进攻球员摆脱接球守投篮。	2v2，摆脱防守传球，摆脱防守投篮。
14	1v1攻防	知道根据防守位置，选择合理的进攻方式，摆脱防守得分。发展观察能力和判断能力。	半场1v1攻防，进攻技术的运用，合理选择防守位置。	半场1v1，简化规则。	1v1比赛，在规定时间内，进球多的小组获胜。
15	2v2攻防	知道如何摆脱防守传球、接球。掌握传球的时机，摆脱防守，创造得分机会。做到同伴摆脱防守后，第一时间传球到位。	1. 消极防守下，进行攻防练习，清楚传球的时机。 2. 半场2v2攻防，运球，摆脱，投篮，传球各项技术的合理运用，创造得分机会。	半场2v2攻防练习，选择合理的传球时机，可以传给同伴，也可以自己选择得分。	2v2比赛，以小组为单位，每组根据对手选择球员进行比赛，比赛随时换人，进球多的小组获胜。

续表

课次	学习主题	学习目标	基本部分（学－练－赛）		
			学习活动	练习活动	比赛活动
16	3v3、4v4 比赛，学生和老师一起尝试裁判执法	掌握篮球竞赛的组织、裁判、计分等工作，体验多种角色（裁判员、运动员、记录员）。	1. 赛前准备：竞赛规则、竞赛方法、比赛分组、竞赛组织编排。 2. 班级内 3v3、4v4 比赛，分为四队，每队根据场上形式自由换人。 3. 班级间的 4v4 比赛，年级组内循环，前四名进入复赛，交叉淘汰赛，决出冠军。		

四、教学策略

篮球的教学任务就是在教师的指导下掌握篮球的基本理论、技战术和基本技能，促进学生综合素质的全面发展。篮球运动是众多学生所喜爱的项目之一，教师需要重视对学生的篮球运动兴趣进行培养，选择合理的教学内容和教学方法。

（一）激发学、练积极性

在教学中要培养学生的自觉性，充分调动学生学习的积极性，使教学效果达到最佳。要以学生的学习兴趣来选择教学内容，只有当学生对所学的知识内容产生兴趣时，他们才会主动地参与到教学活动之中。在篮球教学中，如果只是单纯地让学生进行运球训练，或者是让学生进行投篮练习，就会给学生一种单调枯燥的感觉。因此，创新自己的教学内容，根据学生的兴趣爱好来设计训练内容是十分重要的，如设置趣味运球训练、投篮比赛活动等。同时，还应利用多媒体进行教学，其原因在于小学生主要以形象思维记忆为主，更倾向于通过视频、图片等接受知识。

（二）注意循序渐进

在教学中要按照学科的逻辑系统和学生的认知规律进行，由简单到复杂、由低级到高级，由单一向综合发展，使学生循序渐进地掌握基本知识、基本技术战术和基本技能，形成严密的逻辑思维体系。根据课标要求，安排好教学进度和课时计划，使教学进度符合篮球运动教学的规律，使课时计划既系统又综合，由易到难、由简到繁、从无对抗到有对抗，运动量逐渐增加。例如运球，从学习原地高低运球到行进间直线运球，再到体前变向换手运球。再如投篮，由原地双手胸前投篮的学习到行进间高手投篮的学习，随着年龄和素质的增长，再由双手投篮逐步转变为单手投篮。

（三）增强教学直观性

直观性是在篮球教学中利用学生的感官和已有经验，通过视觉、听觉和肌肉本体感觉，获得对篮球技术战术的生动表象和感觉，并使之与积极的思维相结合，从而提升篮球技战术水平，发展思维能力。例如，动作示范、沙盘演示、观看电影、录像、技战术图片等。教师可以根据教学任务和教材特点以及学生的情况，有目的地使用直观教学方法，如对低年级学生进行技术教学时，多使用动作示范、技术图片等方式。可以把学生的动作录像重放，与正确技术进行比较，以纠正学生的错误动作。对高年级学生进行战术教学时，可利用沙盘演示，或用生动形象的语言进行讲解。如在行进间高手投篮（就是大家常说的三步上篮）动作教学中，使用视频和图片辅助教学进行讲解，学生可以更直观更清晰地了解和掌握动作方法和技术要领。教学中增强直观性的同时还要充分利用学生的视觉、听觉和肌肉本体感觉，通过实地示范、视频、图片等，使学生产生明晰的技术战术体验，激发学生的学习积极性。

（四）注重实效性

在篮球教学中注重教学实效性，要从学生的实际情况出发，紧紧抓住教学中的主要矛盾和矛盾的主要方面，解决教学中的重点和难点问题。教法要简单易行，讲求实际效果，在有限的教学时间内，使学生达到既掌握知识技能，又增强体质和提高能力的效果。在教学过程中要抓住教学的关键点，解决难点，注重教学的实效性。如在移动技术教学中，抓住身体重心的控制和转移、维持身体在移动中平衡的这个关键技术，其他移动方面的问题就相对容易解决；在投篮技术教学中，抓住投篮手法这个关键技术，就可以带动投篮技术的学习。在教学中，要精讲多练，深入分析教材和学生实际的基础，设计符合篮球运动特点和学生实际水平的练习方法，给学生更多的实践机会。

五、效果评价

效果评价对于教师的教与学生的学有着重要意义，是研究教师教和学生学的价值过程，也是对教学过程中教师、学生、教学内容、教学方法手段、教学环境等诸因素的评价。篮球单元评价指标，如表 2-1-5 所示。

表 2-1-5　篮球单元评价指标

学习目标	评价任务	观察点评价指标
运动能力	运动认知与理解	A. 能够准确完整地说出有关所学内容的动作方法和相关体育知识。
		B. 能够将所学内容及相关体育知识说出，但不完整。
		C. 对相关知识和所学内容有所了解但表达不正确。
	运动技能	A. 能够按要求完成并正确做出所学技术动作，并能够合理运用。
		B. 能够正确做出技术动作，掌握不够扎实，有时能够合理运用。
		C. 没有掌握技术动作方法，动作方法不正确。
	体能	A. 在学、练、赛中能够充分调动身体，在测试规定时间内出色完成测试内容。
		B. 在学、练、赛中能够调动身体，在测试规定时间内完成测试内容。
		C. 在学、练、赛中能够顺利参加体育锻炼，不能在测试规定时间内完成测试内容。
	体育展示	A. 积极参加体育运动、相关比赛，在运动学练和比赛中能做到情绪饱满，善于与同伴交流合作。
		B. 在引导和督促下参加体育运动、相关比赛，在运动学练和比赛中能做到情绪饱满，与同伴交流合作。
		C. 不能积极主动体育运动、相关比赛。
健康行为	体育锻炼意识与习惯	A. 每周运用所学球类运动技能至少进行 3 次（每次 1 小时左右）课外体育锻炼。
		B. 每周运用所学球类运动技能至少进行 2 次（每次 1 小时左右）课外体育锻炼。
		C. 每周运用所学球类运动技能至少进行 1 次（每次 1 小时左右）课外体育锻炼。
	健康知识与技能的掌握和运用	A. 生活规律，合理饮食，每周能够运用所学技术技能参加体育活动 5 次以上。
		B. 生活规律，每周能够运用所学技术技能参加体育活动 3 次以上。
		C. 生活不规律，偶尔暴饮暴食，每周运用所学技术技能参加体育活动不超过 3 次。
	情绪调控	A. 能够自觉在学习或情境过程中始终保持良好情绪。
		B. 能够在教师或同伴指导帮助下保持良好情绪。
		C. 不能够在学习或情境中保持良好情绪，经常出现急躁等情绪。
	环境适应	A. 能及时准确感受外界条件的改变，正确调整自己的行为。
		B. 能及时感受外界条件的改变，通过他人的帮助能够正确调整自己的行为。
		C. 不能及时感受外界条件的改变，不能正确调整自己的行为。

续表

学习目标	评价任务	观察点评价指标
体育品德	体育精神	A. 有克服困难的信心、坚持不懈的精神、积极向上的心态、团结协作的能力。
		B. 能够在教师或同伴的鼓励下克服困难、积极向上。
		C. 在学习过程中没有克服困难的信心，在运动中不能坚持。
	体育道德	A. 在学习或比赛过程中有强烈的良性竞争意识，遵守规则，尊重对手、裁判，诚信自律。
		B. 在学习或比赛过程中竞争意识不强，在他人的提醒下能够遵守规则，尊重对手、裁判，诚信自律。
		C. 在学习或比赛过程中没有竞争意识。
	体育品格	A. 能够理性正确面对胜负，文明礼貌，有较强的团队精神。
		B. 在他人的提醒下能够理性正确面对胜负，文明礼貌，有较强的团队精神。
		C. 不能理性的正确面对胜负，没有团队精神。

第二节　小足球大单元教学

足球被誉为当今世界第一运动，在世界范围内有着广泛的受众群体，中国也不例外。虽然中国足球水平与世界有着不小的差距，但是近些年来，中国大力发展足球这一运动，水平也在不断地提升，尤其是青训水平。我国的青训分为启蒙阶段、基础阶段、发展阶段和提高过渡阶段。小学生年龄在 6—12 岁之间，正好对应青训中的基础阶段。大力发展校园足球，扩大足球人口基数，提高校园足球水平能够对我国青训发展起到补充作用，对我国足球更好更快地发展有着积极的作用。与此同时，足球是一项集体性、对抗性项目，在育体、育心、育人上对孩子都是有着积极的影响。尤其是在课改后，采取大单元教学，更有利于足球运动在学校的开展，方便学生练好扎实的足球基本功，从而让学生掌握这项运动，并让它伴随孩子的一生。

一、目标定位

（一）运动能力

掌握多种运球、传球、射门的单一与组合动作，并能够在比赛当中较为熟练地运用；掌握足球运动中基本的配合与整体战术，能够在足球比赛中有效实施；通过足球运动发展学生的耐力、柔韧、速度、敏捷、力量等身体素质；能够自行开展足球比赛和多种足球游戏。

（二）健康行为

通过培养学生的足球兴趣激发他们参与体育锻炼的热情，加强学生体育运动的意识，养成良好运动习惯，为学生掌握一两项运动技能打下坚实的基础。通过足球这项运动，培养学生乐于分享、善于合作、勤于交流的健康心理，使学生学会运用适当的体育运动来排解日常生活中的不良情绪，为学生的心理健康打下良好的基础。

（三）体育品德

通过对足球运动的学习、训练、比赛、总结，磨炼学生意志品质，锤炼道德情操，完善健全人格，使学生在运动中表现出斗志昂扬、积极进取、不怕苦难、奋勇拼搏、勇争第一，以及懂得尊重对手、尊重裁判、尊重他人的精神。

二、内容结构

（一）基础知识与基本技能

对于小学阶段的学生，足球运动能力的要求包括足球基本技术和基础配合与战术。其中，基本技术包括一些球性的练习方法，如揉球、踩球、拨球、颠球；运球的一些方法，如脚内外侧运球、直线曲线运球、急停急起运球、假动作运球；传球的一些方法，如停传结合、一脚传球、行进间传接球、中远距离传接球；射门的一些方法，如脚内侧射门、脚面射门等。

（二）技战术运用

技术运用方面，学生能够在足球对抗练习中运用运球过人、运球射门、接球射门等组合动作技术。基础的配合与战术包括：二过一配合、五人制足球的一些常用阵型、斜传直插配合、直传斜插配合、全场压迫战术等。

（三）展示与比赛

小学阶段的足球水平分为水平一、水平二、水平三，不同阶段的展示与比赛有着不一样的形式和要求。水平低的更多的是基本技术的展示，而高水平的更多的是足球的比赛展示。

1.足球技能的展示

小学阶段足球技术主要分为球性练习、运球、传球、射门这四项内容，我们可以根据这些项目的动作要求制订展示内容。球性练习的展示项目可以包括：颠球比多、不同部位的颠球比赛（如脚背颠球比赛、脚内侧颠球比赛、大腿颠球、头部颠球等）、向前与向后的踩拉球行进、原地脚内侧拨球。运球的展示可以要求学生运用不同部位进行多种路线的运球展示。例如，脚背快速直线运球、脚外侧顺时针绕圆运球、脚内侧逆时针绕圆运球、内外侧交替的折线运球、快速折返运球。传球的展示可以根据原地与行进间、传球距离远近、传球部位、传球人数的不同来进行设计。例如，两人原地一脚传球、两人行进间传接球、多人行进间传接球、中远距离的传球比准等。射门技术包括定位球射门、运球行进间射门、接传球直接射门等，我们可以根据这些不同的因素设计足球射门技术的展示。除了以上这些在课堂之上的展示活动，我们还可以在学校一些重大活动中进行展示，例如在学校的运动会、校庆活动、元旦联欢活动中为孩子提供机会，进行展示。

2. 足球比赛的展示

足球比赛展示的重要目的是使学生将学习到的足球运动技能较好的转化为赛场上的实践能力，并能够让学生在真正的足球比赛中感受足球的魅力，更加热爱这项运动，进而更好地促进学生进一步的学习。根据足球比赛的目的不同，我们可以组织不同种类的比赛。比如：对于低年级的学生，我们可以多采用 1v1、2v2 这样的训练比赛，比赛场地根据人数多少而圈定。这样的比赛易于组织和开展，可以在一至三年级阶段的课堂教学中组织实施。对于高年级的学生，我们可以进行更多人数的足球比赛。这样既可以让学生在比赛场上提高个人足球技术能力，也便于学生在比赛场上练习一些配合和战术。例如，5 人制足球比赛、7 人制足球比赛等，我们可以单独拿出一些课时用来组织足球比赛。以上这些比赛都是在课堂上组织开展的，课堂之外我们也可以组织一些足球比赛，比如每年组织一次班级之间的联赛，重大运动会中组织一些足球表演赛，与其他学校组织一些友谊交流赛等。

（四）规则与裁判

进行足球比赛的规则与执裁学习，对孩子有着多方面的积极意义。正所谓"没有规矩，不成方圆"，一场精彩的足球比赛的开展，要求所有参赛人员，包括队员、教练员、裁判员都要遵守自己规则，要让孩子认识到足球规则在足球比赛中的重要作用。学习足球规则有助于学生养成良好的规则意识，让这种规则延展到生活的方方面面中，这也是体育能够健全人格，提升学生综合素质的重要方面。裁判知识的学习，有助于学生更好地理解和掌握足球比赛的规则，能够使学生全方位地体验足球的魅力，开阔视野，提升学生能力。而且一个优秀的裁判不仅要熟悉比赛规则，也要有良好的心理素质、灵敏的反应能力、充沛的体能等。这些方面都对孩子有着深远的影响。

（五）体能

教学中我们注重加强学生一般体能的练习，如耐久跑、蛙跳、柔韧练习等，逐步渗透足球专项体能练习。通过参与多种动作的过障碍物，如绳梯、标志碟、标志杆、小栏架等练习，发展学生的专项灵敏和协调；通过变速跑、折返跑、障碍跑、倒退跑、侧身跑等，提高学生专项移动速度。

（六）观赏与评价

教会学生欣赏评价足球比赛，定期组织学生观摩学校足球比赛，指导学生从不同角度分析足球比赛的内容。包括：运动员的精神状态、比赛过程中的精彩瞬间、裁判员的判罚尺度等。也可要求学生每学期看若干场国内外足球联赛。如中超、英超、德甲、意甲等联赛，带领学生深入了解足球文化，并组织学生对精彩关键的足球场次进行讨论。

三、教学方案

【方案1】四年级上学期足球单元教学设计

（1）单元学习主题

从兴趣出发，培养学生足球技能，提高学生足球运动能力，让学生乐于参与足球比赛。

（2）单元课时分配（表 2-2-1）

表 2-2-1 四年级上学期足球单元课时分配表

内容分类	内容要点	建议课时	
		小计	总计
基础知识与基本技能	1. 专项知识：足球的起源与发展；足球场地、设备和个人装备介绍；足球规则介绍。 2. 带球：颠球、快速带球、向内向外转身、假动作。 3. 传球：脚背内存传接球。 4. 射门：脚内侧推射、脚面抽射、脚外侧射门。 5. 战术：二过一配合、传切配合。	10	18
体能	绳梯脚步的敏捷练习（N）、50 米快速跑练习（N）、400 米耐久跑（N）、腿部力量练习。	1	
展示与比赛	1v1 对抗、2v2 对抗、3v3 对抗。	4	
运动项目完整体验	1. 小赛季：5v5 挑战赛。 2. 规则与裁判方法：了解足球场地、比赛流程以及基本的规则。 3. 观赏与评价：学生能够正确掌握规则的情况下欣赏比赛，对比赛进行简单的评价。	3	

说明：学习内容要点以本单元所学的新授内容为主，即标注（N）代表本单元新授内容，其余无标记的是复习内容；部分复习技术没有单独列出不代表不学练，更多的是技术组合练习。

（3）单元学习目标

①运动能力。学习多种传球、带球技术，并掌握这些技术的组合动作。不仅能够在训练中娴熟掌握，而且要在比赛中能够施展。通过足球运动发展运动肌和运动神经的平衡性，身体灵活性、协调性以及速度和力量。

②健康行为。能在校内外体育锻炼时自主学练，与亲友分享所学足球知识与技能，养成良好的运动习惯；面对失误或比赛发挥失常，能自主调控情绪，主动交流，与同伴友好相处；正确选择足球的场地、器材、个人装备与适宜方法，提高安全锻炼的意识与能力。

③体育品德。通过足球技术练习过程中的不断受挫培养孩子的奋勇拼搏、勇于进取的精神；提高遵守规则的意识，培养诚信品格，学会在训练和比赛中掌控好自身情绪；通过团队集体的比赛使学生能够学会相互配合的协作精神。

（4）单元教学方案（表2-2-2）

表2-2-2　四年级上学期足球单元教学方案

课次	学习主题	学习目标	基本部分		
			学习活动	练习活动	比赛活动
1	介绍足球场地知识、规则等专项理论知识	了解足球比赛场地知识，明确足球比赛上场人数、比赛的比赛时间以及简单规则。	1. 学习足球场地知识及规则。2. 积极回答老师问题。	1. 画出一个标准足球场地。2. 介绍场地的各个区域名称。	教师提问关于足球场地和规则问题。
2	脚面直线带球	1. 学生初步掌握直线足球带球基本技术，能够连续完成30米距离的连续带球。	1. 老师分解示范并详细讲解带球触球的部位、身体姿态、力度。2. 学生体会动作，慢动作练习，老师纠正。	30米×30米的场地，每人一球，将球员依次编号分组，各组相距1米左右。按照教练的手势，第1组（编号为1的球员）推拨球带球向前。第一组前进5米后第二组出发，第二组前进5米后第三组出发。所有人都要达到对面底线后，再从第一组开始，带球回到出发的底线。	带球比赛。（要求在规定的距离触碰一定次数的球）
3	脚面"S"形曲线带球	1. 学生初步掌握足球直线带球基本技术以后，进一步提高带球技术难度，使学生基本掌握"S"形曲线带球。	1. 学习"S"形曲线带球，教师分解示范并讲解带球触球的部位。2. 学生体会动作，慢动作练习，老师纠正。	半个足球场，学生站成四列纵队，以每列纵队为基准，前方放置若干个标志桶。学生依次进行曲线带球，并原路返回进行接力。	"S"形曲线带球比赛。（要求在带球过程中不能触碰标志碟）
4	脚面圆形曲线带球	学生初步掌握足球"S"形曲线带球基本技术以后，进一步提高带球技术难度，使学生基本掌握圆形曲线带球。	1. 学习圆形曲线带球，教师分解示范并讲解带球触球的部位。2. 学生体会动作，慢动作练习，老师纠正。	半个足球场，在足球场上画出四个圆形。学生分为四组，每组圆形附近站一组学生，进行圆形曲线带球。	每组四人分别在四个圆上进行顺时针两圈，逆时针两圈比赛，看看谁用的时间短。

续表

课次	学习主题	学习目标	基本部分		
			学习活动	练习活动	比赛活动
5	"外绕假动作"带球	学生掌握了基本运球技术后,学习一些假动作与运球进行融合。	1. 学习"外绕假动作",教师分解示范并讲解。2. 学生原地练习,教师巡回指导纠正。	半个足球场,学生站成四路纵队,以每列纵队为基准,前方放置若干个标志桶。学生依次在每个标志碟前做"外绕假动作"后带球行进。	曲线＋外绕假动作带球比赛。(要求在带球过程中不能触碰标志碟)。
6	"内绕假动作"带球	学生掌握了基本运球技术后,学习一些假动作与运球进行融合。	1. 学习"内绕假动作",教师分解示范并讲解。2. 学生原地练习,教师巡回指导纠正。	半个足球场,学生站成四路纵队,以每列纵队为基准,前方放置若干个标志桶。学生依次在每个标志碟前做"内绕假动作"后带球行进。	曲线＋内绕假动作带球比赛。(要求在带球过程中不能触碰标志碟)。
7	近距离传接球	学生能够掌握近距离传接球的基本动作,能够连续进行近距离传接球。	1. 教师讲解传接球技术动作,并进行示范。2. 学生进行练习,教师巡回指导。	半个足球场,学生站成四列横队,左右间隔两臂距离,前后间隔3米左右。第一排和第二排进行传接球练习。第三排和第四排进行传接球练习。	老师计时,学生进行练习。看一看在规定的时间内,哪一组学生传的次数最多。
8	中远距离传接球	学生能够掌握中远距离传接球的基本动作,能够连续进行中远距离传接球。	1. 教师讲解中远传接球技术动作,并进行示范。2. 学生进行练习,教师巡回指导。	半个足球场,学生站成四列横队,左右间隔两臂距离,前后间隔8米左右。第一排和第二排进行传接球练习。第三排和第四排进行传接球练习。	老师计时,学生进行练习。看一看在规定的时间内,哪一组学生传的次数最多。
9	射门	学生能够运用正确的射门技术行进射门。	1. 学习射门的正确技术动作,老师示范并讲解。2. 学生进行练习,老师巡回指导。	1. 学生分组进行射门练习。2. 掌握射门技术后,射门距离可以进一步扩大。	放置一些小号的足球门,每名同学进行若干次射门,看一看哪个学生进球次数最多。
10	脚步练习	学生学会并掌握一些比赛场上常用的进攻和防守的脚步。	1. 教师讲解一些进攻与防守的脚步。2. 学生进行练习,教师巡回指导。	半个足球场,学生站成四路纵队,以每列纵队为基准,前方放置一个绳梯,学生依次进行练习。	按照要求进行身体练习比赛,看哪一组做的最快。

续表

课次	学习主题	学习目标	基本部分		
			学习活动	练习活动	比赛活动
11	1v1 对抗	学生能够运用带球技术在足球场上进行过人进攻，同时会用脚步进行防守。	教师讲解比赛的一些规则。	在整个足球场上划分出若干个小足球场，学生分组依次进行1v1比赛练习。	学生分组依次进行1v1比赛练习。
12	2v2 对抗	学生能够运用带球技术、传球技术在足球场上进行过人进攻，同时会用脚步进行防守。	教师讲解比赛的规则。	在整个足球场上划分出若干个小足球场，学生分组依次进行2v2比赛练习。	学生分组依次进行2v2比赛练习。
13	3v3 对抗	学生能够运用带球技术、传球技术、简单配合在足球场上进行过人进攻，同时会用脚步进行防守。	教师讲解比赛中一些简单的配合。	在整个足球场上划分出若干个小足球场，学生分组依次进行3v3比赛练习。	学生分组依次进行3v3比赛练习。
14	3v3 对抗	学生能够运用带球技术、传球技术、简单配合在足球场上进行过人进攻，同时会用脚步进行防守。	教师进一步介绍比赛中一些规则、配合、战术。	在整个足球场上划分出若干个小足球场，学生分组依次进行3v3比赛练习。	学生分组依次进行3v3比赛练习。
15—18	5v5 挑战赛	介绍五对五攻防比赛流程，在教师的指导下学生能够明确场上队员、位置、职能、场下啦啦队、裁判员等角色的职责。在比赛中学生能够合理运用所学技术，减少犯规和违例动作的出现，能比较流畅的完成比赛。	比赛项目：5v5 挑战赛 比赛组织过程：介绍比赛流程，挑选辅助裁判员，组织双方运动员参与比赛，公平制裁。 颁奖典礼： 评选出冠军队、亚军队、季军队。 最有价值球员。 优秀裁判员。		

四、教学策略

根据不同年级学生身心发展的客观规律和特点，贯穿小学阶段的足球整体教学策略可以分为三步。

（一）水平一的总体策略为"从兴趣出发，体验足球之魅力"

水平一针对的都是小学一年级和二年级的学生，年龄普遍在 6 岁到 7 岁之间。该阶段的小学生身心特点包括：心理上不随意性反应占主导，随意性反应刚有发展，但注意力集中时间较短。集体意识模糊，更多的是关注自己本身。从生理特点上看，学生骨骼生长速度加快，但肌肉发育尚不完全，关节牢固性差。从这些特点上我们不难看出，教授水平一阶段的孩子，不能上来就讲解专业动作名称和相关概念。我们一定要从培养学生的兴趣出发，让他们在各种游戏中感受到足球带给他们快乐，享受足球这项运动。我们在对水平一的学生进行足球教学的过程中，一定要注意运动的负荷和强度，现阶段的孩子骨骼、肌肉、关节、心肺系统还没有完全发育，过早的进行较大负荷的运动往往会对孩子造成伤害。

（二）水平二的总体策略为"精讲勤练，打牢基础"

水平二针对的为小学三年级和四年级的学生，年龄在 8 岁到 9 岁之间。该年龄段学生随意性注意力加强，有助于他们进行专注的学习。其身体素质发展加快，精力充沛，对新鲜事物有着较强的好奇心。在本阶段可以对孩子进行一些足球的基础技术的教学，要求孩子按照技术特点要求进行练习。在教学过程中一定要注意"精讲勤练"的原则。冗长乏味的讲解不仅会使学生对足球失去兴趣，而且学生的练习时间也会大大减少。我们一定要明白体育是一项实践性课程，要让学生更多地进行实际的操练和体验，而不是总是停留在说和学上。

（三）水平三的总体策略为"以赛代练，以赛促练"

水平三针对的学生为五年级和六年级的学生，年龄在 10 岁和 11 岁之间。学生的意志力、注意力水平进一步的提高，力量素质、耐力素质得到较大发展，有着较强的好胜心和集体荣誉感。此时如果还是一味地进行枯燥的技术训练，很难激发起学生的学习动机，产生良好的教学效果。应抓住学生现有的一些心理特点，通过组织各种形式的足球比赛来促进学生技术水平的提高，从比赛中锻炼、提高和考察学生的技术掌握情况。学生能够学以致用，将所学的技术动作在赛场上施展出来，反过来也能不断激发学生学习足球的热情。

五、效果评价

足球教学效果评价在体育教学中有着重要的意义，一方面可以检测足球教学目标的完成情况，另一方面可以及时发现教学过程中存在的问题，及时做出调整，引导整体教学方向。此外，好的教学效果评价也能给学生提供一个展示自身的机会。足球效果评价要将总结性评价与过程性评价、发展性评价和展示性评价相结合，充分发挥出各种评价的作用，促进学生足球水平的提高。

总结性评价可以采取一些客观的标准，如曲线过杆计时、定位球踢准、颠球比多等。过程性评价则是对于学生在整个教学过程中学习态度的评价，包括学习是否认真、训练是否积极、是否遵守课堂纪律、是否能够保质保量完成老师布置的任务等。发展性评价则注重关注学生个体的发展情况，我们可以对一些体育学困生设置一些进步奖，促进这类学生发展。

最后的展示评价在足球这项集体性、对抗性、观赏性都极强的运动中至关重要。因为学生所学的所有技术、战术、配合都是为能够更好地参与到足球比赛中去，所以表现性评价对于学生最终教学成果的检测是极为关键的。对于技能的掌握程度，我们可以组织学生进行足球比赛，教师观察比赛中学生对于这些技术的使用情况。这样既能对学生进行有效的评价，又可以给学生提供一个展示的机会。至于一些足球基本的概念、理论、文化、发展现状，我们可以以分组的形式让学生在小组中以一名"小老师"的身份进行讲解，也可以组织一些关于足球的知识问答比赛或者是辩论比赛。通过这样一种让学生展现出知识的形式，让学生对知识形成更深刻的理解。

总的来说，足球课程评价要将结果性评价和展示评价作为主要的评价方式，而将过程性评价和发展性评价作为重要的补充，让这些评价方式能够相辅相成，共同发挥作用。

第三节　武术大单元教学

武术，也称国术、功夫武艺，是中华民族所特有的一种传统体育运动项目，是我国优秀的文化遗产。武术以技击动作作为内容，以套路和格斗为运动形式，同时注重内外兼修。它包括拳术、器械、对练、集体表演、攻防格斗等技术，具有强身健体、修身养性、提高防卫能力和应变能力等功能。武术作为中华民族的一种传统体育活动，它所展现给人们的是一种朴实、简练、实用、美观的身体活动形式，是以人体的内在精神气质为基础的体育活动。武术强调手、眼、身、法、步，精、气、神、力、功的高度协调配合，完整统一。武术作为学校体育中独具中华民族特色的运动项目，在增强学生体质、锻炼学生意志品质、传承中华传统文化等方面有着独特的作用。

一、目标定位

（1）运动能力。通过学习，初步了解武术的基本知识和运动特点，学习和初步掌握武术基本手型：拳、掌、勾；武术基本步型：弓步、马步、仆步、歇步、虚步等；了解所学武术动作名称的含义，能够用正确的术语描述已学过的武术动作；能够说出武术基本手法：抱拳礼、抱拳、冲拳、推掌等和少年拳中震脚架打、弹踢架打、垫步弹踢等动作名称和术语，了解其基本的锻炼价值和攻防含义；增强肌肉、韧带的伸展性和弹性，加大关节活动的灵活性和幅度；能够协调连贯、劲力顺达、形神兼备的完成动作演练，发展身体柔韧、灵敏、协调等素质，体验武术动作的速度、力量和节奏感；通过小组自主探讨研究，搭建武术秀场，进行个人、小组、集体展示与评比；专项体能与一般体能方面，重点发展学生身体的柔韧性、灵敏性、协调性等身体素质，达到动作标准规范；规则与裁判方法、观赏与评价方面，包括遵守游戏比赛规则，对所有参赛队伍进行鼓励，文明观赏个人、小组比赛，做出合理评价。

（2）健康行为。能在校内外体育锻炼时自主学练，与亲友分享所学武术动作，养成良好的锻炼习惯；面对比较难的动作或者容易错的动作，能在教师指导下自我调控情绪，主动交流，养成与同伴友好相处、以礼相待、相互交流与合作等行为习惯，培养对武术的学习兴趣和民族自豪感；能够根据场地的变化，较好完成简单武术组合动作，提高安全锻炼的意识与能力。

（3）体育品德。通过学习武术基本功和基本动作，以及简单组合动作和少年拳，培养民族自豪感和武术精神；提高遵守规则的意识，在学习过程中学会合作，培养团结协作意识；在小组和集体展示与评比中，相互交流，互相协作，赛出风格、赛出水平，培养积极向上、勇于进取的品质和爱国主义精神。

二、内容结构

（一）基础知识与基本技能

基本手型：拳、掌、勾；基本手法：抱拳礼、抱拳冲拳；基本步型：弓步、马步、仆步、歇步、虚步等；基本腿法：正踢腿、侧踢腿、蹬腿、仆步压腿；基本动作：弹踢、摆掌、撩掌、穿掌；武术健身操；掌握简单武术组合动作；少年拳；实用拳法基本打法和攻防破解。

（二）技战术运用

技战术运用主要在展示和比赛中体现。比如，在以小组为单位的个人武术基本功挑战赛中，需要各组成员根据全班学生表现情况以及本组人员表现情况，集体研讨商量参加项目，出场顺序等，力图达到"田忌赛马"的效果，为本小组赢下最大的胜利；在以小组为单位的集体套路挑战赛上，就需要各组根据每个人的表现情况，设计出适合本组展现评比的队形，展现出最好的一面，勇敢跟各组进行评比。

（三）体能

了解简单组合动作所需的一般体能与专项体能的简单学练方法，乐于参与武术相关的体能游戏活动。如通过加速跑、叫号跑、变向跑等练习，发展上下肢力量、速度、心肺耐力及灵敏性；通过正踢、弹踢等练习，发展下肢和腰腹力量、速度、协调性、灵敏性、弹跳力和身体控制平衡的能力等。

（四）展示与比赛

了解武术展示与比赛的基本要素，敢于在小组和班级内展示基本手型、基本步型和简单武术组合动作，并注意展示前和结束后的礼仪。武术的展示与比赛多种多样。在设计展示与比赛时应注重学生锻炼的兴趣和多样性，激发学生的参与和挑战欲望，力争使学生在挑战极限的同时不感觉枯燥，培养学生习武兴趣。主要采用：搭建武术秀场（学生评比展示的舞台）、武术文化渗透宣讲、武术基本功、武术基本动作、武术套路、武术攻防演练等评比活动。

（五）规则与裁判

了解武术游戏的基本规则和要求，如步手型变换、步型变换的基本规则等；能够基本判断武术基本动作的对错。武术练习和比赛时，可以教师当裁判，也可以设立小评委。练习时强调动作规格标准、劲力、连贯性，展示比赛时明确规则。武术比赛前要向裁判或者观众行抱拳礼，在规定的时间、规定的场地完成比赛，比赛结束再向裁判或者观众行抱拳礼。

（六）观赏与评价

了解如何观看武术运动项目的比赛或表演；定期观看班级内、校队、全国比赛或表演；尝试对所学武术运动项目比赛中运动员（代表队）的表现进行简单评价。

根据评价内容，倡导开展多元性评价，注重对学生语言表达（是否能说出）、动作表现（是否能做对）、能力体现（是否能会用）等多方面检验，完善评价方式，提升评价效果。打破以往只对运动技术、体质健康等某一方面的评价，要更加注重"知识、能力、行为、健康"综合评价指标体系的建立。为增加评价方式的便捷性、评价结果的精准性，鼓励引入人工智能、录像等评价方式。

开展表现性评价、设计评价任务。不同水平的学生在任务情境中，获得知识与技能、调控情绪与情感的能力不同，教师要善于发现学生的闪光点，并适时鼓励、评价学生的学习，使每位学生都有收获。

三、教学方案

【方案1】三年级上学期武术大单元教学设计
（1）单元学习主题
在攻防情境中武术摆掌撩掌类组合动作运用。
（2）单元课时分配（表2-3-1）

表2-3-1　三年级上学期武术单元课时分配表

内容分类	内容要点	建议课时	
		小计	总计
基本知识与技能	1. 基本手型：拳、掌、勾 2. 基本步型：弓步、马步、仆步 3. 武术基本功：正踢腿、侧踢腿、仆步压腿 4. 基本动作：弹踢、摆掌、撩掌、穿掌 5. 武术组合动作：上步搂手马步击掌－弓步双摆掌－弓步勾手撩掌－弹踢推掌－弓步击掌	12	18
体能	正踢腿、侧踢腿、仆步压腿、小步跑、快速跑等	3	
展示与比赛	个人展示与评比、小组展示与评比、集体展示与评比	3	

（3）单元学习目标

①运动能力。学习武术基本步型：弓步、马步、仆步；基本功：正踢腿、侧踢腿、仆步压腿；基本动作：弹踢、摆掌、撩掌、穿掌；熟练掌握武术组合动作：上步搂手马步击掌 - 弓步双摆掌 - 弓步勾手撩掌 - 弹踢推掌 - 弓步击掌；通过小组自主探讨研究，搭建武术秀场，进行个人、小组、集体展示与评比；重点发展学生身体的柔韧性、灵敏性等身体素质，达到动作标准规范；遵守游戏比赛规则，对所有参赛队伍进行鼓励，文明观赏个人、小组比赛，做出合理评价。

②健康行为。能在校内外体育锻炼时自主学练，与亲友分享所学武术动作，养成良好的锻炼习惯；面对比较难的动作或者容易错的动作，能在教师指导下自我调控情绪，主动交流，与同伴友好相处；根据场地的变化，较好完成简单武术组合动作，提高安全锻炼的意识与能力。

③体育品德。武术基本功和基本动作以及简单组合动作的学习过程中，养成顽强拼搏，不断挑战自我的精神品质；提高遵守规则的意识，在学习过程中学会合作，培养团结协作意识；在小组和集体展示与评比中，相互交流，互相协作，赛出风格、赛出水平。

（4）单元教学方案（表 2-3-2）

表 2-3-2　三年级上学期武术单元教学方案

课次	专项主题	学习目标	基本部分（学 - 练 - 赛）		
			学习活动	练习活动	比赛活动
1	武术基本手型：拳、掌、勾	1. 学习武术基本手型：拳、掌、勾武术动作方法。2. 掌握拳、掌、勾武术动作要领。	1. 讲解示范拳掌勾基本手型。2. 口诀：拳，四指双双向下卷，拇指紧扣食中间；掌，四指并拢指向天，拇指紧扣虎口边；勾，五指聚拢如捏豆，手腕弯曲似弯钩。	1. 学生在教师带领下集体练习。2. 分组进行练习。3. 两人之间相互练习。4. 优秀学生展示。	两个人或者几个人之间玩猜拳游戏（拳 - 石头；掌 - 布；勾 - 剪刀）。
2	弓步、马步、仆步	1. 复习弓步、马步、仆步动作方法。2. 掌握弓步、马步、仆步之间相互转换的动作要点。	1. 讲解示范动作。2. 指导三种步型之间相互快速的转换。	1. 弓步、马步、仆步单个动作练习。2. 弓步、马步、仆步之间相互转换练习。	静耗和三种步型相互转换评比。

续表

课次	专项主题	学习目标	基本部分（学－练－赛）		
			学习活动	练习活动	比赛活动
3	正踢腿	1. 学习正踢腿的动作方法。 2. 掌握挺胸立腰，上踢勾脚动作要点。	1. 讲解示范动作。 2. 强调重点挺胸立腰，上踢勾脚。 3. 攻克难点踢腿时爆发用力。	1. 原地手扶器械踢腿练习。 2. 动作由慢到快，由低到高练习。 3. 逐渐加大上踢力度。	强调练习时头上顶，体会直腰、收髋的动作感觉，进行个人评比。
4	侧踢腿	1. 学习侧踢腿的动作方法。 2. 掌握侧踢成一面，勾脚上踢快的动作要点。	1. 讲解示范动作。 2. 强调侧踢成一面，勾脚上踢快的动作重点。 3. 攻克勾脚快踢、爆发用力难点。	1. 原地手扶器械做侧摆踢动作。 2. 动作由低到高，保持身体平衡。 3. 分小组练习。	强调直腰，开胯，进行个人或小组展示评比。
5	仆步压腿	1. 学习仆步压腿的动作方法。 2. 掌握挺胸、立腰、沉胯、侧倒动作要点。	1. 讲解示范动作。 2. 强调仆步腿伸直仆平，脚尖内扣。 3. 攻克两脚全脚掌着地，仆步腿脚尖内扣。	1. 双手压膝做仆步下压动作。 2. 做左、右仆步相互交换压腿练习。 3. 学生做全仆步练习。	教师进行语言提示，讲清要点，多做练习评比；组织学生进行仆步左右平移动作展示评比。
6	弹踢	1. 学习弹踢的动作方法。 2. 掌握挺胸、直腰、绷脚面、收髋，弹击有力，力达脚尖的动作要点。	1. 讲解示范弹踢动作。 2. 强调绷脚弹踢、力达脚尖。 3. 攻克难点：弹击有力。	1. 做分解练习，先提膝，后弹踢。 2. 在原地动作熟练基础上，进行行间弹踢动作练习。	强调收髋、屈膝后再弹出，体会弹的动作，进行个人或小组展示评比。
7	摆掌	1. 学习摆掌动作方法。 2. 掌握两臂划圆，至左侧时坐腕立掌，摆臂时两肩放松，身体随之微转动作要点。	1. 讲解示范摆掌动作。 2. 强调两臂划圆、坐腕立掌。 3. 攻克手眼配合。	1. 强调学生两臂伸直，以肩为轴，贴身画圆。 2. 先做慢动作，体会手走的路线和方法。 3. 两人一组相互观察、学习。	强调先做慢动作，体会肩带臂的感觉；进行单臂过渡到双臂，进行展示评比。

续表

课次	专项主题	学习目标	基本部分（学－练－赛）		
			学习活动	练习活动	比赛活动
8	撩掌	1. 学习撩掌动作方法。 2. 掌握双手摆动协调，与头和躯干动作协调一致；前撩后钩方法要清楚；撩掌动作有力度动作要点。	1. 讲解示范撩掌动作。 2. 强调前撩后钩、弓步转换动作。 3. 攻克难点：撩掌有力度。	1. 慢动作练习，让学生明确前撩后钩和弓步转换的动作顺序和节奏，再快速完成动作。 2. 采用先分解后完整动作练习。	让学生理解撩掌的动作方法及意义，多做慢动作进行体会，进行有力度的撩掌评比练习。
9	穿掌	1. 学习穿掌动作方法。 2. 掌握一劈、二按、三穿，节奏明显，上体随之转动；左手内压、右手上穿的动作节奏清楚、协调；眼随手走动作要点。	1. 讲解示范穿掌的动作方法。 2. 强调穿掌的动作顺序和路线。 3. 攻克难点：动作节奏。	1. 提示学生注意眼神与动作及力度的配合。 2. 先做慢动作，体会动作顺序和节奏。 3. 两人一组，互帮互助，合作学习。	强调多做一些慢动作练习，再做分解，最后完整动作，逐一进行评比展示。
10	上步搂手马步击掌	1. 学习上步搂手马步击掌。 2. 掌握弓步、马步之间快速转换动作要点。	1. 讲解示范上步搂手马步击掌动作。 2. 强调弓步、马步之间的快速转换。 3. 攻克难点：动作连贯、推掌有力。	1. 体会发力的方法和要点。 2. 练习时动作由慢到快。 3. 两人一组相互帮助，合作学习。	强调动作规范，个人拼比与小组评比相结合。
11	弓步双摆掌	1. 学习弓步双摆掌的动作方法。 2. 掌握马步、弓步转换以及双摆掌的动作路线动作要点。	1. 讲解示范弓步双摆掌动作。 2. 强调两臂同时向上、经头向上摆与肩同高成立掌。 3. 攻克难点：动作规范、连贯。	1. 由慢到快进行练习。 2. 注意动作规范、标准。 3. 两人一组相互帮助，合作学习。	强调摆掌动作规范，小组进行评比练习。
12	弓步钩手撩掌	1. 学习弓步钩手撩掌的动作方法。 2. 掌握弓步、仆步再到弓步之间的快速转换以及撩掌动作要点。	1. 讲解示范弓步钩手撩掌动作。 2. 强调由后经下向前撩出动作。 3. 攻克难点：动作标准、连贯。	1. 慢动作进行弓步钩手撩掌练习。 2. 体会动作快速练习。 3. 两个人或几个人一组进行互帮互助，合作学习。	根据动作标准进行小组评比展示。

续表

课次	专项主题	学习目标	基本部分（学－练－赛）		
			学习活动	练习活动	比赛活动
13	弹踢推掌	1. 学习弹踢推掌动作方法。 2. 掌握弹踢推掌动作有力、连贯、协调动作要点。	1. 讲解示范弹踢推掌动作。 2. 强调弹踢推掌同时。 3. 攻克难点：动作连贯、推掌有力。	1. 注意培养学生骨干。 2. 根据动作要点进行小组练习。 3. 几个人之间相互帮助，合作练习。	根据动作标准进行个人评比展示。
14	基本掌握摆掌撩掌类武术组合动作	1. 复习所学过的五个组合动作。 2. 基本掌握动作准确、有力、连贯、协调，节奏明快，眼神与动作协调配合，用掌发力动作要点。	1. 指导学生进行撩掌摆掌类武术组合动作。 2. 强调动作连贯、协调、有劲力。	1. 学生根据教师指导，分组进行练习。 2. 个人完整武术组合动作练习。	先集体再小组，最后进行个人组合动作展示评比。
15	熟练掌握摆掌撩掌类武术组合动作	1. 通过个人、小组、集体等方式复习所学组合动作。 2. 熟练掌握动作准确、有力、连贯、协调，节奏明快，眼神与动作协调配合，用掌发力动作要点。	1. 熟练掌握撩掌摆掌类武术组合动作。 2. 强调按照要求能够个人独立完成动作。	1. 学生根据要求进行集体或小组练习。 2. 各小组内个人单独练习。	根据动作规范标准进行个人评比展示。
16 — 18	武术擂台挑战赛	在教师的指导与帮助下，学生以小组为单位，组织一场擂台挑战赛；在活动中学习、体会武术动作；通过不同分工，了解主持人、裁判、队员、观众等。做好文明观赛、互帮互助，积极创新、愉快参与小组（个人）武术擂台挑战赛。	1. 挑战赛开幕式（主持人）。 2. 搭建武术秀场（合理设计比赛场地）。 3. 个人挑战赛（手型、步型、基本动作等）。 4. 小组挑战赛（简单武术组合动作）。 5. 武术文化宣讲（弘扬中华传统文化）。 6. 评委点评。 7. 颁奖典礼：最佳个人、最佳小组、最佳创意、最佳表现。 8. 挑战赛闭幕式。		

四、教学策略

丰富的教学内容、富有创意的组织方式以及灵活多变的教学方法是贯彻"自主开放"课堂的途径。因此在教学过程中应做好"引""导""放""收"四个环节，现以笔者在《武术组合动作》教学设计中童子拜佛、排山倒海、闭目养神、横扫千军武术组合动作为例进行具体说明。

（一）"引"就是要把学生吸引到体育课堂、吸引到教学内容上来

教学活动是一种自觉的、有目的的、以一定方式组织起来的活动，有时是很艰苦、很枯燥的，需要靠以有意注意为主的、自觉的目的性和意志力。但如果单靠有意注意，时间长了会引起学生心理上的疲劳，导致注意力分散。常言道："变则通，通则灵。"如果教师此时能在教学中合理而巧妙地利用无意注意规律组织教学，使教学本身变得新颖、生动、有趣，这样就有利于注意力的集中和稳定。

因此，教学中要不断强化以学生为主的活动。教师必须明确，学生是一个充满生机和活力的人，不是教育的工具或者知识的储存器。教学应该以教材为主源，全方位、多层次的让学生参与学习活动，努力给学生创造更多的机会去学习、体验、探究、实践，使学生在口说、手做、耳听、眼看、脑想的活动情境中学习知识、增长智慧、提高能力。

引——开始部分。

铃、铃、铃！上课铃声响了。

"同学们好！""老师好！"（师生之间相互行抱拳礼问好，进行武德教育）。"今天老师准备带领同学们一起上山学艺，你们有没有信心做好？""有！"同学们异口同声地回答。"好！（竖起大拇指）同学们声音真洪亮！下面看你们的行动"。带有童真而富有激情的语言，一下子把学生带入了习武的情境，提高了他们学习的热情。

（二）"导"即因势利导，形散神聚

"引导"是教师在学生学习能力的基础上进行的，根据教学目标，视学生"学"的情况进行"导"。教师的引导，是为了完成既定的教学目标，和学生一起铺设的通向教学目标的路径，是在学生遇到疑难时，准确地判断学生疑惑的症结，作出相应的指导，让学生茅塞顿开。

现代教学在教与学的关系上要求多向交流——交往、互动。教师应主动到学生中间，参与学生的学习，成为学生学习强有力的支持者。如果没有老师的正确引导，学生的学习可能会偏离教学目标；如果没有老师的及时引导，学生的学习可能要走弯路。由此可见，真正落实以学生为主体，有效促进学生思维的发展，教师恰如其分的课堂引导极为重要。

导——准备部分。

"山路崎岖，我们上山之前一定要做好准备。"带领学生摩拳擦掌简单热身，紧接着听激情音乐《武林风》带领学生上山学艺，山路崎岖，注意安全。带领学生穿越小树林，越过小山丘，行走独木桥，拉手过陡崖，盘旋上山路，最后通过层层关卡安全到达练武场。敬礼，习武先习德。左手掌代表武，右手拳代表德，左掌盖右拳代表武德，习武先习德！紧接着引导学生运用教师自编的武术基本手型和基本步型的口诀（拳：四指双双向下卷，拇指紧扣食指中间；掌：四指并拢指向天，拇指紧扣虎口边；勾：五指聚拢如捏豆，手腕弯曲似弯钩；弓步：前腿弓，后腿绷，小腰立直不放松；马步：两脚开立三脚半，屈膝立腰向前看；仆步：一腿伸直一腿蹲，挺胸立腰向前伸；歇步：两腿下蹲要加紧，挺胸立腰身要稳；虚步：一腿实来一腿松，进退自如特轻松)，边说边做动作。

（三）"放"就是"放手、放开、放宽"

"放"是针对传统教学而言的，指在教学实践中教师要放手、放开、放宽，具有开放性特征。

放——基本部分。

在进行主教材武术步型组合动作学习时，笔者主要采用情境教学法、口诀法、小组合作式、探究式等学习方式给学生提供一个自主学习空间，勇敢、大胆地把学生放出去。

俗话说，天下武功出少林。首先我们来学习一下第一个武术步型组合动作——童子拜佛。紧接着，让学生通过"童子拜佛"这个武术动作名称想一想武术动作。提示学生，能够按照我们所学过的武术基本手型和基本步型自由组合动作，还要能够形象地表现出童子拜佛这个武术动作。学生们按照要求愉快的分组讨论起来，他们的动作一个个那么优美，有的双脚立正站好、双手在胸前成拜佛状，显得形象高大；有的干脆盘腿坐在地上、双手胸前成拜佛状，显得很虔诚；还有很多种做法，看上去也非常可爱。这时，笔者就稍加引导，让学生通过小组讨论、展示的方式，把自己的想法和做法展现出来，最后确定"童子拜佛"的动作为两脚开立成马步，同时两手于胸前击掌成拜佛状。学生在教师的引导下总结动作要点：手合脚开。学习第一动作花费了学生很多的时间，但是通过小组讨论、展示等环节的设计，充分调动了学生学习的兴趣，在教师的引导下自主的进行学习。

紧接着，第二个武术步型组合动作，笔者又向学生提了更高的要求。先说出动作的名称和动作的方法，让学生根据教师所说，分组进行讨论、尝试、体验练习，并且能够仿照"童子拜佛"的动作要点，尝试着提炼"排山倒海"的动作要点。有了学习上一个动作的经验，学生谈论、学习的过程兴趣浓厚，动作掌握的比较扎实，很快他们就做出了排山倒海的武术组合动作，并且在教师稍微地提示下，精准的总结出了动作要点：手开脚合。

最后，学习"闭目养神"和"横扫千军"两个武术步型组合动作。这次，笔者特意加大了学习的难度。一下子告诉他们这两个武术步型组合动作的名称和动作要点：闭目养神——手脚齐合，横扫千军——手脚齐开。并且告诉学生，闭目养神是为了能够好好休息，为后面的学习绝招做好准备。接着，引用毛泽东主席在第二次反围剿时的诗词"横扫千军如卷席"中的横扫千军作为此次学习的绝招，激发了学生的学习热情。学习是一个从易到难、从简到繁的过程。学生从最初的只知道动作名称，充分发挥想象尝试体验练习，在教师的引领下总结动作要点，到知道动作的名称和方法，尝试、体验，尝试自己总结动作要点，再到知道了动作要点，根据要点自由创编武术组合动作。他们不仅学到了武术步型组合动作技能，在学习的过程中也自主探索出了一些简单的学习方法，提升了他们自主学习、口语表达、合作探究等综合能力。可想而知，在最后根据武术动作要点尝试创编动作时，他们是多么的高兴，多么的幸福。

为了让学生能够对所学武术步型组合动作有更深的理解和认识，笔者改编了学生喜欢玩的《穿越小树林》游戏，把它变成"站桩"游戏。首先，把学生统一分成四组，两两面对面站立。在教师的统一要求下，一组做武术步型组合动作，一组根据动作要点进行面对面指导，最后做出评价（表扬或加油手势），然后再根据动作进行游戏，依次绕过小勇士。"童子拜佛"时，要注意脚下，"排山倒海"时要注意手上，"闭目养神"要静悄悄的，"横扫千军"时要有气势。这样两组之间交替进行。其实，站桩很辛苦，但这是武术中的静耗，对学习巩固动作非常有好处。另外一组学生，也能通过运用所学武术动作要领，直观指导、帮助、评价。游戏过程中他们每个人脸上都洋溢着笑容。

（四）"收"是"放"的总结与验收

要注重"收"的实效，新课程体现学习内容的综合性和强化学习过程的实践性，在教学过程中要有学生讨论、信息反馈、及时纠正问题、客观评价的过程。

收——结束部分。

俗话说，上山容易，下山难，一定要注意安全。大家哼唱着这句顺口溜，手搭肩集体下山。学生高兴地欢呼："我们到家了，我们都是小英雄。"听《英雄谁属》音乐，做太极进行放松。最后大家围在一起，回顾本节课，每个人脸上都带着笑容。我们也高兴的结束了本节课。

（五）策略分析

1. 巧妙引导

低年级学生有意注意时间短，注意力容易分散，通过情境化的处理教材和教学环节，学生的注意力一下子被教师吸引住了，提高了学生学习的兴趣。这节课学生学练起来非常认真，教学效果很好，达到了预期的教学目标。

2. 顺势利导

根据学生的年龄特点，采用自编小游戏的方法，不仅提高学生学习的兴趣，还能深入浅出的帮学生理解武术最大的特点是技击。从而让学生知道我们学习这个武术动作的简单用法，让学生对武术有更深层次的认识，为弘扬中华武术传统文化做贡献。本节课教师巧妙地运用隔空空手对练游戏因势利导，让学生健康、快乐、幸福的进行学习。

3. 自主学习

根据学生年龄与心理特点，主要采用情境教学法、游戏法、口诀指导法等多种教学方法与自主式、探究式、合作式等多种学习方式相结合，让学生能够按照教师设计引导的方向，通过模仿、练习、合作、创造等学习方式自主进行学习。在学习过程中，他们不仅学到了知识技能，还体验了学习带来的快乐，掌握了学习的方法，养成了良好的行为习惯，最终实现立德树人的教育目标。

4. 收放结合

在新的教育理念指导下，教育模式变革，教学方法创新，我们创建了"自主开放课堂"教育理念。在教学实践中教师做到了"放手、放开、放宽"，效果非常好，但是笔者认为单单这样还是不够的，我们要把"放"和"收"有效结合起来，"收"是"放"的总结与验收。本节课中，学生通过教师适当的"放"学到了武术步型组合动作，掌握了武术的基本知识和技能，增强了体能，并且在学习过程中体验到了运动的乐趣和成功。但是他们对新学的这几个武术步型组合动作掌握的还不是很熟练，教师巧妙地运用他们喜欢玩的《穿越小树林》游戏，恰当改编，使学生们怀着愉悦的心情，复习巩固提高了武术步型组合动作，收获了良好的课堂效果。

在体育课中巧妙地运用"引、导、放、收"，活跃了课堂的气氛，让学生能够快乐、幸福的学习。努力打造"幸福体育",让每一名学生都能够健康幸福的成长。

五、效果评价

（一）改进知识评价

主要是对体育知识、健康知识等的评价,建立知识测评题库,通过试卷纸笔测试、线上网络测试、随堂口头测试、组织开展活动测试等多种方式相结合的方式实施。小学侧重情境式测试。

（二）突出能力评价

主要包含基本运动能力评价和专项运动能力评价。基本运动能力评价按照各学段必修必学的基本运动技能确定评价内容;专项运动能力评价可依据专项运动技能学习结构化内容确定评价内容。特别要注重对学生运用知识的能力以及比赛能力的评价。

（三）完善行为评价

注重对学生健康行为和良好品德的评价,鼓励利用大数据平台实施体育家庭作业制度,重点评价学生体育锻炼行为与习惯的养成,实现对日常锻炼情况的过程性评价;通过组织各项体育比赛,充分把握学生的品德,尤其要强化团结协助、勇于拼搏等优良品格的评价。

（四）强化健康评价

对标《国家学生体质健康标准》,通过精准监测各学段学生对应的体质健康指标,评价中小学生的体质健康水平,及时向家长反馈,便于做好家校联合,共同促进学生的健康成长。

（五）开展表现性评价

小学体育教学内容,由体育知识、技术、技能与体能,以及健康行为、体育品德组成。在实际的教学中,由于每个学生的个性、身体素质、运动水平有差异,体育学习效果也有明显差异。因此,教师要因材施教、扬长避短,需要设计评价任务。在不同水平的学生在任务情境中,学生获得知识与技能、调控情绪与情感的能力不同,教师要善于发现学生的闪光点,并适时鼓励、评价学生的学习,使每位学生都有收获。

（六）表现性评价案例——三年级《武术隔空对练》的设计与实施

1.教学过程

课伊始，师生问好，互敬抱拳礼。习武先习礼，渗透武德教育。开门见山，创设"上山学艺"学习情境，调动学生习武兴趣，弘扬中华传统文化。

伴随着充满激情的《武林风》音乐，师生一起"穿越小树林""越过小河流""挑战独木桥""勇敢过陡崖""盘旋上山路"，师生团结互助、勇于挑战，通过层层关卡，最终安全到达练武场。巧妙运用"石头、剪刀、布"武术攻防小游戏，做好专项准备活动的同时，深入浅出体现武术技击内涵，最后过渡到武术隔空对练的学习。

"要练武，不怕苦！要练功，莫放松！"巧用武术谚语激励学生。

首先，通过刚劲有力、标准规范的示范动作，吸引学生，使其形成正确的动作表象，帮助学生在不自觉模仿、尝试、体验中，快速掌握左冲拳动作。其次，运用武术专业术语引领学生体验、尝试并尽快掌握右冲拳；紧接着抓住学生面对面练习时下意识的进行闪躲现象，让学生进行隔空对练（控制好安全距离），并采用师生、生生之间前后、左右，分小组进行不同方式的隔空对练练习，熟练掌握对练方法，解决本课的教学重点对练中进攻动作的规范性；最后，拉近距离，进行慢动作练习，通过学生真实体验、感悟、总结出正确侧身躲闪的方向问题，从而巧妙解决隔空对练的难点；烘托武术气氛，搭建武术秀场，为学生提供一个展示、交流、学习的平台。整个学习过程中，始终以学生为主体，让学生在活动中主动探究、尝试、体验得出结果。

"站桩"游戏环节中，既有个人之间的PK，又有团队上的比拼；既体验到游戏带来的快乐，又在游戏中磨炼学生的意志；既有学习，又有指导，还有评价，学生在游戏中成长。

整节课，围绕"上山学艺"学习情境，从思想教育、沙场点兵到攻克险阻、充分活动，从自主学习、展示评比到团结协作、学有所得，学习过程流畅，浑然天成。学习过程中，始终以学生为中心，引导学生自主探究、体验、尝试学习，了解武术知识、掌握武术技能。

2.依托表现性评价理论

表现性评价是指对学生在实际完成某项任务或一系列任务时所表现出的，在理解与技能方面的成就的评定，也指对学生所表现出的学习态度、努力程度以及问题解决能力等一些测验所无法反映的深层学习指标的评定。表现性评价的主体是学生，并通过课堂或活动中学生的真实表现评价学生的能力。其特点：（1）表现性评价能将教学目标具体化，是真实的表现任务与学习目标匹配的一致性较高程度的表现方式之一；（2）表现性评价能够明确评价学生学习过程中的能力，即学生在真实的任务情境中，执行任务并且创造学习成果的过程；（3）表现性评价是考查学生综合能力的方式之一；（4）表现性评价具有情境性。要在实际的体育课堂教学中探究体育学习中表现性评价有效的策略和方法，以学生为主体，让学生在活动中主动探究，鼓励每位学生发挥主人翁精神，以评价促发展，最终促进学生体育与健康素养发展。

3. 制订评价任务

根据目标，制订表现性评价任务单：上山学艺。细化多维目标，进行任务分解，把上山学艺具体分化成：思想教育、沙场点兵、攻克险阻、充分活动、自主学习、展示评比、同心协力、学有所得八个部分。

4. 细化评价指标

细化评价指标，如表 2-3-3 所示。

表2-3-3　武术隔空对练评价指标

单元目标	课时目标	任务要求	任务评价指标	观察点及表现性任务描述及评价要求
（1）运动能力：能够记住左冲拳、右冲拳、左（右）侧身闪躲动作名称、准确说出运动技能、充分调动身体，参加活动。（2）健康行为：能够自觉遵守课堂常规、自觉保持良好情绪、很快适应学习的情境变化。（3）体育品德：在学习过程中有强烈的良性竞争意识、团队意识、克服困难的信心和强烈的责任感。	1.知识与技能：能够记住并做出左（右）冲拳和左（右）侧身闪躲的动作方法。2.过程与方法：严格遵守课堂常规，保持良好积极心态，快速适应情境变化。3.情感态度价值观：培养学生竞争、规则、团队意识，增强克服困难的信心，弘扬中华武术传统文化。	认知能力技能运用体能发展	知识点	A.能够准确记住左冲拳、右冲拳，左（右）侧身闪躲动作名称；能够运用武术专业术语说出动作要领。
				B.能够记住左冲拳、右冲拳，左（右）侧身躲闪动作名称；能够运用自己的语言说出动作要领。
				C.能够了解左冲拳、右冲拳，左（右）侧身躲闪动作名称，能够了解简单说出动作要领。
			技能指标	A.能够准确、标准做出左冲拳、右冲拳，左（右）侧身闪躲的动作技能。
				B.能够标准做出左冲拳、右冲拳，左（右）侧身躲闪的动作技能。
				C.左冲拳、右冲拳，左（右）侧身闪躲动作基本正确，在别人的帮助下完成动作。

续表

单元目标	课时目标	任务要求	任务评价指标	观察点及表现性任务描述及评价要求
			体能指标	A. 能够充分调动身体，精力充沛，积极参加活动。
				B. 能够顺利完成技术动作。
				C. 能够表现出力量、速度、灵敏等武术专项素质。
		锻炼习惯情绪调控适应能力	课堂常规表现	A. 能够自觉遵守体育课堂常规（上课听讲认真，能够积极主动参与活动）。
				B. 能够在教师或同伴提醒下遵守课堂常规（上课听讲比较认真，能积极参与活动）。
				C. 有时候不能遵守体育课堂常规（上课有开小差的情况，有不遵守纪律情况）。

续表

单元目标	课时目标	任务要求	任务评价指标	观察点及表现性任务描述及评价要求
			课堂情绪调整	A. 能够自觉在学习或情境过程中始终保持良好情绪。
				B. 能够在教师或同伴指导帮助下保持良好情绪。
				C. 不能够在学习或情境中保持良好情绪，出现急躁等情绪。
			适应情境变化	A. 能够很快适应学习过程的情境变化。
				B. 能够在教师或同伴引导下适应情境变化。
				C. 不能够适应情境变化。
		体育道德、体育精神、体育品格	竞争意识	A. 在学习过程中有强烈的良性竞争意识。
				B. 在学习过程中竞争意识不强。
				C 在学习过程中没有竞争意识。

续表

单元目标	课时目标	任务要求	任务评价指标	观察点及表现性任务描述及评价要求
			规则遵守	A. 能够自觉遵守规则，有规则意识。
				B. 能够在教师或同伴提醒下遵守规则，有一定的规则意识。
				C. 大部分时间不能遵守规则，没有规则意识。
			团队意识	A. 在集体学习中有强烈的团队意识。
				B. 在集体学习中有团队意识。
				C. 在集体学习中没有团队意识。
			意志品质	A. 有克服困难的信心、运动中的坚持性。
				B. 能够在教师或同伴的鼓励下有克服困难的信心和运动中的坚持。
				C. 在学习过程中没有克服困难的信心和在运动中不能坚持。

续表

单元目标	课时目标	任务要求	任务评价指标	观察点及表现性任务描述及评价要求
			责任感	A. 在集体学习中有强烈的责任感。
				B. 在集体学习中有责任感
				C. 在集体学习中没有责任感。

5. 简化评价用表

简化评价如表 2-3-4 所示。

表 2-3-4 自评（互评、师评）评价表

目标	运动能力			健康行为			体育品德					互评	师评
指标	知识	技能	体能	常规	情绪	适应	竞争	规则	团队	意志	责任		
第一次课													
第二次课													
第三节课													
第四节课													
第五节课													
第六节课													

XXX 同学武术隔空对练单元学习自评（互评、师评）评价表

考虑到实际操作问题，主要以自评为主，客观真实的记录在完成表现性任务时的表现；小组评价为辅，通过课上（课下）小组同学之间依据评价指标相互评价；教师时刻关注每一名学生，以满腔的热情、饱满的精神、丰富的情感，对学生上课的表现，适时给一个微笑（微怒）、一个赞许（疑惑）的眼神、一个拥抱、竖起大拇指、握握手、拍拍肩等。这些简单易操作的肢体语言与激励性的语言相结合，简便、有效。它可以直接对学生的各种表现给予最及时的评价。

第四节　体能大单元教学

体能的广义理解包括形态、机能、健康水平和运动素质四个方面，狭义上体能水平主要通过运动素质表现出来，指人体各器官系统的机能在身体活动中表现出来的基本能力。体能可分为一般体能和专项体能，二者既有区别又有联系。学生的柔韧、灵敏、速度、力量、耐力、爆发力等一般体能，是发展专项体能、形成和掌握运动技能的基础。体能是身体健康的主要组成部分，是人体各种器官系统在肌肉中表达自己的能力。中小学生加强体能训练，有助于学生掌握运动技术和提高他们的运动技能，有助于提高学生的身心健康，有助于学生改变体形，改善身体机能。

一、目标定位

（一）运动能力

了解并运用正确方法测试健康体能和运动体能，积极参与体能练习并能在游戏和比赛中灵活运用，能够说出基本的体能术语，能够描述各种体能的练习方法，说出 5—8 种体能动作和游戏名称，体能水平有明显提高。

（二）健康行为

了解和运用身体成分的基本知识和改善身体成分的多种练习方法，如能量摄取和消耗、健康饮食和体育锻炼等；能够独立或与同伴合作完成体能学练，根据身体感受调整练习节奏，逐渐适应体能练习密度与强度的变化；在遇到困难时能及时应对、主动克服，积极调控情绪。

（三）体育品德

根据身体条件和体能基础选择合适的锻炼方式，按照规则和要求参与体能游戏与比赛，在体能活动中表现出自尊自信、积极进取、克服困难、奋勇拼搏、相互尊重、乐于助人等精神。

二、内容结构

（一）基础知识与基本技能

了解并运用发展体能的基础知识和多种练习方法。了解身体素质有多个敏感期，年龄区间在5—22周岁，男生普遍女生晚1—2岁，且有的身体素质的敏感期并不只有一个阶段，在不同的年龄阶段出现连续的几个时间段。比如速度的敏感期男女生各有两个，女生分别是5—8岁和11—14岁；男生分别是7—9岁和13—16岁。知道心肺耐力、肌肉力量和肌肉耐力、柔韧性、反应时、速度等一些简单的体能锻炼方法，如利用折返跑、障碍跑、跑走交替、自然地形跑、越野跑等发展心肺耐力；利用正压腿、侧压腿、正踢腿、侧踢腿、横叉、纵叉、仰卧推起成桥、体侧屈等发展柔韧性。

（二）体能

了解体能包括一般体能和专项体能，能够说出2—3种一般体能和专项体能的名称。一般体能主要包括心肺耐力、肌肉力量和肌肉耐力、柔韧性、反应时、速度、协调性、灵敏性、爆发力、平衡能力等；专项体能包括田径专项体能、体操专项体能、篮球专项体能、足球专项体能、排球专项体能等。

（三）展示与比赛

知道体能的展示与比赛多种多样，敢于在同学面前展示自己的锻炼方法并用掌握的方法和同学进行体能挑战比赛。

教师在设计展示与比赛时应注重学生锻炼的兴趣和多样性，激发学生的参与和挑战欲望，力争使学生在挑战极限的同时不感觉枯燥，从而发展学生体能。常见的挑战比赛方法有以下几种。

1. 以"时间"和"数量"为基准的个人极限挑战

以时间和数量为基准的个人挑战，即学生在规定时间内完成尽量多的体能练习次数的挑战。主要包括两种形式，一是强调单位时间内完成动作的效率，二是在规定时间内间歇式完成逐渐增加的锻炼次数。在常规中融入变化，让学生进行个人自我挑战，坚持不懈地把锻炼进行下去，进而磨炼学生信念、强劲心身。

2. 以"团队"为基准的集体合作挑战

以团队为基准的集体合作体能挑战，是以多人合作方式完成集体任务的挑战。要求"团队"中每位成员都清楚"挑战"的目标并进行分工，积极配合完成任务。以团队为基准的集体合作体能挑战可采用接力式的团队合作，需要根据团队成员人数、个人能力、所处环境等因素进行分工合作；也可采用团队式的集体合作，需要团队成员共同努力、相互配合才能完成任务。集体合作挑战要求团队成员之间相互了解、分享信息，并且能意识到个人的行为将会影响团队整体成绩，重在为达成共同目标而努力。

3. 以"趣味"为基准的组合挑战

以"趣味"为基准的组合挑战是融入"趣味"元素的组合挑战。这种挑战可以通过多样化组合，让学生挑战相同的锻炼内容，也可以挑战各自不同的锻炼内容。挑战动作的设计具有随机性和多样性特征，充分体现以赛代练、以赛促练，使体能挑战更有活力、有乐趣。

（四）规则与裁判

了解体能锻炼和挑战比赛的规则，能够公平、公正地进行判定体能挑战比赛的胜负。体能练习和比赛时，可以教师当裁判，也可以设立小评委。练习时强调动作规格标准，展示比赛时明确规则。

（五）技战术运用

了解体能挑战比赛的一些技战术，并在比赛中能够发表自己的见解。技战术运用主要在展示和比赛中体现。比如"集体波比"挑战，挑战方法为：4—9名学生一组，完成150个波比跳。挑战过程要求轮流做动作，一个人完成后与其他人交接，组员之间根据能力任意安排数量，最终记录团队完成150个波比跳的时间。这个挑战要求团队完成规定数量的动作，挑战过程要求一个人做完动作后与下一人交接，最终记录团队完成规定数量动作所用的时间。这就需要队友之间相互了解、相互信任、分享信息、运用技战术、合理分配队员的体力，这样才能争取比赛的胜利。

（六）观赏与评价

知道如何观看体能类挑战，在观看时能够对挑战项目及挑战者进行简单的评议。体能的挑战极具观赏性，无论是个人挑战还是团队合作的集体挑战，都能带给练习者和观看者强烈的震撼。学生挑战过程中表现出来的拼搏精神和对胜利的渴望，能够有效增强体质，锤炼意志。

体能教学的评价可以分为定量评价和定性评价。定量评价包括《国家学生体质健康标准》测试和基础体能测试；定性评价也叫增值评价，不论是个人形式还是集体形式的体能练习或挑战，都要注重对其进行评价引导，可以是不同伙伴或集体之间的横向评价，也可以是学生个人纵向的自我评价。增值评价要了解学生的体能基础和锻炼起点，教师和学生都了解体能锻炼的进步幅度和锻炼信心。

三、教学方案

体能锻炼课的"学、练、赛、评"一体化，就是要在制订单元教学计划时进行整体设计规划。单元教学设计可分为"学、练、赛、评"四个部分进行构建，"学"，让学生了解体能的相关概念和基本知识，学习和体验发展体能的基础动作和方法。"练"，让学生体验发展体能的多种练习方法，使体能得到全面的发展。"赛"，巩固"学、练"所掌握的动作要领，运用所学技术和方法，挑战自我，增强体质。"评"，对身体和体能基础进行监测、诊断与评估，调动学生体能锻炼意识和自觉性，从而提高学生自我锻炼能力和自我健康管理能力。以小学三年级（水平二）体能单元教学设计为例进行说明。

（一）单元学习主题

以发展基础体能为主的体能游戏。

（二）单元课时分配

单元课时分配如表 2-4-1 所示。

表 2-4-1　水平二三年级体能锻炼课单元课时分配表

	内容分类	内容要点	建议课时	
			小计	总计
学练	基本知识与练习方法	1. 了解基础体能的概念和基本知识。 2. 体验发展心肺耐力、柔韧性、灵敏性、平衡能力、协调性、爆发力、速度和反应时等体能的多种练习方法。	7	
赛	展示与挑战	采用集体和个人等形式，挑战运动极限，提高心肺功能，增强体能。	1	10
评	健康体能与运动体能测试	1. 了解并能用正确方法测试健康体能，能在指导下做出诊断评价，认识自己健康体能。 2. 了解并能用正确方法测试运动体能，能做出诊断评价，认识自己运动体能。	2	

（三）单元学习目标

（1）运动能力。了解并能用正确方法测试健康体能和运动体能，能在指导下做出诊断评价；能够参与体能练习并在游戏和比赛中运用，说出 3—5 种体能动作和游戏名称，使柔韧性、协调性、灵敏性、反应时、速度等体能有所发展。

（2）健康行为。知道身体成分的基本知识和改善方法，如体育活动、营养膳食与身体成分的关系，通过体育活动和营养膳食改善身体成分的方法等；表现出科学锻炼的意识，迁移到日常生活与家人共同锻炼，逐步形成安全体育锻炼的习惯。

（3）体育品德：能够在体能挑战环节不断挑战自我；按照规则和要求参与体能游戏与比赛，表现出克服困难、勇敢顽强、相互尊重、乐于助人等行为。

（四）单元教学方案

单元教学方案如表 2-4-2 所示。

表2-4-2　水平二三年级体能锻炼课单元教学方案

课次	主题	学习目标	基本部分	运动强度 RPE
1	柔韧性为主的趣味练习	了解柔韧性，以及对身体的益处，学会2—3种增强柔韧性练习方法，发展身体柔韧性。	1. 双人合作压肩（20次）。 2. 体侧屈＋小跳练习（20-10次，循环3—5组）。 3. 踢腿＋小跳练习：左踢腿-小跳-右踢腿-小跳（各10次，循环3—5组）。 4. 行进间正踢腿（10—15米4组）。 5. "猜拳"迈步成纵叉（10次×3组）。	小（2级） 小（2级） 中（3级） 大（4级） 小（2级）
2	力量＋速度为主的游戏练习	了解力量和速度素质概念；学会2—3个增强肌肉力量和速度素质的练习方法，发展身体的肌肉力量和速度素质。	1. 双人推手：两人一组面对面互推，被推动者做下蹲10次（3—5次）。 2. 螃蟹爬5米往返（3—5次）。 3. 小兔跳10米往返（3—5次）。 4. 游戏"猜拳立卧撑"（5局3胜/组×3—5组）。	小（2级） 中（3级） 大（4级） 中（3级）
3	灵敏主的游戏练习	了解灵敏素质的概念及对身体的益处，学会2—3种增强灵敏素质的练习方法。	1. 双人拍肩比快（2分钟/组×3—5组）。 2. 听哨音往返跑练习（3—5米/3—5组）。 3. 游戏"如影相随"：一人追一人跑（2分钟/组×3—5组）。 4. 游戏"踩蛇尾"：短绳练习（2分钟/组×3—5组）。	小（2级） 中（3级） 大（4级） 中（3级）
4	协调＋心肺耐力为主的循环练习和游戏	了解灵敏、协调素质的概念，学会2—3个增加灵敏、协调素质的练习方式，发展灵敏、协调等身体素质。	1. 原地快速跑10秒＋10秒休息。 2. 快速转髋跳10秒＋10秒休息。 3. 双脚前后交替跳10秒＋10秒休息。 4. 双脚左右交替跳10秒＋10秒休息。 5. 手触脚内侧跳10秒＋10秒休息。 6. 手触脚外侧跳10秒＋10秒休息。 （上面6个动作为一个组合，每个动作3次后转换下一个动作，共6分钟）。 7. 游戏：同侧＋异侧手脚走6-10分钟。	大（4级） 中（3级）
5	反应时＋速度素质为主的游戏练习	知道一些反应时、速度素质的基本知识，学会2—3个增强速度素质的练习方式，发展速度、反应时等素质。	1. 快速反应练习：拍手心（15秒×3组）。 2. 高抬腿跑10米＋放松跑10米（3次）。 3. 游戏"长江黄河"（3次/组×3组）。 4. 双人游戏：猎豹捕食（3次/组×3组）。	小（2级） 中（3级） 大（4级） 大（4级）
6	体能挑战	学生能够运用所学动作进行比赛，在实践中掌握动作要领，挑战运动极限，提高心肺功能，增强体能。	1. 直腿体前屈挑战：优，用手掌心触地；良，用拳面触地；及格，用手指尖触地（3次）。 2. 集体俯卧撑挑战：8-10人一组，俯卧撑接力挑战（女生可跪姿俯卧撑），组员自行分配体力，挑战过程中，一个组只准1人做动作，完成后与其他组员交接，记录每组10分钟完成次数。	小（2级） 大（4级）

续表

课次	主题	学习目标	基本部分	运动强度 RPE
7	柔韧性+平衡能力为主的趣味练习	知道柔韧性、平衡能力的概念；学会2～3个增强柔韧性和平衡能力的练习方法；发展身体的柔韧性和平衡能力。	1. 弓步压腿、侧压腿、直腿体前屈（每个动作20次）。 2. 人体"造桥"（3次/组×3—5组）。 1）双腿并拢伸直，体前屈双手触地，身体呈"∧"形。 2）仰卧推起成桥，身体成"⌒"形。 3）2人或者3人以上集体"造桥"。 3. 两人一组互相"背背"3—5次。	小（2级） 小（2级） 小（2级） 中（3级） 中（3级）
8	爆发力+速度为主的游戏练习	知道一些爆发力、速度素质的基本知识，学会2—3个增强爆发力和速度的练习方法，发展速度、爆发力等身体素质	1. 向前-后-左-右抛接：两人一组互相抛接（2分钟/组×3—5组）。 2. 抛接沙包+下蹲：两人一组互相抛接（2分钟/组×3—5组）。 3. 抛接沙包+立卧撑：两人一组互相抛接（2分钟/组×3—5组）。 4. 游戏抢沙包：分成人数相等的组比赛（2分钟/组×3—5组）。	中（3级） 中（3级） 大（4级） 大（4级）
9	健康体能测试	检验锻炼效果和健康体能情况，学会用正确方法测试诊断。	1. 身体成分：BMI。 2. 肩关节柔韧性：肩部旋转。 3. 髋-膝-踝关节柔韧性：抱头深蹲。 4. 下肢耐力：平屈深蹲。 5. 健康体能自我诊断。	小（1级） 小（2级） 中（3级） 中（3级）
10	运动体能测试	检验锻炼效果和运动体能情况，学会用正确方法测试诊断。	1. 速度：左右横跨跳跃。 2. 平衡能力：单腿站立异侧手触脚。 3. 下肢爆发力：立定跳远。 4. 协调性：前后交叉摸脚。 5. 运动体能自我诊断。	大（4级） 小（2级） 中（3级） 大（4级）

四、教学策略

　　"享受乐趣、增强体质、健全人格、锤炼意志"是学校体育四位一体的目标，"教会、勤练、常赛"为达成四位一体的目标提供了途径。我们从学生学习与提高的角度来理解的话，实际上，就是要强调"学、练、赛"的协调一致和高度统一，三者有机联合才能对体育课程实施发挥重要的促进作用[①]。体育课程在过去相当长的时间里强调了"学""练""考"，忽视了"赛"和"评"。在以提高学生体能为主题的体能锻炼课程中，只有把"学、练、赛、评"一体化联合实施，才能使学生学会发展体能的知识和技能，增强体质，助力运动技能掌握。"学"，使学生了

---

① 于素梅. 从一体化谈"学、练、赛"及其应用 [J]. 体育教学，2020（08）：17-19.

解体能素质，掌握发展体能的动作、技能。"练"，使学生增强各方面身体素质。"赛"，使学生巩固技术动作，增加练习强度，学以致用，锤炼意志。"评"，既评价学生"学、练、赛"的过程，也评价其结果，能够成为改进和提高"学、练、赛"的依据。体能锻炼课的"学、练、赛、评"要从整体到部分一以贯之，即从课程、单元、课时都要体现"学、练、赛、评"的过程。

体能锻炼课的结构一般分为：准备热身、基本锻炼、拉伸放松三部分。体能锻炼课的"学、练、赛、评"，除了进行单元的整体设计外，每一节体能锻炼课的基本锻炼部分，都应包含"学、练、赛、评"四个环节。因为"学、练、赛、评"的一体化教学设计，符合动作技能形成规律，既给了学生巩固、复习、迁移已学动作的时间，又给学生运用、检验所学运动技术的空间，所以，基于"学、练、赛、评"一体化教学设计流程，有利于一项运动技能的形成。以三年级单元教学设计中的第6次课"体能挑战"为例，基本锻炼部分设计了直腿体前屈挑战和集体俯卧撑挑战两个内容。

（一）充满乐趣的"学"

体能锻炼课的挑战动作一般是学生学过的或练习过的，也有可能是没有学过，但简单易学的动作。本节课的挑战内容包括"直腿体前屈""俯卧撑"和俯卧撑的退阶动作"跪姿俯卧撑"。学生对这几个动作见过，有的可能还练过，但没有系统的学习过。针对这种情况，教师采用以游戏的方法处理教材，使学生兴趣盎然地学。在直腿体前屈的教学中，教师先让学生两一组，一人练习直腿体前屈，一人用一根细绳绑住沙包做垂线，观察练习者的两腿是否绷直，然后两人一组用直腿体前屈的动作，手指夹沙包在体前相互移物。俯卧撑（跪姿俯卧撑）练习，教师课前准备好小气球，让学生放在胸部正对地面，俯卧屈臂时，看看谁能用胸部把小气球压扁，但不能压爆。在垂线、移物和胸部压气球的游戏中，学生们乐此不疲，在不知不觉中将动作做得很标准。

（二）积极主动的"练"

练是在学的基础上进行的，但学和练也是一个交融的、不可分割的过程。这节课的"练"，在快乐学习的过程中已经悄然进行着，不论是直腿体前屈动作的"双人移物"，还是俯卧撑动作的"胸压气球"，都使学生在学的过程中进行了有一定强度的练习。这节体能挑战课设计的有趣之处，还在于挑战的方式。挑战不是个人的"单打独斗"，而是采用了集体挑战的方式。在俯卧撑挑战过程中，分成 8—10 人一组，一个组只准 1 人做动作，完成后与其他组员交接，然后记录每组 10 分钟完成的总次数。这就需要学生了解、学习、练习、掌握挑战的方法，才能取得好的成绩。在学习挑战方法的过程中，同学们都觉得这个挑战不仅是为自己，也是为集体，小组凝聚力空前的高，练习在自觉自愿、积极主动中进行。

（三）竞争激烈的"赛"

本节课内容因为是体能挑战，所以在"赛"的环节有别于一般教学课的赛，有其鲜明的特点，更加突出"赛中练"。为了提高学生的兴趣，本课设计了通过游戏竞赛的形式，以赛代练。

赛，提高了学生的练习效果。平时的练习中，学生大部分时间是被动参与，练习的积极性、主动性不够，使得练习的效果大打折扣，虽然练习时间不少，但是成绩提高并不显著，或者说，练习的时间和成绩的提升不成正比。设置比赛情景后，情况大不相同，由于处在竞争的气氛中，绝大部分学生都会竭尽所能。因此，在直腿体前屈挑战过程中，学生的成绩普遍提高。

赛，有助于培养学生的体育精神。体育精神的塑造是体育学科在"以体育人"方面的重要目标。在"集体俯卧撑挑战"中，一个人的强弱和努力不足以决定最终的胜负。学生们在练习的过程中也深深地体会到了这一点，所以在这项挑战时，各组的凝聚力超强，遵守规则、勇敢拼搏、互相激励等体育品德在挑战比赛中均得以体现。有的同学策划本组的出场顺序，使组内人员搭配更合理；有的同学规划本组人员的出场频次，让能力强、体能好的同学多出场；有的同学为自己的组员加油助威；有的"小胖子"咬牙突破自己的极限；体能好的同学争相出场集体观念和拼搏精神在这次挑战比赛中体现得淋漓尽致。

（四）科学合理的"评"

如果说"学、练、赛"是一个层层递进，依次强化的关系，那么"评"应该是"学、练、赛"的评判和总结，通过"评"能够了解"学、练、赛"的过程是否合理与有效。

第一项直腿体前屈挑战，小评委观察仔细，判罚公正、严格。比如，腿弯曲的不能得分、手掌没能完全接触地面的不能得满分等，这个过程有助于学生提高动作的质量。这项挑战更偏向于展示，所以，"评"与"展"结合，能够很好地检验动作质量。第二项集体俯卧撑，这项挑战更偏向于竞赛，参赛的所有同学都会争取尽量多的完成动作，此时的成绩可以认定为他们的最好成绩，所以，"评"

与"赛"结合能够检验学生学、练的效果。

有效地运用评价策略，能够调动学生的学、练积极性和主动性，激发学生"学、练、赛"的兴趣。在教学过程中合理的运用"评"，可以实现运动技能的"练习、纠错、巩固、提升"。

五、效果评价

体能效果评价分为定量评价和定性评价。

（一）定量评价

1.《国家学生体质健康标准》测试

《国家学生体质健康标准》中关于体能的评价项目，从身体形态、身体机能和身体素质等方面综合评定学生的体质健康水平（表 2-4-3）。

表 2-4-3　《国家学生体质健康标准》单项指标与权重

测试对象	单项指标	权重（%）
小学一年级至高中	体重指数（BMI）	15
	肺活量	15
小学一、二年级	50 米跑	20
	坐位体前屈	30
	1 分钟跳绳	20
小学三、四年级	50 米跑	20
	坐位体前屈	20
	1 分钟跳绳	20
	1 分钟仰卧起坐	10
小学五、六年级	50 米跑	20
	坐位体前屈	10
	1 分钟跳绳	10
	1 分钟仰卧起坐	20
	50 米 ×8 往返跑	10

2.基础体能测试

基础体能测试包括髋、膝、踝关节柔韧性测试；功能指数测试；八级俯桥测试；左右横跨跳跃测试；异侧脚触测试；前后交叉摸脚测试和跳正六边形测试。

（二）定性评价

无论是体能练习还是体能挑战，体育教师要引导和鼓励学生记录自己的挑战成绩，让学生知道自己提高了多少。这种以时间或次数等具体数量给予了学生体能锻炼成就和变化提高的增值评价，更容易让学生体验和感受到进步和成功的快乐，从而获得坚持锻炼的动力，不断挑战和突破自我。

第五节　案例与分析

【案例1】视频摄录回放技术动作，真正的超强纠错

★案例描述：

IPAD等移动终端在教学中的应用越来越广，在体育教学的各个环节中都可以使用。例如《前滚翻》一课中，在课的基本教学部分，我做完示范后，让同学们通过IPAD把我的动作录下来，然后进行小组自学。学生自学时，组员之间相互操作，要把本组的每一个同学动作都录制下来，然后通过视频回放功能观看自己的动作，互相提出优点和缺点。这样针对性非常强，组内同学每次练习后都观看自己的动作，通过一次次超强的纠错，最终做出完美动作。IPAD的视频慢放功能非常好用，尤其是在《前滚翻》这种技术动作类课程中，1/4倍速或者1/2倍速慢放后，可以很清楚地看出学生的技术动作是否到位、准确。学生既看到了自己的缺点，也看到了同组同学的问题，这样互相指正，大家都很兴奋，乐此不疲。就这样在兴奋中不断练习和改正，大部分同学很快就漂亮地完成了"前滚翻"动作。

★案例分析：

随着IPAD等移动终端在教学中运用，教师不再是课堂的唯一裁判官，学生通过IPAD互相录制动作视频，观看自己的慢动作，再结合正确的动作方法对比，就知道自己的优点和不足，不用所有人都围绕着老师问做的对不对了。这样既提高了学习的效率，又提高了学生学习的积极性，既当学生又当老师岂不快哉？在这个案例中，就充分体现了这一点。前滚翻的动作，从开始到结束就是一、两秒的事情，以前学生只能凭借观看教师的示范动作，慢慢回忆模仿练习，而现在随

时可以观看教师的示范，而且还可以从网上寻找更漂亮的示范视频。在现代的教学理念中教师不能抓住学生不放手，总是一味地让学生一步步跟着自己学，那样学生很快会失去兴趣和探索精神，教师要适当地放手，把课堂还给学生。IPAD等移动终端操作方便，可移动，而且不浪费时间，是非常好的教学辅助手段。

（贾燕南供稿）

【案例2】重拾信心，"差生"不再"差"

★案例描述：

在一次篮球单元教学上，通过课前调查，我了解到王欣同学篮球基础较差，所以第一次课我特别留意了她的表现。在"根据课前自学，学生自己尝试练习"环节，我发现她一直站着发愣，没有进行练习。于是我走到她跟前，问道："王欣，大家都在练习，你怎么不试着练练呢？"王欣有点不好意思地说："老师，我可能做不好，球会拍丢的。""你完成老师布置的课前预习了吗？""我预习了。""那你就大胆的练练吧，体育技能不练是永远学不会的，你练，老师帮你看着。"我鼓励道。王欣犹豫了一下，练了起来。由于她球性差，球差一点拍丢了。等她练了两次，我和她一起分析，向前运球的时候球为什么会拍丢？因为向前运球，手不能拍球的后方，要拍球的后上方，再有，平时要多拍球，增加手对球的控制感觉。"就这么练，你肯定行！你先自己练，我去看看别的同学。"有了我的指导和鼓励，王欣有了点自信，自己很认真的练了起来，而且一次比一次练得好。最后经过一个单元的学习，她从零基础到技术评定时达到C级，获得了班级最大进步奖。

★案例分析：

在体育教学过程中，经常会遇到一些项目的"差生"。对于这些学生，能够在课前了解其情况很关键，这就是备课中"备学生"。教师只有在教学中做到"知己知彼"，才能"百战百胜"。对待在一些项目上基础差的孩子，我们要和他们一起分析动作的要领，多用激励性的语言鼓励他们。在评价时可以因人而异，多用表现性评价，肯定他们的进步，让他们尝到进步的"甜头"，不断使他们品味到成功的快乐，让他们感受到自信的力量。在这个案例中，王欣同学篮球基础较差，对篮球也不太感兴趣。这就需要教师引导，用鼓励性的语言和激励性的评价，让她尝到练习成功的"甜头"，她就会逐渐喜欢上篮球，喜欢上篮球运动。对她的评价要基于进步的表现上，这次课比上次课进步了没有，这次的练习比前几次的练习进步了没有，这样循序渐进，逐渐树立信心。后面的几节课，我也留意对她的观察，她真是一节课比一节课做得好，尽管有的时候还会运丢球，但她练习积极性很高，对篮球的兴趣和信心明显增强了。

（徐晶供稿）

【案例3】因势利导学本领

★案例描述：

学习武术组合动作一课，在做完准备活动，进入主教材格挡冲拳武术组合动作学习时，我设计了一个自编游戏环节：隔空空手对练。隔空空手对练是指：两个人面对面站立，距离一般在两米以上，一个人出招，另外一个人防守破解招式，两个人轮番练习。例如，如果进攻方用直拳或者摆拳打头，防守者就需要进行下蹲躲闪；如果进攻方用手或者脚进攻对方胸部，防守者就需要进行侧身躲闪；如果进攻方用铲腿或者扫腿进攻脚下，防守者就需要进行跳起躲闪；如果进攻方手脚并用进行攻击，防守者就需要进行后退躲闪。练习过程中要求紧紧盯着对方的眼睛，判断对方出招，然后快速地进行化解。从而加强学生有意注意的培养。

隔空对练的开发与应用，萌发了学生武术实战对练的兴趣，给学生创造了接近真实的武术对练，让学生既能在安全的情况下练习（保持一定距离，消除学生恐惧心理），又能使学生练习的动作真实有力。为非接触性武术向接触性武术过渡做好铺垫工作。为学习武术，体现武术技击本质做好铺垫。在本次练习过程中，进攻一方主要运用了直拳进攻，防守一方主要运用了拍档防守（同侧臂比较适合运用拍档防守）。如果用异侧臂，又该怎样防守呢？带着这个问题，教师与学生之间进行有身体接触的慢动作练习，通过实战练习得出：如果用异侧臂进行拍档防守，对方的另一只手正好迎面打到自己，让自己很难再做出防守动作。显然，这样进行拍档防守是不对的。这时教师结合以前给学生讲过的知识进行引导，很快学生就能理解出，如果当拍档防守不行时，我们还可以采用格挡防守，从而巧妙的引导出今天所学武术组合动作格挡冲拳。

★案例分析：

根据学生的年龄特点，采用自编小游戏的方法，不仅提高学生学习的兴趣，还能深入浅出的帮学生理解武术最大的特点是技击，从而让学生知道我们学习这个武术动作的简单用法，让学生对武术有更深层次的认识，为弘扬中华武术传统文化做贡献。本节课教师巧妙地运用隔空空手对练游戏因势利导，让学生健康、快乐、幸福的进行学习。

（齐建军供稿）

第三章 打造特色体育课后服务多元供给

2021 年 8 月，《北京市关于进一步减轻义务教育阶段学生作业负担和校外培训负担的措施》指出，"学校要做好教育教学活动和教师资源的统筹，将课后服务时段分两个阶段进行整体规划、系统设计。第一阶段完成体育锻炼，保障学生每日 1 小时体育锻炼时间；第二阶段开展课业辅导和综合素质拓展类活动，结束时间原则上不早于 17 点 30 分。两个阶段相互衔接，满足学生多样化需求。""学校制订具体的课后服务实施方案，提供菜单式课后服务项目和内容，供学生自愿选择，切实增强课后服务的吸引力。""积极开展丰富多彩的科普、文体、艺术、劳动、阅读、兴趣小组及社团活动等综合素质拓展类活动。"

"双减"政策的落地，将长期以来被学校教育边缘化的体育教育拉回到了学校教育的主阵地。从此体育不再是纸上谈兵，彻底改变了"说起来重要，做起来次要，忙起来不要"的不良局面。落实"双减"政策，给了我们学校体育更多的机遇与挑战，在学校里，体育课的受重视程度及改进力度也是前所未有的加强，课后服务体育类课程也占据了课程的主要位置，体育社团的地位和作用凸显。

密云二小体育社团的宗旨是推动幸福体育理念的落实与幸福体育文化的宣传，组织构建小学阶段的体育社团，并在体育社团中引入多种体育竞赛，鼓励学生根据运动兴趣自主选择体育社团，最大限度满足每一位体育社团成员的共同锻炼欲望，帮助其领悟幸福体育的内涵与真正概念，并以更为积极的热情投入到体育社团的活动中去。

密云二小体育社团本着让学生健全人格幸福成长的目标，在各个专业教师的带领下，针对不同年龄段的青少年特点，组织开展适合不同年龄段青少年的体育运动和比赛活动；让学生在幸福体育社团中不断增强体质，提高自身的运动技术水平，正所谓"文明其精神，野蛮其体魄"；培养学生体育精神，塑造参与意识、培养积极性和主动性，塑造学生的竞争意识，发展学生个性，提高抗挫折能力等。近年来，我校紧紧围绕"学会做人、学会学习、学会创新、学会健体"的校园体育理念，形成了浓厚的体育社团文化特色，提升了办学品味。社团通过运动增强了学生体质，树立了师生的团队意识，营造了健康、和谐的校园文化。

坚持和坚守使密云二小的学生社团经久不衰，日益蓬勃，一届又一届学生享受着其中的乐趣，积蓄着厚积薄发的力量。

第一节　篮球社团

篮球运动是综合性的运动，是在学校体育活动中开展得最为广泛、最具代表性、最具影响力的体育项目之一。篮球社团通过运、传、投、移动等技战术教学，发展学生基本活动能力，激发体育兴趣，培养团队合作能力和坚强的意志品质。

一、目标定位

我校通过广泛开展校园篮球活动，建立和完善篮球社团，普及篮球知识和技能。首先，学校篮球社团通过篮球运动发展学生的基本运动能力，增强体质，促进其身心发展；其次，学生通过篮球社团学会篮球的基本知识、基本技能和简单战术，了解篮球比赛的规则，初步学会打篮球，并借此养成自觉锻炼的好习惯，享受运动的快乐和成功的喜悦；最后，通过学生在社团中的学习使学生初步建立起对自我、群体和社会的责任感，为学生形成现代社会所必需的合作与竞争意识、良好的体育品德和集体主义精神奠定良好的基础。

二、内容结构

（一）基础知识与基本技能

1.运球技术

（1）原地运球：高低运球、前后推拉运球、左右横拉运球。

（2）行进间运球：直线运球、单手曲线运球、换手运球、急停急起运球、变向运球、后转身运球。

2.传接球技术

双手胸前传接球、双手头上传球、单手胸前传球、单手体侧传球、单手肩上传球、行进间传接球、反弹球。

3. 投篮技术

双手胸前投篮、单手投篮、行进间投篮。

4. 移动技术

侧身跑、变向跑、后退跑、转身、起动、急停、滑步、交叉步。

5. 突破技术

顺步运球突破、交叉步运球突破。

6. 组合技术

运球＋投篮、运球＋传球、接球＋投篮。

（二）技战术运用

篮球社团课程主要学习篮球基本技术、基本战术，侧重实战体验，寓练于乐。通过学习，达到增进学生健康、增强学生体质的目的。社团教学面对的学生基础参差不齐，因而在训练中教师主要教授一些基本技术、基本技能和方法，使学生能够运用基本战术进行比赛，如二攻一、三对三、传切与转移、"V"形切、双人传、运、切，全场一对一攻防等。

（三）体能

篮球运动一般体能是指学生参与体育社团训练普遍需要的身体素质，如蛙跳、折返跑、加速跑、变向跑、"Z"形跑等，以增进学生的健康，提高学生的各器官系统的机能，全面发展运动素质以及改善学生的体型和姿态。篮球一般体能训练是专项训练的基础，为学生稳步提高身体素质提供了良好的保障。

篮球专项体能是根据篮球专项运动的特点及对运动素质的专门要求，采取与专项运动有紧密联系的训练方法，以提高社团学生的专项运动素质，使体型适应专项的要求。

在社团中利用有关专项身体素质的游戏来全面提高学生的身体素质。例如，有结合球的爆发力量游戏："连续上篮"、"抢篮板球"；提高身体对抗力量的游戏："一打二""二打三""站圈挤位"；等等。社团通过专项身体素质游戏来提高学生的速度、爆发力、灵敏、协调反应和平衡能力。

（四）展示与比赛

小篮球运动简单易行，趣味性很强，可以因人、因地、因时、因需而异。在篮球运动中全场之间的攻守对抗是主要的比赛形式，而在篮球社团教学活动中，可以通过变换各种活动方式来吸引学生参与。组织比赛可以在分年级竞赛的基础上增加花式篮球、小篮球游戏、小篮球操等展示性、趣味性较强的内容，可以采取一对一斗牛、二对二对抗、三对三篮球比赛等多种形式，以增加活动的丰富性和趣味性。

（五）规则与裁判

在篮球社团教学中要把理论知识与实践活动结合起来。在对学生进行技术教学的基础上，还要向学生们介绍篮球运动的竞赛规则。许多规则的传授可以在技术教学的过程中同时进行，例如，在教授行进间运球时，可以向学生介绍带球走、两次运球和携带球违例等规则。在以后的学习中，只要有机会，就带领学生回顾这些规则，引导他们在游戏和比赛中学习小篮球规则和一些简单的裁判知识，这样可以帮助他们更为有序地进行小篮球活动。

（六）观赏与评价

小篮球运动是一项具有较强观赏性的体育运动。小篮球比赛场上攻守交错、对抗变换、比赛双方斗智斗勇，使得球场形势变化富有戏剧性和观赏性。为了让学生更深刻地感悟篮球文化，在篮球社团教学中还可以结合教学内容，有针对性地向学生介绍小篮球历史、体验小篮球仪式感、欣赏小篮球比赛、感受小篮球魅力、辨析小篮球现象，提高学生小篮球文化认知。

三、活动方案

第一学期高年级篮球社团活动计划，如表 3-1-1 所示。

表 3-1-1　第一学期高年级篮球社团活动计划
教学内容安排表

时间	课次	活动目标	主要活动内容安排
9月	第一次		投篮训练（定点投篮以20个计算命中率；移动投篮20个，多组数重复训练，每人300个）。
	第二次	篮球基本技术	敏捷训练（禁区步伐环绕、跳绳、半场折返跑、禁区对角、快跑、梅花桩折返跑）。
10月	第一次	篮球基本技术	运球训练（全场椅子障碍物运球通过、一对一运球攻守、假动作切入）。
	第二次	篮球基本技术	防守训练（背手防守步伐、切断防守步伐、前进后退防守步伐、半场移动防守步伐）；传接球训练（全场7次、5次、3次）两人互传。
	第三次	教学比赛	通过比赛检验学生训练情况。

续表

时间	课次	活动目标	主要活动内容安排
11月	第一次	篮球基本技术	行进间投篮（高手或低手）；全场双手长传接上篮、各式传球训练。
	第二次	篮球基本技术＋身体素质	行进间投篮（高手或低手）；越野跑5000米法克雷克（运用学校跑道做放松式慢跑）。
	第三次	篮球基本技术＋身体素质	被同伴追防的行进间投篮（高手或低手）；间歇训练：边线七点来回冲刺15-18次（注意心跳最高220次减去年龄数，冲刺完成后以慢跑、慢走恢复至心跳120次左右，再做第二回合，共作15-18次）。
	第四次	篮球基本技术＋身体素质	有对抗的行进间投篮（高手或低手）；越野跑5000米法克雷克（运用学校跑道做放松式慢跑）。
	第五次	教学比赛	通过比赛检验学生训练情况。
12月	第一次	篮球基本战术＋身体素质	挡拆配合训练；循环训练：设8至10个站，既有双脚并拢前后左右跳跃、划船式前后弓身、左右手上伸跳跃、180度转身跳跃、俯卧弓身等。
	第二次	篮球基本战术＋身体素质	突分配合训练；肌力训练：抬膝碰胸、登阶、背部伸展、伏地挺身、双杠推撑、二头肌卷举等。
	第三次	篮球基本战术＋身体素质	传切配合训练；速度训练：举腿跑、原地立姿摆臂。
	第四次	篮球基本战术＋身体素质	策应配合训练；爆发力训练：低障碍物侧向跳跃、双脚前后跳跃。
	第五次	教学比赛	通过比赛检验学生训练情况。
1月	第一次	篮球基本技术＋身体素质	运球＋投篮组合练习；重量训练：蹲举、高拉、腿部推举、负重登阶。
	第二次	篮球基本技术＋身体素质	接球＋投篮组合练习；俯卧腿后肌卷举、立姿单脚腿后肌卷举、腿部伸展、大腿内收、大腿外展等。
	第三次	篮球基本技术＋身体素质	摆脱防守＋接球练习；原地跳跃、原地触板跳、跨步跳跃、跳绳、单脚连续跳、团身跳等。
	第四次	篮球基本技术＋身体素质	运、传、投组合练习；双脚跳跃前进、全场冲刺、半场冲刺等。
	第五次	教学比赛	通过比赛检验学生训练情况。

四、实施策略

（一）篮球进入校园

学校积极营造适宜学校篮球社团发展的氛围，培养学生对篮球运动的兴趣，普及篮球运动，提高学生自觉主动参加篮球社团意识，增强社团学生进取心和自信心，使社团学生了解篮球运动发展简史，学习掌握篮球基本技术。社团开展与篮球有关的知识讲座和宣传，培养学生对篮球的兴趣，成立班级男、女篮球队，开展校级篮球比赛，吸引学生参加篮球社团。

营造适宜篮球社团发展的氛围，加强区篮球协会的合作，发挥学校体育教师、班主任以及任课教师的作用，积极创造必要条件，加大资金投入，以"购买服务＋本校特长师资"的形式，进一步扩大篮球社团招生规模，使社团学生篮球基本技术、身体素质等得到显著提升，使校级联赛趋于正规，校级联赛水平得到提高，为参加区、市级比赛并获得优异成绩奠定基础。

（二）具体措施

1. 搞好校园篮球的普及

把篮球运动作为课程纳入学校工作中来。体育老师在基本保证原有体育课程实施的前提下，根据不同年龄学生的特点，通过体育课渗透篮球教学或专题篮球课等方式，结合不同年龄学生的特点进行篮球基本知识、基本技能等方面的教学与训练。

开展相关系列活动。一是组织篮球单项赛，如篮球传球、运球单项比赛；二是篮球知识普及，篮球活动课时间遇到雨、雪、大风等恶劣天气，或平时利用部分班队会时间，各班在教室内开展与篮球有关的系列活动。此外，还有观看篮球比赛或讲座、裁判知识的学习、侃篮球、说球星以及其他与篮球结合的游戏活动，以此培养学生对篮球的兴趣爱好，提高校园篮球的普及程度。

2. 社团组织校内篮球联赛

班级间篮球联赛是推动我校篮球社团活动的良好途径，也是我校的传统赛事。学校一至六年级每学年都开展同年级的班级间篮球联赛。每学年进行"超级杯"篮球联赛，各自年级的男女组别在决出冠军后，五、六年级男子组各班再进行交叉混合篮球比赛。最后决出男子、女子"超级杯"的总冠军。整个"超级杯"篮球联赛都是由篮球社团学生参与组织，历时长达三个月，比赛期间力争全校每一个学生都能以不同的方式参与到其中，比赛队员、啦啦队、家长亲友团齐上阵。

同时，对篮球社团学生进行裁判培训，在整个篮球联赛期间当小裁判。使"超级杯"篮球联赛真正成为学生自己的节日。通过这些活动初步形成"人人有篮球，班班有球队，周周上篮球课，年年搞篮球比赛，人人都参与"的校园篮球活动新局面。

3. 篮球社团衍生活动的开展

学校重视篮球社团的发展，加大对篮球运动的宣传和普及的推广。我校对外宣传栏始终有一个篮球专栏版块，展示我校开展篮球社团的情况。教学楼走廊上的宣传栏挂满了关于篮球的知识、趣闻等，积极鼓励学生利用课余时间搜集篮球各种信息，集成册子。

以普通学生为主，积极学习并继续创编篮球操或篮球舞，让篮球在与音乐的结合中绽放异彩。

篮球社团还开展形式多样、内容丰富的快乐篮球体验活动，学校的废旧篮球通过学生们的巧手制作也成为可以点缀教室的独特风景。让孩子在篮球游戏竞赛、漫画创作、搜集篮球趣闻或故事等多种形式的活动中享受篮球的快乐，在"赛篮球、绘篮球、影篮球、写篮球、赏篮球、品篮球"等妙趣横生的活动里感悟篮球的魅力，进而努力打造"一项技能与身体素质共同发展、个人能力与团队合作精神相互结合、困难挫折和勇气快乐并存"的快乐篮球文化。通过各种活动使篮球社团学生了解篮球、喜爱篮球，最后参与到篮球运动当中。

五、效果评价

篮球社团的学生需要的是自主学习、自我发展、自我完善，所以篮球社团评价学生内容是多元化的。评价内容多元化主要体现在：平时表现、一般素质、专项综合能力与专项素质、课外活动表现、学生体质监测等五个方面。

（一）平时表现的评价

一是学生考勤的考评，即考核组织纪律；二是学习态度、学习过程以及团队合作精神的考评；三是学生自主学习能力的考评；四是学生的自评、互评及教师对学生的考评。

（二）一般素质评价

社团将一般素质评价考核项目定位 10 分钟跑，极大地提高了社团学生的有氧耐力的水平，提高学生的心肺功能。

（三）专项综合能力与专项素质的评价

专项综合能力与专项素质是指社团学生通过对篮球组合技术的学习以及篮球教学比赛，提高了学生对篮球技术、战术和技能的水平以及专项必须拥有的素质的评价，使学生把更多的精力和时间投入到解决实际问题上。

（四）课外活动表现的评价

篮球社团把学生参加课外、校外篮球活动的时间纳入期末评价，使社团学生真正养成经常锻炼的好习惯。

（五）学生体质监测

篮球社团根据学生体质健康状况进行指向干预措施，指导学生进行有针对性的体育锻炼，通过期末社团身体素质测试，来评价学生和改进社团训练计划，提高全体社团学生体质健康水平。

通过加强对篮球社团学生的综合评价，采用多种考评方式有机结合，公平、公正地评价每一位学生的学习状况，有效调动学生学习篮球的积极性和主观能动性，培养学生自主进行体育锻炼的能力，为学生的全面发展奠定坚实的基础。评价除要考查学生的篮球知识、技术、技能外，还要对他们学习态度和价值观、思想品德、兴趣爱好、特长等方面进行综合考评。简单的达标考试显然不够，我们还要根据实际情况加之以多种考评方式方法，科学有效地反映学生对篮球的学习过程和发展情况。评价要关注学生的篮球发展潜力，关注下一阶段学生的"学习"和"进展"，不是单一地强调技能考核，而是重视他们的终身体育的习惯养成。另外，要面向所有篮球社团的学生，关注他们点点滴滴的进步和变化，在篮球教学过程中有效收集学生的发展信息和数据，根据信息和数据进行科学分析，对学生学习开展有效评价，制订多元化、多样化的评价内容和考评方法，这样才能真正以评促学，以评促教，真正培养热爱体育运动，热爱篮球运动的幸福少年。

第二节　足球社团

足球运动是一项具有竞争性和对抗性的运动项目，在学校深受广大学生的喜爱。我校非常重视足球社团这一特色项目，意识到足球社团对于丰富学生课余生活、陶冶情操、锻炼意志品质等方面的优势，逐步确立了"以创新求发展，以特色求品牌，让足球影响孩子一生"的目标，将足球社团作为全面实施素质教育的有力抓手。学校有步骤地开展足球教学活动，营造了良好的校园足球文化氛围。

一、目标定位

我校足球社团，贯彻从小打好基础，系统开展训练的思想，目的是提高学生对足球运动的热爱程度，增强学生的体质，促进学生身心健康。通过社团训练，使学生建立足球运动的基本技能概念；熟悉球性和控球能力，体会动作要领，初步掌握足球最基本技术和游戏方法；发展灵敏、协调等身体素质；培养勇敢、顽强、机智、果断等优良品质和团结一致的集体主义精神；向学校足球队输送队员。另外，开展足球社团活动对丰富学校文化生活，发展体育特长，调节紧张的学习气氛具有重要意义。

二、内容结构

（一）基本知识与技能

（1）踢球：脚背正面踢球、脚内侧踢球、脚背内侧踢球、脚尖踢球、脚背外侧踢球。

（2）接球：脚内侧接球、脚底接球、大腿接球、脚背外侧接球、脚背正面接球、胸部接球。

（3）运球：脚背正面运球、脚内侧运球、脚背外侧运球、脚背内侧运球。

（4）颠球：脚背颠球、脚内侧颠球、脚外侧颠球、大腿颠球、头部颠球。

（5）抢截球：正面跨步堵抢、合理冲撞抢球。

（6）假动作：传球假动作、过人假动作。

（7）头顶球：前额正面头顶球、前额侧面头顶球。

（二）技战术运用

通过社团中组织的游戏和比赛向学生渗透个人战术，如通过比赛让学生知道进攻战术有传球、跑位、运球过人、射门等。通过防守游戏让学生知道防守战术有盯人、选位、抢截等。在社团中让学生多参与游戏和比赛实践，使他们了解战术、运用战术、体悟战术，并在实战中能初步运用，提高学生的战术能力，明确个人攻守的职能，进攻和防守原则，提高个人战术意识和局部 2v1、3v2 能力、确定基本阵容，初步形成"3—2—1"全攻全守的基本打法。

（三）基础体能与专项体能

足球的基础体能包括速度、力量、耐力、柔韧、灵敏等。基础体能可以保障学生完成足球技术动作，有效增强小学生体质。在足球社团教学中，科学合理的运动强度、行之有效的教学方法，会进一步发挥学生体能方面的优势，改善学生体能方面的不足。让学生的基础体能水平得到全面的提高，尤其是对于长时间奔跑与短时间加速能力、对抗中的力量、身体重心控制能力与灵活性、良好的弹跳等对足球专项体能有很大帮助。

小学阶段是学生发展灵敏性、协调性等身体素质的关键期。学生可以通过结合足球进行专项体能练习。例如，学习多种有球、无球的脚下练习，可有效促进学生的灵敏性和协调性素质的发展。此外，足球运动多为短途加速跑或长途中速跑，通过在场上的积极跑位和有球对抗游戏能够有效地提升学生的上下肢力量和核心力量。

（四）展示与比赛

通过社团小型比赛选择优秀人才进入校足球队参加市级比赛。社团通过开展足球嘉年华活动进行各项足球技术的展示和比赛，并通过足球技术比赛来刺激队员训练的积极性。主要包括：运球过杆计时比赛、传球精准度比赛、颠球比赛和年段内的班级5v5对抗赛等一系列展示与比赛。在足球嘉年华活动中成绩优秀的部分学生入选校足球队并参加课外足球训练，获得代表学校参加区级和市级的足球联赛的资格。

（五）规则与裁判

在社团学习中教会学生一些小足球基础规则和裁判法。社团老师在训练中给学生介绍讲解，使学生掌握基本的足球规则和裁判法。例如给学生讲解：不要手球。无论是训练、还是比赛，孩子们请记住：不要手球！足球场上能用手碰球的只有守门员，所以千万不要用手去碰球！还有球出界，这球归谁？谁最后一个触球的，这球就是谁踢出界的，球就归对方球队发球。无论这个球是出边线还是底线，无论开始是谁踢的。只要最后碰到我方队员，就是对方的球。最后碰到对方队员，就是我们的球。使学生把掌握的足球规则应用到社团比赛执裁当中去。

（六）观赏与评价

足球运动是一项充满魅力的同场对抗性竞技体育运动，历史悠久并包含着丰富的文化内涵。足球比赛场面精彩纷呈，不同地域的足球文化迥异，所以在足球社团教学中，我们结合教学内容，有目的地向学生介绍足球历史、体验足球仪式感、欣赏足球比赛、感受足球魅力、辨析足球现象，提高学生对足球文化的认知。

三、活动方案

（一）低年级第一学期足球社团活动计划

低年级第一学期足球社团活动计划，见表 3-2-1。

表 3-2-1　低年级第一学期足球社团活动安排表

时间	课次	主要活动安排	检测方式
十月	第一次	宣传、问卷调查学生兴趣爱好情况，确定社团名单，写好活动方案。	进一步了解足球运动的特点和价值，提高学习足球的兴趣。
	第二次	激发学生对足球的兴趣，对足球形成基本认识。讲解足球社团的相关要求和纪律，成立足球社团团委会。	多媒体教学
十一月	第一次	学习颠球技术和脚内侧传球。	熟悉球性练习：多个部位交替颠球，复习运球。
	第二次	复习脚内侧传球，学习运控球。	让学生自主体会触球时脚的部位和球的部位，相互交流，教师巡回指导。
	第三次	学习长传球。	让学生自主体会触球时脚的部位和球的部位，相互交流。
	第四次	学习停控球和停传球。	熟悉球性练习：圆圈内互相躲闪运球。
十二月	第一次	学习脚背正面踢球；学习射门。	让学生自主体会触球时脚的部位和球的部位及踢球的合适力量。
	第二次	（1）运球－传球或射门 （2）运球－过人－传球或射门	相互交流，教师巡回指导。
	第三次	个人攻守战术：传球、跑位选位、盯人。	复习组合技术，小场地教学比赛（5v5）。
	第四次	局部攻守战术：传切配合保护、补位。	小场地教学比赛（6v6）。
一月	第一次	根据学生对前四周内容的掌握情况，进行复习；学习掷界外球；组织小型比赛。	让学生自主体会掷球的规则要求，相互交流，教师巡回指导。学生自由组队并探讨制胜策略。
	第二次	学习头球技术；学习脚背外侧运球和脚背外侧传球及脚背外侧接停球；组织小型比赛。	让学生自主体会顶球时头的部位和球的部位，相互交流，教师巡回指导。

（二）低年级第二学期教学进度安排（教学内容）

第1课，足球理论。

第2课，脚底揉球、脚弓推拉球、正脚背、脚外侧推拉球。

第3课，绕跨球、点踩球、推球跑、前踩球、后拉球。

第4课，正脚背颠球、脚底横向拉球。

第5课，脚弓靠球、脚底横向拉球。

第6课，脚背正面运球、脚内侧、脚外侧运球。

第7课，脚内侧和脚外侧"2""8"字运球。

第8课，绕杆练习。

第9课，综合性运球的绕杆练习。

第10课，复习颠球、绕杆、阶段性诊断。

第11课，脚内侧（脚弓）、脚背正面传接地滚球、脚外侧传接球。

第12课，脚内侧踢空中半高球。

第13课，脚内侧、外侧停球。

第14课，大腿停球、胸部停球。

第15课，复习各部位停球。

第16课，停空中球、反弹球。

第17课，复习停空中球、反弹球。

第18课，复习熟悉足球球性练习。

第19课，复习运球、踢球技术动作。

第20课，复习运球、传接球等基本功。

第21课，复习绕杆、颠球、教学比赛。

四、实施策略

（一）"足球进课堂"，普及校园足球技能和知识

让学生了解足球知识、参与足球运动、掌握足球技能，培养参与体育运动的兴趣，锻炼意志品质和良好的心态，树立积极、健康的社会形象是我校开展校园足球的目标。为此，我校积极探索校园足球教学模式，大胆进行课堂教学改革和创新，开展"足球进课堂"活动。

学校将校园足球课程化，并且与北京市专业足球俱乐部合作，聘请教练为我

校每班每周开设一节足球课。这节课是从地方课时中抽取出来的，保证了足球教学课时。同时，我们还增加了课后的专业训练课，根据学生的年龄和生理特点，分年级组织学生学习运球、传球、颠球、带球、顶球、射门等基本技能，将足球基本技术融入体育游戏教学之中，提高学生参与足球活动的兴趣。

在足球社团中，教练不仅要培养学生的足球运动技能，还要对学生进行足球礼仪和相关知识的教育，让德育教育贯穿于足球运动技术训练之中，从而培养学生的团队精神、协作能力、与人交往的能力和耐挫抗压能力，引导学生形成敢于拼搏、乐观向上的价值取向及豁达阳光的生活态度。

学校充分利用体育教师专业优势，积极开发《阳光体育快乐足球》教材。该教材从学校的实际出发，根据足球课的教学任务要求，从教学内容着手，以教案形式按教学内容和练习方法编写，课与课之间衔接紧密，以利于学生学习。同时在教法上进行尝试，练习中多采用活动性游戏的形式，使学生在近似比赛的情况下学习、掌握技术，对学生熟悉规则、提高技术、战术，增强体质、提高心理意志品质和培养良好的道德品质具有一定的帮助。

教练组还利用课外体育运动、大课间来巩固学生在体育课和足球课中获取的足球知识和技能。为了让孩子们尽快掌握足球基本要领，教练员自编自创，将颠球、踩球、控球、传接球、运球射门等基本动作融入在节奏鲜明、简洁易学的足球操中，真正做到寓教于乐。

（二）抓好足球队伍建设，提高足球训练水平

我校在普及足球基本技能和知识的基础上，着力抓好学校足球社团工作，以足球第二课堂活动吸引热爱足球、身体素质较好的学生参加足球社团。在训练中，抓学生兴趣与提高学生基本功有机结合，在有趣的训练活动中提高学生足球基本功，让学生在体验乐趣的同时，学到基本的足球知识和技能。目前，学校已成立学校、年级、班级三级足球社团，每一级都有男、女两支队伍，并正常开展训练和竞赛。

学校认真做好队伍梯队建设，做好队员信息注册工作，结合学校体育竞赛、大课间等活动积极开展足球活动。在月竞赛活动中，我们组织开展班级与班级、年级与年级之间的友谊赛。现在我校有 6 个年级，每个年级 6—8 个班，每个班都有男女两支足球队，并且每年春秋我校都会举办足球班级联赛。每个班每年班级联赛不少于 20 场，并且每个年级都组建了两支校级的男女精英校队。学校除了积极参加北京市每年组织的校园足球联赛以外，每个月还定期同兄弟学校进行

主客场的友谊赛交流。通过进一步规范训练及比赛，我校校园足球活动逐步普及，学生足球训练水平也不断提高。

2015年，我校高年级代表北京市参加海峡两岸足球友谊交流，并取得了优异成绩。

2016年，我校聘请前国家队主力队员来我校为孩子们指导，并担任我校足球队名誉主席。

2016年8月，我校足球精英队赴通州接受中国国家队主教练高洪波高指导的指导培训。

2017年2月，我校参加京津冀足球邀请赛，高年级取得第四名，低年级取得第6名的优异成绩。

2016—2017年度北京市中小学生冠军杯赛，108支参赛队伍中我校U8精英队以小打大取得了北京市第七名的优异成绩，刷新并且创造了当时密云区小学足球水平的最高纪录。

2017—2021年均获得密云区男女足球冠军杯比赛前三名。

2021年获得北京市校园足球联赛冠军组的第二名。

（三）加快场地设施建设，为开展足球社团活动提供必要的硬件保障

2014年，上级计划对学校原运动场进行重新规划和彻底改造。在设计方案中，我校新建符合国家标准的200米标准塑胶运动场，并附设7人制足球运动场一块。

学校为保证更多的学生参与足球社团活动，推进足球特色建设步伐，每年都投资数万元购置足球及训练设备，为足球社团在我校的良好开展起到了积极的推动作用。

（四）健全工作机制

学校成立了由校长负责，分管副校长主抓，各科室主任、班主任、体育组全体老师参加的学校足球工作小组，全面负责学校的足球工作。学校每学期召开一次足球社团工作会议，再认真研究学校和学生的实际情况的基础上，制订详细计划，做到任务明确，责任到人。活动内容丰富多彩、活动形式注重创新。足球社团活动的开展，突出学生的参与性和活动实效性。

（五）制订并完善相关制度

制订了《密云二小足球社团工作制度》《密云二小足球社团工作三年计划》《密云二小体育教师、教练员岗位职责》《密云二小足球运动代表队管理职责》《密云

二小足球社团安全防范管理办法》《密云二小足球社团师资培训计划》《密云二小足球社团竞赛办法》等规章制度，并且不断完善，保证了学校足球社团工作的全面、健康、和谐发展。

（六）积极打造浓厚的足球文化，为开展足球社团活动营造良好氛围

学校在师生中倡导"校园足球文化"，通过设计队徽、队旗、玩足球、画足球、讲足球、舞足球、赛足球、足球啦啦队等形式多样的活动来宣传足球知识，普及足球活动。

学校利用校园广播、校园网、橱窗和新闻媒体广泛宣传校园足球运动的开展情况；同时，邀请家长参与、观看足球社团活动，让更多的家长给予支持。通过两年的尝试，学生的运动热情及技能有了很大提高，学校几乎所有的孩子都参加了足球活动。2016年3月我校举办了"第二小学首届校园足球节"，全校师生和家长共同参与校园足球艺术节的四项活动，即校园足球联赛、"舞动足球，健康快乐"足球操比赛、"我运动、我快乐"绘画展、颠球比赛。活动内容丰富、形式多样，受到家长的一致好评。

五、效果评价

足球社团学生学习成果及评价，如图3-2-1所示。

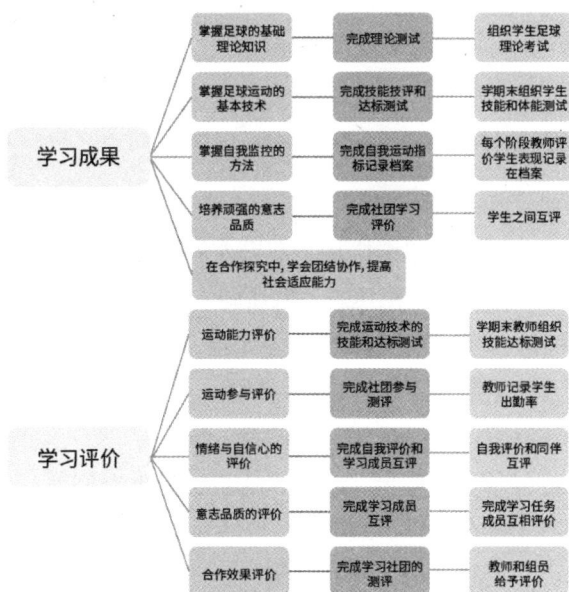

图3-2-1　足球社团学生学习成果及评价

第三节　武术社团

武术是我国宝贵的民族文化遗产，在漫长的历史进程中，始终与技击紧密结合，是有攻防含义的技击技术。武术是按照一定的规律组成的拳术套路、器械套路、对抗性练习，以及有关锻炼身体的功法组成的民族形式体育。中国武术最大的一个特点就是：既有技击形式的搏斗，又有演练形式的套路运动。这是其他民族和国家所没有或罕见的。随着岁月的流逝，套路运动的内容、形式和流派越来越绚丽多彩。

一、目标定位

为丰富校园文化生活，提高学生身体素质，促进学生的全面发展，我们以社团活动为平台，以礼义廉耻，忍耐克己，百折不屈武术精神为宗旨，成立武术社团，努力使武术社团成为学生愉快而有趣的生活学习的乐园。

武术具有强筋壮骨、发展身体素质、增进身体健康、锻炼意志品质等作用。通过武术社团的学、练、赛系列活动，可以发展学生速度、力量、灵敏、协调和耐力等素质，增强肌肉、韧带的伸展性和弹性，加大各关节活动的幅度和灵活性；可以提高中枢神经系统和心血管系统、呼吸、内脏器官的功能；还可以培养勇猛、顽强、坚韧不拔的意志，并使学生热爱祖国民族传统体育文化，激发民族自豪感。

二、内容结构

（一）基本知识与技能

1. 基本功

（1）肩臂练习：压肩、单臂绕环、双臂左右绕环。

（2）腿部练习：正压腿、侧压腿、后压腿、仆步压腿、搬腿、侧搬腿、劈腿、竖叉、踢腿（正踢腿、斜踢腿、侧踢腿、外摆腿、里合腿、弹腿、蹬腿、侧端腿）。

（3）腰部练习：俯腰、下腰、甩腰、涮腰。

（4）手型手法练习：拳、掌、勾、冲拳、推掌。

（5）步型练习：弓步、马步、虚步、仆步、歇步、坐盘、丁步。

（6）跳跃练习：腾空飞脚、旋风脚。

（7）平衡练习：提膝平衡、燕式平衡。

2. 武术动作组合

（1）步型与步法组合练习：弓步与马步组合练习、仆步与虚步组合练习、歇步与马步组合练习、五种步型组合练习。

（2）跳跃组合练习：高虚步上冲拳—击步挑掌—腾空飞脚—仆步亮掌。

3. 武术套路

（1）拳术套路：少年拳、初级长拳、24式简化太极拳等。

（2）器械套路：棍术、刀术等。

（二）技战术运用

武术技战术运用主要在社团展示和参加比赛中体现。例如，在社团中同年级不同班级为单位的个人武术基本功挑战赛，需要同班级成员根据每个人表现情况，集体研讨商量参加项目，出场顺序等，做到"有备而来"，为本班级取得胜利奠定基础；在以同年级为单位的集体套路挑战赛上，就需要不同年级根据每个人的表现情况，设计出适合本年级展示的队形，勇敢地跟各年级进行比拼。

（三）一般体能与专项体能

武术所需的一般体能主要包括速度、柔韧、力量、灵敏、协调性等。

武术专项体能主要有：爆发力、肌肉和韧带的伸展性、各关节的活动幅度和灵活性等。爆发力通过"冲拳""弹踢"等练习使其得到发展，武术动作一定要有发力过程，动作要达到力量充沛，发力完整，"劲力顺达"，否则就显得飘浮、松懈，失掉了"武"的意义；肌肉和韧带的伸展性通过"压肩""俯腰""下腰""压腿"等练习发展；关节的活动幅度和灵活性通过"双臂绕环""甩腰""涮腰"等练习增强。

（四）展示与比赛

了解武术展示与比赛的基本要素，敢于在社团中和同伴中展示基本手型、基本步型和简单武术组合动作，并注意展示前和结束后的礼仪。武术的展示与比赛多种多样。在社团中展示与比赛时应注重学生锻炼的兴趣和多样性，激发学生的参与和挑战欲望，力争使学生在挑战极限的同时不感觉枯燥，培养学生习武兴趣。武术社团中主要采用：搭建武术秀场（学生评比展示的舞台）、武术文化渗透宣讲、武术基本功评比、武术基本动作评比、武术套路评比、武术攻防演练评比等。

（五）规则与裁判

武术社团学生通过多种动作组合与武术动作套路等形式的技能挑战赛，知晓自己单项技能的掌握情况，并能够对自己的学习情况进行简单评价；在比赛中能够根据对技能的掌握情况，自主选择比赛项目，积极愉快的参加比赛；在比赛中能够担任裁判的角色，对比赛进行判定；积极参与比赛中的角色扮演，了解角色的任务。

（六）观赏与评价

武术具有表演观赏和竞技观赏功能，前者主要体现在武术的套路中，后者多体现在散打项目中。培养武术社团学生注重追求内在的自我修养。随着近代武术竞技化趋势，使得武术观赏价值也随之发生变化，武术的竞技观赏功能日益受到人们的关注。武术的观赏功能，让更多的人将武术审美与竞技武术联系起来，如武术套路的比赛和散打等。教师要教会武术社团学生如何观看武术运动项目的比赛或表演，组织他们定期观看班级内、校队、全国比赛或表演等，并尝试对所学武术运动项目比赛中运动员（代表队）的表现进行简单评价。

三、活动方案

六年级第一学期武术社团活动方案。

中华武术历史悠久，是我国广大人民喜闻乐见的民族传统体育项目。为弘扬中华民族这一传统文化，提高少年儿童的身体素质和运动技能，增强学生体质，特制订计划如下。

（一）指导思想

武术社团训练是在体育教学改革新思想的大背景下，主要以培养学生终身体育意识，即在学校体育教育过程当中，学生能够建立一项或两项自己喜爱，终身受用的体育技能为主要目的体育活动。在训练过程中，本着以学生发展为本的理念，学生不但在武术知识技术上有所获得，在组织能力，协作配合意识以及自身良好的精神品质（如自觉力、毅力）的培养上，都能够有所提高。在武术训练内容的选取上，本着"健康第一"的原则，内容安排从简单易学开始，循序渐进过渡，最终达到一定技术水平。

（二）教学目标

（1）通过训练能够掌握武术基本功的练习方法、健身方法，能熟练掌握一套长套路。

（2）发展学生协调、灵敏性，增强体质，提高运动能力和审美能力。

（3）培养学生爱国主义情操和顽强的意志品质及武德修养，树立终身体育意识。

（三）教学内容安排

本学年的练习内容主要以套路动作为主，选择适宜的动作难度较大的单项技术动作（如鲤鱼打挺、侧手翻、腾空飞脚、旋风腿等）作为辅助练习。本学期的训练简要内容如下：

基本功：压腿、踢腿、基本步伐、基本手法等。

武术套路：形神拳、健身拳、初级长拳（学习内容依情况而定）。

单项技术动作：跃步冲拳、腾空飞脚、旋风腿等。

9月份至10月份（基本功及长拳套路）：

（1）以身体素质训练为主，专项训练为辅。着重把握基本功练习。

（2）利用空余时间观看武术套路方面的录像带或与之相关的一些影视作品。

（3）加强柔素质的练习，做好各种步型、手型、步法、手法、身法等单个练习动作。

（4）练习长拳的分段动作。

（5）老队员复习整套动作，注意动作的细微之处。新队员先分段练习，再整套练习。掌握运动路线、节奏以及精气神的和谐统一。

11月份至12月份（基本功及健身拳、形神拳套路练习）：

（6）加大运动负荷，运动量适中。

（7）肩臂练习、腿部练习、腰部练习、跳跃练习、平衡练习等。

（8）健身拳、形神拳分段动作练习。

（9）健身拳、形神拳整套动作练习。

（10）对学生进行思想教育，培养良好的意志品质，强调习武之人以德为先。

（11）身体素质练习，采用游戏、比赛等形式多样的练习方法提高学生身体素质，避免简单枯燥的素质练习。

四、实施策略

（一）尊重主体，自愿参加

在社团活动实施过程中实行自愿原则。活动前，学校根据每个班级学生的特点推广宣传，同时根据课程的开设情况鼓励学生依据自身特长，特别是兴趣所向，选择武术的社团活动。通过多种方式吸收更多学生加入到组织中来，让每一个学生都有成长的舞台。

（二）落实常规，健全制度

为加强常规管理，避免社团活动的随意性和盲目性，我们要坚持"六定"。一定活动课程；二定活动目标；三定活动时间；四定活动内容；五定辅导老师；六定活动地点。

辅导老师做好准备工作，绝不打无准备的仗。正式开课前，所有辅导老师要制订切实可行的活动计划，安排好全学期的活动内容，并提前备好一周的课，上课前一天要通知武术社团学生做好相关准备。

加强武术教师与其他教师之间的交流探讨，营造浓厚的研究气氛。努力提高活动效率，充分重视学生的个别差异，注重因材施教，在全面了解学生个性特征的基础上，充分开发他们的潜能。力争武术社团活动成为学校特色教育，积极参加各级演出和比赛，为校争光。

（三）抓好基本功，提高体能

小学阶段的学生处于发育旺盛时期，可塑性强。从生理角度来看，发展速度、柔韧、力量、灵敏、协调性，不仅适合少年儿童自身负担量，而且也为今后学习、生活打下基础。武术基本功既是充分发挥和改进自身因素的一种较好的练习内容，也是人体活动和运动所必须具备的基本素质。我校武术社团的基本功以柔韧性和爆发力为主，主要通过压腿、踢腿、俯腰、甩腰、压肩、转肩等练习内容来达到这一目的。

（四）表扬为主，激发兴趣

表扬能充分引导学生在轻松愉快的状态下去获取知识，深化学习效果。如果一个小学生在被训斥或背着"笨"的负担下进行学习，不仅效果不好，而且还会让他产生自卑感，严重的会产生生理和心理上对抗情绪。在学生完成动作质量高的时候，教师要及时表扬。相反，在学生完成不好时，教师应当积极引导，特别注意从正面引导，通过示范、带领、简语强化来达到目的，尽量减少对学生错误动作的模仿。

五、效果评价

武术社团的评价采取"术道融合、德艺兼修"的评价方式，即分为技能评价和武德评价。采用定量与定性评价相结合的原则，定性评价采用"等级"与"评语"评价等方式，定量评价采用"分数"和"比例"的方式，使评价尽量科学、合理。其中，对"术"和"艺"（技能）采用定量评价，实行技评、达标管理；对于"得道"和"修德"（武德）采用定性评价。

"术"和"艺"的定量评价：对反映武术基本技能的动作技术基本手型（拳、掌、勾）、基本步型（弓、马、仆、虚、歇）、武术基本动作（冲拳、推掌、亮掌、弓步冲拳）、武术套路等，采用不同学段不同评价标准进行技评、达标管理。以"动作规格、熟练程度、演练技巧、礼仪规范"作为武术专项技评规格要求。以"动作规格"评定项为例：正压腿—嘴碰脚尖（优秀）；正压腿—前额碰脚尖（良好）；正压腿—头顶碰脚尖（合格）。

"得道"和"修德"的定性评价：武术社团注重对学生健康行为和良好品德的评价，重点评价学生体育锻炼行为与习惯，实现对日常锻炼情况的过程性评价。通过组织各项体育比赛，充分把握学生的品德，尤其要强化团结协助、勇于拼搏等优良品格的评价，主要以评语的形式呈现。评价的内容包括：行抱拳礼规范程度，教师讲解时的注目礼、平时对教师的鞠躬礼、"站如松""坐如钟""行如风"身体仪态的养成程度，武术格斗习练过程中"悬而不击""击而寸止"行为的规范程度；文化体验方面包括武术与艺术、文学、传统文化的相关联知识掌握程度，在武术社团学习过程中体验、体悟文化内涵的程度。

第四节　案例与分析

【案例1】勤能补"缺"

★案例描述：

人们常道："勤能补拙。"历经一年的篮球社团教学，我深感其意。不一样的是我所教授的学生都是"聪明可爱"的，所以我说：有时勤能补"缺"。

学期伊始，又到了同学们自主选择社团的时刻了。当社团开课的那一天，我的心就凉了半截：眼前的小队员一共25人，其中体重超标者5人，毫无基础者10人。要知道，这个篮球社团是要迎接校际篮球交流比赛的。看着孩子们求知渴望的眼神，为了保护孩子对篮球的热爱之心，我决定从自身入手，通过精心的设计和布置，带领孩子们走进篮球的世界。

首先，我制订了周密的训练计划。针对这批孩子，我选择阶梯训练。先将这批孩子分成三组。一组是有一定基础的孩子。二组是没基础，但是可以提升的学生。三组是无基础且体重略重的学生。并为这三组同学选择不同的教学内容。一组是战术提升，二组是基本功训练，三组为体能锻炼。制订好计划后，我们的训练便紧锣密鼓地开始了。

其次，对于个别基础差的学生进行单独鼓励。说起鼓励的作用，还要从那个孩子说起。他是一个体重超标的孩子，在社团中，所有的训练他都坚持不下来。有一天，他哭着找到我说："老师，我不想打篮球了。"我知道他热爱篮球，也知道他鼓足很大勇气才报了篮球社团。于是我问他："是不是最近训练跟不上有些着急？"他哭得更凶了。得知原因后，我告诉他："既然喜爱就要坚持，你的动作很标准，你只是觉得自己不行，便想放弃，今天因为自己的原因放弃了篮球，以后篮球也会因为你放弃了它而放弃你的。作为男子汉，就要勇敢、坚持。老师愿意帮助你，帮你训练技巧，你愿意吗？"他含着泪高兴得连连点头。从那以后，我针对他专门设计训练任务，每次他达标以后，我便鼓励他，同时给他下一项任务。他的动作更加娴熟，训练也更加刻苦。每天晚上放学回家后，他都会将白天的练习再做上一次，并由家长通过微信发送给我。我也不断帮他调整训练项目。慢慢地，他的体重也由原来的110斤下降至90斤，他也更热爱篮球。如今在球队中，他可是一名主力呢！由此可见，"勤"能帮助孩子走向更加完美的自己，也能让我收获成长。

最后，我会经常为孩子们提供比赛的平台。为了时刻了解孩子们的训练效果，也为了让孩子们明确如何在规则的约束下比赛，我会经常组织学生比赛。有社团内部比赛，也有不同年级赛。这些比赛中，我们有输有赢，但是我经常引导学生："尽管我们输了，但是我们要吸取教训，总结经验。"每一次的输赢都告诉我们，无论输赢，与其怨天尤人，不如勤奋训练。

一年来，这些孩子的身上都发生了翻天覆地的变化。我们社团的篮球操多次受到学校领导的表扬。就在上学期，这支队伍在一次校际交流比赛中获得冠军。孩子们勤奋的练习使得他们脱颖而出，也为他们赢得自信。勤能补"缺"，更能赢得精彩！

★案例分析：

美国教育家杜威曾说："学校即社会"。学校不仅教授学生怎样学习，同时还要教会学生如何面向社会。本实例不仅仅是通过体育锻炼帮助学生增强身体素质、掌握高超的技术，更是通过"勤练""常赛"的方式让学生明确"顽强""勇敢""合作""竞争""输赢"的概念，让学生在学习中成长，在练习中懂得，在比赛中提升，使学生形成勤能补"缺"的价值观。

（王宗云供稿）

【案例2】有趣的毽球

★案例描述：

学生刚刚接触踢毽子这个运动项目，不了解这项运动的技术动作及技巧，我先找来全国毽球比赛的视频，让孩子们观看。孩子们看到参赛队员一个个身手矫健，毽球在他们的脚上、腿上不断地跳跃，不禁露出了崇敬之情。看完视频之后，孩子们拿着毽子迫不及待地尝试起来。看到这，我就亲自示范，逐个纠正他们的动作，脚抬得多高合适，毽子踢得多高最佳，并截取了视频上运动员踢毽子的动作，不时地让孩子们观看模仿，学习他们的技术动作，力争一开始就让学生学会最佳的技术动作。经过一段时间的练习，孩子们从一开始只能踢几个到能不间断地踢四五十个，兴趣也越来越浓了。还有的孩子从我这里拷贝了视频，自己回去琢磨怎样踢得更好更快，在平时练习中与同学们分享自己练习的心得，并作为老师的助手指导其他同学练习，在社团其他孩子的眼里是偶像一般的存在。为了成为一个大家眼中的偶像，每一个队员都在暗中使劲，私底下加紧练习，提高自己的能力。在一次社团成果展示活动中，孩子们的精彩表现震惊了全场。于是毽球社团的孩子们都成了自己班级里同学们的偶像，踢毽子这项运动也发展成为全校孩子都喜欢的一项运动。

★案例分析：

兴趣是最好的老师。我们常说在学习过程中，要引导学生从"要我学"变成"我要学"，可怎样引导呢？我觉得要从兴趣入手。在这个案例中，教师在开始的技术动作教学时，通过全国踢毽子比赛视频激发学生学习兴趣，进而利用比赛视频让学生学习先进的技术动作。在此过程中，学生从开始能踢几个发展到能踢几十个，在学习的过程中体会到了成功的快乐。社团成果展示，得到了全校师生的认可，他们的学习的兴趣就更浓了，自己不断主动学习探索，并进行实践。在与同学交流、分享经验过程中，体会到成功的快乐，继续努力提高自己，形成了探索学习、实践体会、交流分享、共同提高的良性循环。

（齐燕青供稿）

【案例3】行走在独轮车上的爱

★案例描述：

独轮车运动是一项深受小学生喜爱的体育运动，在高年级学段报名参加独轮车社团的女孩子更多。他们的水平参差不齐，有的能轻松骑行甚至会做一些高难度的动作；有的能骑三四米的距离；有的刚学会上车只能借助平衡木的辅助骑行。面对参差不齐的骑行水平，面对女孩子居多的现状，我想，我的课中一定要让孩子感受到教师对他们的一视同仁，感受到尊重。

有一名五年级的学生，她的性格大大咧咧，一副什么都不在乎的样子。在一次自由练习时候，她没认真练习并且和其他社团的男孩子打闹。我走到她面前并没有批评她，而是心平气和地对她说："你来独轮车社团是想学会它吧？咱们班有好多学生已经学会了，都有进步。你看跟你一起报名来的另一个同学，已经有很大进步，能独立上车，还能自己骑行一段距离。"她的表情还是一副无所谓的样子，但是我能体会到她的心里有了一定的变化，因为在我说话过程中她时不时地低下头。之后我接着说："快来到平衡木旁边，张老师帮助你从头开始，快点呀。"我没有命令她过来，也没有询问她是不是愿意接受老师的指导，而是用督促、乐于帮助她的口吻。从此以后她练习的更努力了，每堂课我没有过多的给她技术指导，只是在她摔倒时迅速跑过去询问她的情况，同时在她准备松开平衡木准备自己骑行时给她一个辅助。点滴的积累化成了我和她无言的爱，老师爱自己学生，学生尊重自己的老师。

还有印象比较深刻的一件事。上课做热身活动时，六年级的一个学生做的压腿很不标准，明显是在应付。我直接放开嗓子说："同学，你认真些，压腿还没有男生好。"我感觉很平常的一句话，在她听到我的评判后脸色大变："老师我压腿就这样，压得不好别看就是了。"音量甚至比我的还大。我生气地说："有你这么和老师说话的吗？会尊重老师吗？"她一句我一句，其他的学生面面相觑。不和谐的课堂一幕让我久久不能释然，怎么会出现这种情况？经过自己反思，我感觉我的教学有很大漏洞，首先我面对的是高年段孩子，她们的心思细腻，好面子，希望得到别人的认可和尊重。而我没有及时察觉，也没有及时根据她们的身心特点调整自己的教学方式和方法。如果我没有当着那么多同学说她，如果我在说这句话时有三到五秒的考虑时间，就不会出现课堂中那么不和谐的一幕。在以后的教学中我不再用命令式的口吻教她们，而是在尊重她们意见的基础上和他们一起交流，一起探究。在学生表现不好时，我先询问她们是不是身体不舒服，是不是被家长或者教师批评了。在收独轮车时我叮嘱她们一定要慢，不会放车的，老师帮你。不久之后，我发现发现学生瞬间长大了许多，自己能独立练习了，感谢的话语也多了，收车放车都能独立完成，整个课堂氛围变得十分融洽。

★案例分析：

上面的案例提示我们想要得到学生的尊重，教师首先要去尊重学生。就像陶行知先生说的："真正的教育是心心相印的活动，唯独从心里发出来的，才能打动心的深处。"打动的不仅仅是学生，也包括我自己。骑行时一只手的辅助，收车时手电筒的照明，心情低落时的一句问候这些点滴的关怀化成了行走在独轮车上的爱。

（张凯供稿）

第四章 落实体教融合的课余体育训练

"双减"政策出台后，密云二小积极推进落实，努力建设学生喜欢、家长满意、教师幸福、社会认可的密云精品特色校。2020年国家体育总局、教育部印发《关于深化体教融合促进青少年健康发展意见》指出，"开展丰富多彩的课余训练、竞赛活动，扩大校内、校际体育比赛覆盖面和参与度。"密云二小秉承为孩子幸福人生奠基的校训，积极落实"强化体育课和课外锻炼，促进青少年身心健康、体魄强健"的精神，牢固树立"健康第一"的指导思想，以"享受体育奠基幸福"为培养目标，我校积极开展了众多的校园体育活动[1]。课余训练是小学体育教学环节的重要组成部分，对开展体育教学工作十分有利。课余训练与体校的训练不同，小学课余训练更加注重学生的全面发展。首先，课余训练直接目的是发展学生的体能，提高运动技能；其次，参加课余训练的同时有助于学生养成良好的行为习惯；再次，参加课余训练可以培养学生的体育精神。

第一节 篮球课余体育训练

密云二小自申报市级篮球特色校以来，通过有层次的梯队建设，不断提高学校篮球水平。经过多年的建设，终于打造出一支身体素质优秀、篮球技术娴熟、不怕挫折、勇于战斗的小学篮球队。密云二小积极与其他学校进行交流比赛，以此检验学校篮球队的训练水平。优异篮球成绩的不断取得既来自日常的训练和坚持，也离不开各方的支持与配合。学校十分重视篮球队的各项工作，学生和家长积极配合篮球队训练，每一位教师都投入了巨大的热情。

一、目标定位

（一）个性需求

每名学生都有自己的独特个性，密云二小开展的篮球课余训练为有篮球特长的学生提供锻炼和展示的舞台。高质量的篮球课余训练增强了学生体能，提高了学生篮球技术，同时让学生掌握了一定的篮球技能，为孩子的篮球运动启蒙。在训练和比赛过程中，孩子们的视野得以开拓，情操得以陶冶，综合素质得到了提升。不管孩子们在篮球方面有怎样的天赋，密云二小篮球课余训练总有适合他们的舞台，可以让他们尽情地、充分地展示自己，找到勇气与自信。

（二）提高篮球成绩

密云二小的篮球课余训练以提高篮球队水平为宗旨，以不断取得优异成绩为目标。学校的男、女篮球队积极参加各种比赛：在共同体学校之间的比赛中"力争第一"；在密云区小学生联赛和密云区小学生冠军杯赛做到"争冠亚，保三四"；在北京市各类比赛中做到小组出线，力争取得最好成绩，努力打造我校特色的篮球名片，树立篮球特色校的旗帜。

（三）培养学生良好的行为习惯和体育精神

说到训练和竞赛，大家首先想到的是超强的身体素质和高超的技战术，这没有错，但是把训练、竞赛作为教育手段却被很多人忽视。近年来，从国家到社会层面，越来越多的人意识到体育对于培养学生良好行为习惯的重要性，而诸多的教育教学案例也都证明，体育与教育具有不可分割性。

课余训练有助于让学生坦然并且有尊严地面对失败，在规则和纪律下挑战成功。规则意识就是一个人对于社会行为准则的自我认识和体验，学生在遵守规则的时候不应该感到压抑、不愉快。良好的规则是一切活动的保障，小学阶段的孩子正处在规则意识萌芽期，是非观念很模糊，以自我为中心的思维特征明显，他们在参与体育游戏的时候，由于过于兴奋，经常会出现违反规则和纪律的情况。此时培养学生的规则意识对学习规则的建立乃至自身素质、修养的提高具有重要的意义，而在课余训练中帮助他们建立规则意识是有效的途径之一。

课余训练和竞赛有助于培养学生的勇气和自信心。教师在训练和比赛中要不断地给孩子灌输"我能行"的思想。当学生投失绝杀球、运球失误的时候要及时的给予他鼓励和支持。教师可以这样去做："尽管你这次投篮没有进，但是你看上去非常努力";在训练中有的队员受伤了,有的队员偷懒了,教师可以这样做:"坚持很难,放弃很容易,你可以试试把篮球放气(弃)。"微微一笑,给予眼神的肯定。

二、内容结构

(一)体能练习

体能包括一般体能和专项体能。一般体能主要包括力量、速度、协调、耐力、柔韧、平衡、反应等。篮球专项体能根据篮球专项运动的特点及对体能的专门要求,采取与专项运动有紧密联系的训练手段和方法,包括徒手练习和持球练习。徒手练习:半场侧身跑、抢篮板球后第一传起动跑(变向、侧身、弧线)、跳、急停、转身、起动、滑步等脚步综合练习;变距折返跑、全场连续防守滑步、5~10米折返跑;全场连续蛙跳、连续快速跳起摸高。持球练习:2人、3人、4人全场快攻传球练习、投篮练习、持球快速推进、运球上篮、急停跳投。

篮球训练要注重科学性,针对学生的年龄特点,在体能训练时要关注学生身体发育的敏感期。此外,还要注重训练手段的多样性。密云二小采用了许多的训练辅助设备,如重力球、敏捷圈、绳梯、投篮机等,学生对训练的方式和方法十分喜爱,有效避免了训练的枯燥乏味。

(二)篮球技术

小学阶段为期六年,学生在小学阶段呈现不同水平的认知和学习能力,身体的发育水平有着巨大的差异。因此,在学习篮球技术内容时要分好学段,低学段(一、二年级)学习内容,中学段(三、四年级)学习内容和高学段(五、六年级)学习内容。篮球的基本技术学习主要包括球性的练习、各种运球练习、各种传接球练习、各种投篮的练习四个方面。现将密云二小各学段篮球技术的学习总结如下(表4-1-1)。

表4-1-1 各学段篮球技术表

	球性	拍运球	传接球	投篮
低学段	转动地面的球;双手托球转动球;持球置于身体不同部位;地滚球。	原地拍球;左右手拍球;左右手交替拍球;走动拍球;拍球转圈;站、蹲、跪地、坐地等姿势拍球。	体前两手交替托递球、双手抛球蹲起交替接球;头上、体侧、跨下传递球;原地迎面传接球;三角传接球。	单、双手持球"打靶"。

续表

	球性	拍运球	传接球	投篮
中学段	双手转动球；双手环绕转动球；单、双手托球向上拨球；单、双手抛球多次击掌后接球；单手抛球换手接球；单、双手托、持球奔跑；拍地面静止球。	变换高度运球；曲线运球；跑动运球；运球过"桥"；运球绕过障碍；交换运两球；隔人（同伴在怀中）运球；运球"拉网捕鱼"；运球接力。	胯下前后传递球；体后单手传递球；原地迎面花样传接球；四角、五角、圆上多球传接。	单、双手持球投进篮筐。
高学段	原地、行进间双手体前拨动球；体前抛球、体后击掌接球；颈部环绕交接球；腰部环绕交接球；提膝胯下绕球；手指旋转球；手臂、前胸滚动球。	左、右手高、低运球；体前换手运球；单手前后、左右推拉运球；运两个球；运球跑。	对墙单、双手胸前传接球，对墙反弹传接球；抛球跨一步接球；体侧单手（经头上）抛接球；原地双手胸前传接球；原地反弹传接球；前后移动中传接球。	单、双手持球投击移动目标；双手胸前、单手肩上投篮比赛；定时、定距连续投篮比赛。

个人技能、技术动作的运用以及技战术的理解与执行都建立在篮球基本功之上。扎实的基本功和篮球技术，可帮助运动员合理运用技术动作，队员通过篮球技术和基本功的训练可以优化个人技能，从而使自身天赋得到发挥。

（三）掌握基本篮球技能

运动技能又称为动作技能、操作技能，是个体习得的、有目的、有意识地利用身体动作完成一项任务的能力，表现于迅速、精确、流畅和娴熟的身体动作之中。

篮球技术和篮球技能的区别。篮球的运动技术是方法论，它是长期以来，人们在实践中经过多次修正，并在不同阶段具有相对科学性的完成动作的一种方法。例如，胸前传接球、投篮技术、运球技术等就是人们在长期实践中总结形成的。客观存在性是它们的特点，即它是不随人的意志为转移的，同时也不具备个人的特性。篮球运动技能则不一样，它是人们经过学习后掌握的具有个性化的自动化的行为方式。因此从学习和掌握角度而言，我们可以说"人们学习篮球运动技术"，不宜讲"人们学习篮球运动技能"，同理，可以讲"人们掌握篮球运动技能"，而不宜说"人们掌握篮球运动技术"。学习篮球技术是基础，掌握篮球技能是升华，篮球技能更加强调的是比赛中运用技术的能力。

小学阶段应该让学生掌握一定的篮球技能，包括：掌握各种运球技术在比赛中运用的能力；掌握各种投篮技术在比赛中运用的能力；掌握各种传球在比赛中运用的能力；掌握挡拆技术在比赛中运用的能力；掌握争抢篮板球技术在比赛中运用的能力；掌握防守技术在比赛中运用的能力。

（四）比赛

密云二小的篮球竞赛体系是"6+2+N"。"6"指的是小学阶段的六个年级，每个年级分别进行班级联赛，"2"指的是校队参加的密云区的两个比赛，即"片区赛"和"冠军赛"，"N"指的是与密云区和其他区的学校进行多场交流赛。在此竞赛体系的模式下，我们取得了优异的比赛成绩，同时与时俱进，不断完善和提高我校篮球队的水平。

（五）规则与裁判

小学篮球课余训练需要对规则和裁判进行了解，在比赛中知晓裁判的判罚，可以提升自己在比赛中的应变能力，可以合理利用规则与判罚进行防守和进攻。首先，要熟记牢记篮球场的边线、端线的长度，熟记中圈、中线、罚球线、三分线的位置。其次，要知晓犯规、违例以及前后场球。犯规包括：推人、拉人、带球撞人、打手、阻挡、技术犯规等。违例包括：球出界、带球走、3秒违例、5秒违例、8秒违例、24秒违例、球回后场等。规则和裁判的学习可以融入平时训练中，教师在平时注意专业术语和手势的应用，比赛时可以让学生充当小裁判进行锻炼。篮球规则和裁判的学习要由浅入深，由理论到实践，让学生不仅能比赛，而且知晓篮球规则与裁判的相关知识，所谓知其然知其所以然。

（六）观赏与评价

观赏与评价是密云二小篮球课余训练必备的一项内容。学校的篮球队员以学期为单位需要观看一定数量的篮球比赛。每年春季的班级联赛需要队员进行观赏与评价，将自己对于比赛的理解以口头和书面两种方式呈现。教师要将队员对比赛的观赏与评价记录成册。此外，要求校队队员通过网络或电视观看不少于10场的CBA或CUBA等比赛，同样要求学生对比赛进行观赏与评价。

三、训练计划

（一）训练时间

校队的训练以学期为训练周期，共十八周，每周周一、周三、周五训练。

（二）训练目标

个人训练目标：努力提高篮球的各项基本技术，加强得分手段，明确球队的打法，知道自己在场上的位置和作用。

球队训练目标：球队将以防守反击，打快攻的战术作为训练的核心内容。熟练掌握联防的技术要点，并且能够了解半场盯人以及全场紧逼的战术打法，同时进一步提高队员的理论水平，了解裁判与规则，从而丰富场上经验。

（三）训练原则

篮球训练计划是密云二小全体体育教师集体研讨的结果，在训练中我们不断地进行修改和完善。学校制订的学期篮球计划有以下原则：注重勤练，强调篮球的基本功练习；巧用技战术，从比赛中来，到比赛中去；注重一般身体素质和专项身体素质的协同发展。"红队"和"蓝队"建队理念，即一个球队中要分成"红"、"蓝"两队，每队能独立比赛，也能合二为一。北京市小学生比赛和密云区小学生比赛人员使用规则是：第一节和第二节是不同的人员，第三节和第四节人员任意搭配。"红队"和"蓝队"建队理念可以让更多的队员能打比赛，也可以健全激励机制，让队员为争取上场时间而努力训练。

现在将密云二小男子篮球队学期训练计划进行介绍（表4-1-2）：

表4-1-2　男子篮球队第一学期训练计划表

周次	星期	训练内容
第一周	一	初次测评；复习原地运球技术。
	三	身体素质练习（灵敏）；学习行进间高、低运球技术。
	五	学习挡拆技术；运球过障碍接力赛；多打少情境下比赛。
第二周	一	复习上周内容；学习运球急停急起技术。
	三	身体素质练习（速度）；定点投篮。
	五	防守技术；定时连续投篮比赛；少打多情境下比赛。
第三周	一	复习上周内容；学习双手胸前传接球技术。
	三	身体素质练习（力量）；两组对角线接应投篮。
	五	学习快攻和防快攻；攻守转换情境下比赛。
第四周	一	复习上周内容；学习行进间变向突破技术。
	三	身体素质练习（耐力）；篮球小游戏。
	五	学习行进间传球技术；密集防守情境下比赛。

续表

周次	星期	训练内容
第五周	一	1v1 对抗。
	三	身体素质练习（灵敏）；提升行进间高、低运球技术。
	五	提升挡拆技术；听指令做左、右手高、低运球比赛。
第六周	一	复习上周内容；提升运球急停急起技术。
	三	身体素质练习（速度）；移动投篮。
	五	提升防守技术；定距连续投篮比赛；错位情境下比赛。
第七周	一	复习上周内容；提升双手胸前传接球技术。
	三	身体素质练习（力量）；骑马射箭。
	五	进一步学习快攻和防快攻；看信号做左、右手高、低运球比赛；攻守转换情境下比赛。
第八周	一	复习上周内容；提升行进间变向突破技术。
	三	身体素质练习（耐力）；篮球小游戏。
	五	提升行进间传球技术；传接球接力赛。
第九周	一	期中测评；2v2 对抗。
	三	身体素质练习（灵敏）；底线切入勾射。
	五	学习联防技术；罚篮比赛；攻守转换情境下比赛。
第十周	一	复习上周内容；学习篮板球技术。
	三	身体素质练习（速度）；三角底线擦板投篮。
	五	学习阵地进攻；全场"8"字型传球上篮比赛；密集防守情境下比赛。
第十一周	一	复习上周内容；学习发边线球技术。
	三	身体素质练习（力量）；全场来回急停跳投。
	五	学习快攻和防快攻；错位情境下比赛。
第十二周	一	复习上周内容；学习全场紧逼技战术。
	三	身体素质练习（耐力）；高位接应转身投篮。
	五	学习多打少技战术；多打少情境下比赛。
第十三周	一	3v3 对抗。
	三	身体素质练习（灵敏）；半场接应投篮。
	五	提升联防技术；五点投篮比赛。
第十四周	一	复习上周内容；提升篮板球技术。
	三	身体素质练习（速度）；全场 2—3 人传球急停跳投。
	五	提升阵地进攻；"一守二攻"情境下防守训练。
第十五周	一	复习上周内容；提升发边线球技术。
	三	身体素质练习（力量）；半场前进接应跳投或切投。
	五	提升快攻和防快攻；人盯人比赛。

续表

周次	星期	训练内容
第十六周	一	复习上周内容；提升全场紧逼技战术。
	三	身体素质练习（耐力）；三角擦板投篮。
	五	提升多打少技战术学习；人数不对等情境下比赛。
第十七周	一	介绍裁判和规则。
	三	功能动作训练。
	五	打乱平衡的比赛。
第十八周	一	熟悉半场防守和全场紧逼防守。
	三	熟悉半场进攻和防守反击。
	五	期末测评；总结。

四、训练策略

学校在篮球训练中进行了积极的探索和实践，在基本篮球技术教授、技能学习、如何比赛等环节都形成了自己的特色。训练的目的是学习技术和掌握运动技能，从而更好地比赛，而掌握运动技能处在学习技术和如何比赛的中间环节，起承上启下的作用。密云二小的篮球训练将如何掌握运动技能放在核心位置，我们尝试通过场景再现的训练方法去解决比赛和训练中出现的问题，此种训练方法有利于提高学生的兴趣，也可提高训练效率，是"幸福体育"理念引领下的一种新的训练模式。下面将密云二小的篮球传接球、运球、投篮三个方面进行实例展示，希望对小学篮球的训练有一定的启发作用。

（一）训练实例：传接球

篮球传接球是篮球比赛中常见的一项技术，通过传球可以打破对方压迫式防守，寻找球场上的空间，将球精准传到最佳位置的队友，形成错位从而获得得分机会。传球可以提高比赛节奏，让对方疲于奔防，从而控制比赛。针对比赛中出现传球不及时、传球不到位、传球目的不明确的问题，本次训练目的是解决比赛中传球出现的问题，提高学生的临场应变能力，从而掌握实战中的传球技能。

方法1：活动区域为半个篮球场，分成红队和蓝队，一队传球，另一队进行防守抢断，抢断成功后即转为进行传球。每队各有一个自由人，传球给本方自由人五次的队伍获胜。

实效：该训练可以锻炼队员处理球的能力，在比赛中能够找到最佳位置的队友；自由人相当于球队的后卫，该训练可以锻炼后卫的接球以及支配球的能力。

训练指导意见：训练时要注意改变场地的范围，红蓝双方人数以及自由人的人数，以此获得不同的训练强度。

方法 2：将队伍分成红蓝双方以及两个自由人，一方传球，另一方防守抢断，防守方抢断成功后即转为传球方，自由人不参与防守，哪队传球给自由人，自由人就属于哪队，传球次数到十次的队伍获胜。

实效：让队员多观察勤思考，发挥主观能动性，在场上机智果断，敢于"要"球和"传"球。该训练可以营造"多打少"比赛情境，让学生体会"多打少"时如何去传球和得分。

训练指导意见：限制红蓝队的人数，以及场地的范围，教师不要随意叫停比赛，要多给予鼓励和表扬，善于发现队员身上的闪光点。

方法 3：红蓝两队在半场内进行传球比赛，进攻方传递五次球为获胜。自由人在另一半场与防守方一队，不参与防守。防守方断球后迅速传递给自由人，自由人去得分，同时丢球的一方要迅速去追防。之后红蓝方在半场继续进行传球，自由人去另一半场等待攻防转换机会。

实效：此次训练在模拟攻防转换场景，防守成功时要有快攻传球的意识，考验了快攻传球的及时性和准确性，此方法还模拟了快速退防的场景。

训练指导意见：该训练要注重对学生进行篮球比赛意识的灌输，知晓在不同场景下不同位置的球员所承担的责任。通过该训练让学生坚信：快速反击中传球永远比自己运球要快。

以上"自由人"的三种练习方法，要求我们在设计训练内容和游戏的时候有目的性。比赛中各种场景和问题的出现，我们都可以采取有针对性的方法去训练。以上三种训练方法主要是针对运球环节做出的，通过情境再现、模拟训练、教师讲解的方式让学生掌握篮球的传球技能。

（二）训练实例：运球

篮球运球是非常重要的进攻技术，也是掌握好篮球技术的基础。比赛中篮球常用的运球技术有：高运球、低运球、变节奏运球、体前变向运球、背后运球、运球转身、胯下运球等。运球技术的关键在于手对球的控制能力、脚步动作的熟练程度、眼的观察能力以及手、脚、眼的协调配合和身体保护球的能力。然而，在比赛中即使熟练掌握各种篮球技术的运动员还是经常出现运球不稳、球感差、行进间掉球、无法突破过人等现象，这说明学会了篮球的运球技术并不代表掌握篮球的技能。比赛中的运球受到多方面的干扰。例如，对手针对性的防守，放"投"

不放"突"、身体对抗等。

自身因素：左右手运球差距明显、心里紧张抗压能力弱，观察能力差。针对以上比赛中运球出现的问题，我们在训练时要有目的性，这样才能不断提高篮球的运球技能。

方法1：一对一篮球训练，两人运球区域在中圈，将运球队员的球碰出中圈即为获胜，我们可以采用两人运球相互比赛的方式，也可采用一人运球一人抢球的方式进行。

实效：在比赛中出现对方防守的情境时，知道如何用身体、用运球技术来保障自己的球不会丢掉。

训练指导意见：鼓励队员用身体进行护球，提倡队员用多种运球技术来护球。例如，运球变向、运球节奏、运球转身等。多观察抢球者，预判抢球者的抢球动作。

方法2：一对一全场攻防训练，进攻队员运球从本方篮筐到对方篮筐进行得分。也可以限定条件，如8秒、24秒、抢进攻篮板球继续进攻等规则。还可以增加攻防的人数，如二对二，三对三。

实效：比赛中出现全场领防的时候，能够保障球权不丢；队友被严防，球不能传给队友，此时在一对一的情境下可以大胆地突破，进行得分，利用运球撕破对方防守，给对方造"杀伤"或者得分；当遇到包夹时可以利用自己的观察将球传给空位的队友从而轻松得分。

训练指导意见：利用多种运球技术进行运球，运球时多抬头观察，观察自己队友的位置和对手的位置，鼓励运球得分和造"杀伤"，传球要以形成得分机会或者能改变对手的防守策略为目的。

方法3：三对三在半场攻防训练，比赛时加入一些条件：无效的运球要减少，运球进攻要有针对性，即在篮球场上多形成错位，利用错位优势进行得分，提高成功率。

实效：当对手移动较差，可以用后卫和锋线的速度优势进行进攻；当对手的身高不足，可以用中锋的高度进行得分；当对手的力量不足时，可以用身体对抗进行得分；当进攻位置不好时，可运用运球调整位置，寻找机会进行配合。

训练指导意见：核心控球队员要及时将球传到错位进攻的队友手中，多利用跑位和掩护创造错位和轻松得分的机会。场上球员之间要多沟通交流，知道同伴的想法，从而使团队更有凝聚力。

（三）训练实例：投篮

投篮的命中率直接关乎比赛的胜利与否。篮球运动归根到底就是一个得分的项目，所有的技术、技能和技战术都是围绕得分而进行的。投篮是一项复杂的技术动作，需要不断打磨才能趋于完善，但是要在比赛中发挥出色，就需要掌握一定的投篮技能。比赛中的投篮，受多方面因素的干扰：个人投篮技术动作、投篮节奏、自身心理状态、身体素质、自信心等因素。针对比赛中队员出现的投篮时缺少自信心、犹豫、紧张而导致动作变形等状况，本次训练的目的是加强队员心理抗压和承受挫折能力，通过在训练中营造紧张氛围，不断巩固投篮技术动作从而提高命中率。

方法1：分成两队，各坐在球场的边线等候、观战，两队队员依次轮流去投篮，在适宜的投篮距离，命中后在记分牌加一分，看哪队累积的分数多。

实效：在出现空位投篮或者加罚球时，队员在没有任何身体对抗下不能够正常发挥自己应有的水平，而影响最大的就是自己因紧张而导致未能命中的心理因素。

训练指导意见：在训练时将气氛烘托出来，这是投篮训练的核心所在。让学生克服紧张的心理状态，不断增强自信心，这样在比赛中才能正常发挥。

方法2：一名队员进行一分钟不间断的投篮训练，投篮的区域在禁区外；增加人数，两名队员在一个篮筐进行一分钟不间断的投篮比赛。

实效：该训练可以让学生能够迅速做投篮动作，而不至于犹豫；在投篮不准时可以锻炼队员的调整能力；加强体力的练习，防止比赛后半段因疲劳而导致投篮失准。

训练指导意见：训练时可以控制投篮的时间、投篮的距离以及投篮的人数，以此达到不同的训练效果。

方法3：三到五个人在半场用一个篮球进行投篮，一名队员投篮后将球迅速传给禁区外的其他队员；传球者要迅速向前去防守投篮的人，投篮者无论命中与否都要迅速去拿篮板球，然后将球传给其他队员。

实效：接球队员要集中注意力，做好投篮准备；投篮者的投篮动作一定要快速连贯，身前防守的人员会给投篮者一定的压力，该训练可以练习投篮的出手速度以及投篮的稳定性，克服防守者给投篮造成的心理压力；也可以培养投篮之后快速争抢篮板球的意识。

训练指导意见：在训练时可以增加一名防守者，干扰队员的投篮、抢篮板和传接球。自始至终该训练要突出"快"。

以上三种投篮训练方法是为了解决投篮过程中出现的一些问题。尽管训练的方法和方式有很多，但是比赛时的氛围、心理、对抗都和训练时不一样，所以我们无法有效的解决比赛中的所有问题。解决问题和发现问题是同等重要的，只有两者兼备才能做到事半功倍。训练只有"贴近"实战，运用场景再现的训练方法，学生才能做到知其然而知其所以然。在平时要加强球性、球感的教学与训练，学生通过复习，增强条件反射，以利于接受更多组合技术；注意运用多种形式的鼓励，包括激发学生自我鼓励，向学生提出各种假设因素，并鼓励他们有信心克服困难，战胜困难。功夫用在平时，赛场上才能正常发挥。

通过以上传球、运球、投篮三种篮球技能训练方法的展示，可以看出密云二小在训练时没有脱离比赛，训练一直在与实战相结合。在训练的时候给学生设定场景，通过训练让学生弥补不足，不断提高适应比赛的能力。此外，游戏化训练方式也是一种不错的训练方式。小学阶段的篮球教学、训练宜采用游戏化教学形式，通过篮球游戏教学掌握技术技能，增进学生各方面能力，是小学阶段篮球教学的最好做法。随着时代的发展和教学改革的不断深入，小学篮球教学既要重视其技战术教学实效性，又要积极思考教学内容与形式的趣味性。下一步，将游戏训练法与学校的实战技能训练相结合，是广大师生的新课题，也是我们追求"幸福体育"道路上不断进取的态度。

五、效果评价

《义务教育体育与健康课程标准》中明确提出，"根据课程学习目标和发展性要求建立多元的学习评价体系。"因此我们在做评价时，不仅仅做定量的评价，还需要考虑到学生的发育敏感期和学生的成长空间[1]。不仅仅是身体方面的测试，还要融入渗透健康行为及体育品德。经过多年的探索和总结，在"幸福体育观"理念的引领下，密云二小建立了学生综合素质档案，在注重结果分析的同时，力求动态把握学生体质健康发展。

（一）《国家学生体质健康标准》测评

《国家学生体质健康标准》是促进学生身体健康发展，激励学生积极进行身体锻炼的重要依据。密云二小在学期初和学期末会进行两次测试，要求测评的队员在学期末测评时成绩必须为优秀以上。

---

① 于素梅，周伟江. 对"教师评价"方式"灵活性"的思考 [J]. 体育教学，2014（12）：25 — 27.

（二）体能测评

篮球队体能测评表如表 4-1-3 所示。

表 4-1-3　篮球队体能测评表

项目名称	测试方法	初次测试	期末测试
闭目单脚站立	测试时，受试者自然站立，当听到"开始"口令后，抬起任意一只脚，同时测试员开表计时，当受试者支撑脚移动或抬起脚着地时，测试员停表。测试两次，取最好成绩，记录以秒为单位，保留小数点后一位。		
立定跳远	受试者两脚自然分开站立，站在起跳线后，脚尖不得踩线。两脚原地起跳，不得有垫步连跳动作。丈量起跳线与最近着地点的距离。每人跳三次，记录成绩最好的一次。以米为单位，保留两位小数。		
分级俯桥	测试动作标准及动作顺序：俯卧于垫子上，以两手手肘和前臂于胸部正下方支撑，两腿分开与肩同宽，两脚脚尖为另一支撑点，将整个身体撑起并成与地面平行的直线，动作依次为：保持稳定持续至规定时间30秒；抬起右臂，保持15秒；收回右臂，抬起左臂，保持15秒；收回左臂，抬起右腿，保持15秒；收回右腿，抬起左腿，保持15秒；抬起左腿和右臂，保持15秒；收回左腿和右臂，抬起右腿和左臂，保持15秒；回到初始姿势，保持30秒。按以上方式记录保持的时间。		
分级背桥	测试动作标准及动作顺序：仰卧于垫上，两手自然垂放于身体两侧以肩部和两脚为支撑点，臀部收紧，髋部上顶，大腿屈曲90度，将整个身体撑起并与地面成一直斜线，保持稳定持续至规定时间30秒；双臂抱于胸前，保持15秒；抬起右腿，保持15秒；抬起左腿，保持15秒；抬起右腿，外展，保持15秒；抬起左腿，外展，保持15秒；回到姿势2，保持30秒。按以上方式记录保持的时间。		
折返跑	从一侧端线出发，迅速以直线方式跑到另一侧端线，然后再跑回起点，跑3次。记录时间以秒为单位，保留小数点后一位。		

教师要将以上两种测评在学期末的时候进行综合评价，将两次国家学生体质健康测试成绩进行对比，重点观看学生是否有提高以及提高的幅度。同时，对比分析后将本学期学生的综合评价填写到学生的综合素质档案中去。

（三）运动能力评价

关于运动能力的评价，多数人采用的是总结性评价，但是这种评价具有局限性。体育训练中"学会"的概念是相对模糊的，有的队员测试结果优异，但在比赛中却发挥不出应有的水平，就不能说该生已经学会这项技能。针对以上情况，密云二小对学生运动能力的评价采取了"会"的三个层次的评价，即会说、会做和会用。所谓"会说"，是指学生学习相应的知识、技能以后，能够用语言表达出动作的要领和方法，以及保护与帮助的方法，甚至还有安全防范的方法等。所谓"会做"，是指学生能够按照教师所教的动作要领和方法，独立完成所学动作。所谓"会用"，是指学生能够在不同的环境下将所学知识与技能得以灵活自如地应用（表4-1-4）。

表4-1-4 篮球队运动能力评价表

项目名称	动作要领	会说	会做	会用
行进间运球	身体姿势：运球时应保持两脚前后自然开立，两膝微屈，上体稍前倾，头抬起，眼睛平视。非运球手臂屈肘平抬，用以保护球；脚步动作的幅度随运球速度和高度的不同而有所变化。手臂动作：运球时，五指张开，用手指和指根以上部位及手掌的外缘触球，掌心不触球。	熟练说出行进间运球的动作要领。A优秀 B一般 C欠缺	在无对抗下熟练做出行进间运球。A优秀 B一般 C欠缺	在对抗下熟练运用行进间运球。A优秀 B一般 C欠缺
双手胸前传球	双手持球于胸腹之间，两肘自然弯曲于体侧，身体成基本站立姿势，眼平视传球目标；传球后，脚蹬地发力，身体重心前移，两臂前伸，两手腕随之旋内，拇指用力下压，食、中指用力拨球并把球传出；球出手后，两手略向外翻。	熟练说出双手胸前传球的动作要领。A优秀 B一般 C欠缺	在无对抗下熟练做出双手胸前传球。A优秀 B一般 C欠缺	在对抗下熟练运用双手胸前传球。A优秀 B一般 C欠缺
定点投篮	单手原地投篮：双手持球置于与眼睛同高的位置，稍偏向右侧，右脚比左脚稍靠前，双膝微屈，将球上举，右手手腕后伸，使球体大部分重量落在右手，左手从左侧轻轻扶住球体，脚前掌发力，提起脚跟，伸直双膝，伸右臂将球投出。投篮从手腕向后弯曲开始，进而向上、向前，指尖是最后离开球体的部位。	熟练说出定点投篮的动作要领。A优秀 B一般 C欠缺	在无对抗下熟练做出定点投篮。A优秀 B一般 C欠缺	在对抗下熟练运用定点投篮。A优秀 B一般 C欠缺
运球急停急起	在快速运球中，突然急停时，手拍按球的前上方。运球急起时，要迅速起动拍接球的后上方，要注意用身体保护球。要停得稳、起得快。	熟练说出运球急停急起的动作要领。A优秀 B一般 C欠缺	在无对抗下熟练做出运球急停急起。A优秀 B一般 C欠缺	在对抗下熟练运用运球急停急起。A优秀 B一般 C欠缺
侧滑步防守	两脚平行站立，两膝较深弯曲，上体略前倾，两臂侧伸。向左侧滑时，左脚向左迈出同时，右脚蹬地滑动，向左脚靠近，两脚保持一定距离，左脚继续跨出。侧滑步时，要保持屈膝、低重心的姿势，身体不要上下起伏，重心保持在两腿之间，两眼注视对手。	熟练说出侧滑步防守的动作要领。A优秀 B一般 C欠缺	在无对抗下熟练做出侧滑步防守。A优秀 B一般 C欠缺	在对抗下熟练运用侧滑步防守。A优秀 B一般 C欠缺

（四）健康行为和体育品德

该评价针对学生日常训练的健康行为和体育品德方面进行评定。该评定有学

生自评和师评两项 [1]。该测评每学期末进行一次，并记录到学生综合素质档案中（表 4-1-5）。

表 4-1-5 篮球日常训练评价表

评价范围	评价内容	评价标准	自评	师评
健康行为和体育品德	出勤率	积极参加训练，不迟到、早退。		
	训练态度和行为	训练积极，努力参与学习和训练，善于思考和发问。		
	交流和配合	与同伴积极交流并能分享心得体会，与队员相处融洽。		
	意志力	不怕吃苦，勇敢顽强，善于表现自我。		

第二节 足球课余体育训练

密云二小足球课余训练已经开展了近十年，相对一些足球传统学校，我们的足球训练是一个追赶者。但是在这十余年中我校足球训练一步一个脚印，取得了优异的成绩。十年间，我校建立并完善各级别的梯队建设，将专业足球教练引入学校，同时我校的足球影响力也从密云区扩大到整个北京市。鉴于足球运动在我校的蓬勃开展，并在密云区、北京市及全国取得的优异成绩，2017 年，我校被评为"国家级足球特色校"。

一、目标定位

学校是儿童足球运动启蒙的重要场所，成立足球运动队是校园体育的重要组成部分，而足球队员技术水平的发挥以及优异的比赛成绩也是学校体育教育的直观体现。另外，学校足球运动队的训练和比赛有助于发掘足球人才，可以及时向专业队和俱乐部输送。

校园足球课余训练不仅仅可以提高身体素质和足球技能，还可以培养学生的良好行为习惯和体育精神。校园足球的课余训练，在学校层面是要取得优异的成绩，打造足球特色校和足球强校；在学生层面可以锻炼提高学生的身体素质、足球技能以及顽强拼搏、不怕困难、勇敢顽强的体育品德。

（一）个性需求

密云二小的教育理念是"幸福教育"，为孩子的幸福人生奠基，倡导"幸福

---

[1] 王一木. 小学体育教学中"小蜗牛"学习评价的探索，2014，201：67 — 68.

体育观"，在"幸福体育观"的引领下让形形色色的学生的个性得到充分的满足。而校园足球绝对是一个最佳的舞台，在球场上驰骋的小小运动员，他们是同学们的"小达人"，是父母和教师心中的骄傲。他们需要绿茵场这个大舞台来展示自己，同时绿茵场也需要他们来点缀。他们的个性在绿茵场上得到充分的体现。

（二）提高足球成绩

校园足球课余训练的宗旨是打造一支技术精湛、作风顽强的足球特色校。"实践是检验真理的唯一标准"，而足球课余训练的成功与否需要比赛成绩来检验。在参加"密云区中小学生足球冠军赛"中，我校男女队自 2015 年至今共获得四次冠军、两次亚军。另外，我校积极参加北京市的"耐克杯""冠军赛""足球精英赛""校园足球五人制比赛"等市级比赛，取得了优异的成绩。具有代表性的成绩有：2017~2018 年"我爱足球"北京市中小学生足球五人制比赛小学女子组第三名；2017~2018 年度北京市"耐克杯"校园足球（传统校）联赛——小学女子组亚军；2017~2018 年度北京市中小学生校园足球联赛即冠军赛小学男子乙组第五名；2019 年密云二小多位队员代表密云区区队参加北京市校园足球精英赛并获得亚军；2021 年北京市中小学生校园足球联赛冠军组比赛勇夺亚军。

（三）输送人才

在师生的共同努力下，我校培育出了众多的优秀足球运动员。他们以足球特长生的身份进入"八一小学""汇文中学""北京清华育才实验学校"等，有的成为专业足球俱乐部的梯队队员。祝子曦（女）2017 年选入广州恒大足球俱乐部女足梯队，现选入北京清华育才实验学校（北京市中学生女足代表队）；袁鑫怡（女）2018 年代表北京参加全国青少年足球夏令营并入选全国最佳阵容，并入选校园小学女子乙组国家队；袁鑫然（女）2018 年代表北京参加全国青少年足球夏令营并入选全国最佳阵容；吴俊泽（足球特长生）2017 年选入北京市汇文中学，现选入江苏泰州远大足球俱乐部 U17 梯队；李祎伟（足球特长生）2018 年选入北京市八一小学；侯铭皓（足球特长生）2018 年选入北京市八一小学；王栋（足球特长生）2018 年选入北京市汇文中学；王奕飞（足球特长生）2018 年选入北京市汇文中学；李帅萱（足球特长生）2018 年选入北京市汇文中学；孙嘉琪（女）2020 年选入北京清华育才实验学校（北京市中学生女足代表队）；陈子欣（女）2020 年选入北京清华育才实验学校（北京市中学生女足代表队）。经过多年的深耕、播种和培养，密云二小这片沃土培育出了众多的"足球小将"和"足球小明星"。

二、内容结构

（一）体能练习

体能包括一般体能和专项体能。一般体能主要包括力量、速度、协调、耐力、柔韧、平衡、反应等。足球专项体能根据足球专项运动的特点及对体能的专门要求，采取与专项运动有紧密联系的训练手段和方法。密云二小对于学生体能的练习，更多是结合足球专项的特点进行。以球为主，训练多样化，这样可以将枯燥单一的身体素质练习变得让学生更加感兴趣；遵循学生身体生长发育的客观规律，不进行大运动量大负荷的训练，注重劳逸结合，避免身体损伤的发生；注重关节灵活度和稳定性的练习，同时注重关节处肌肉力量的加强。

密云二小足球队身体素质训练方法是以球为主。发展速度素质训练方法：追球跑、带球跑、对球跑、运球射门、"T"字型变向跑、"S"字型变向跑；发展灵敏素质训练方法：单人双球、运球穿越封锁线、找号传球、单足踩球稳定跳、斜向单足连续跳、快速双脚左右跳—前后移动接球；发展力量素质训练方法：单双手支撑俯桥、后腿压球弓步蹲、俯卧头顶球、俯卧推球；发展耐力素质训练方法：交替带球跑、触球折返、多球射门；发展柔韧素质练习方法：后背滚球、直膝分腿坐、脚尖走、脚跟走。[1]

足球训练要注重科学性，针对学生的年龄特点，在体能训练时要注意学生身体发育的敏感期。足球训练要善于运用各种器械和新媒体设备，如敏捷圈，敏捷梯，数字标志碟，颠球带，发球机，运动手环，IPAD 等。

（二）学习足球技术

按照《课程标准》的划分，小学共有三个学段，即低学段、中学段和高学段，每两个年级为一学段。小学阶段学生年龄跨度很长，心理生理和认知等方面都有很大的变化。因此，在选择训练内容时要科学合理，具有针对性。在此基础上，密云二小将三个学段的足球学习内容科学合理的进行了以下总结，内容包括：熟悉球性、运球与运球过人、传接球、射门、头顶球等方面[2]。现将我校各学段具体内容的学习总结如下（表 4-2-1）：

---

① 陈泉，易研. 小学生足球运动身体素质的实践探究 [J]. 校园足球，2017，12：67 — 69.
② 陈珂琦，王崇喜，等. 中小学校园足球教师用书 [M]. 北京：人民教育出版社，2015：143.

表 4-2-1 各学段学习内容

学段	学习内容
低学段	拔球、拉球、扣球、揉球、挑球，脚背正面颠球，脚内侧颠球；脚内侧踢球、脚内侧接球、脚内侧传接地滚球；脚掌拉球变向、运球变向过人。
中学段	脚背正面颠球、脚内侧颠球；脚背正面运球、脚背外侧运球、运球变向过人（左晃右拔）；脚内侧传接地滚球、脚内侧踢球；接球－运球－传球；原地头顶球；守门员技术；传抢练习。
高学段	脚背内侧传球、脚背外侧传球、脚背外侧接地滚球、脚内侧接空中球；假动作过人；接球－运球－传球；接球－运球－射门；接球－运球－突破－传球；头顶球；守门员技术；传抢练习。

以上足球技术动作是各个学段的梯队运动员需要练习和掌握的。比赛中的良好发挥都是建立在技术动作的熟练程度上，只有技术掌握熟练才能在快节奏、高强度的比赛中发挥出应有的水平。技术动作是一个长期练习和坚持的过程，密云二小对学生足球技术动作要求课课练、课课用，力争从小打下牢固的足球基本功。

（三）掌握基本足球技能

费茨和波斯纳提出了运动技能学习的三阶段模型，把运动技能学习划分为认知阶段、联结阶段和自动化阶段。我们在训练时，让学生掌握足球技能一定要按三阶段模型去训练，不能急于求成。粗略掌握足球相关技术是认知阶段；经过不断地练习、不断改进，整个动作和技术形成一个连贯的整体，这是联结阶段；动作十分顺畅、自然流露出来，自动化程度扩大，注意范围的扩大化，自身能够发现错误和纠正错误，这是自动化阶段[1]。

足球技术和足球技能的区别：学习足球技术是基础，掌握足球技能是升华，足球技能更加强调的是比赛中运用技术的能力。例如，平时足球运球很棒，但是比赛中无法突破防守，在对抗条件下更无法从容运球；足球传接球在平时很优秀，但是在高强度快节奏的比赛中，不能有效发挥；平时射门很准，比赛时因为身体和心理等因素无法发挥应有水平。造成以上结果的原因是技术动作在日常训练中没有转变成技能，故在比赛中发挥不了应有水平。足球技能的提升对我们的训练提出了新的课题，我校主要通过情境训练法和游戏训练法提升足球技能。

（四）比赛

密云二小足球竞赛体系是"三赛"模式。"阳光赛"主要指在学校内举办的

---

① 周兵. 足球教学中的"能"与"会"[J]. 校园足球，2018，6：48 — 50.

比赛，在班级内有小型的对抗赛，在年级内有班级之间的比赛，在学校层面有一年一度的校园班级联赛。"交流赛"主要是各级别校队代表学校与北京市其他区的学校进行交流和学习。"荣誉赛"是全力争胜检验成果的比赛，每年积极参加密云区的中小学生足球冠军赛，北京市的冠军赛、耐克杯、五人制比赛、足球精英赛等赛事。三种比赛是相互促进和发展的，"阳光赛""交流赛"是为"荣誉赛"打基础，而"荣誉赛"的成功会促进"阳光赛""交流赛"的发展。"三赛"模式相互联系，共同发展，最终会促使更多的学生参与到校园足球活动中来。

（五）规则与裁判

小学足球课余训练需要对规则和裁判进行了解，这样可以提升自己在比赛中的应变能力，从而合理利用规则与判罚进行防守和进攻。首先要知晓足球场的两条边线、两条球门线和一条中线，熟记中心点和点球点的位置，牢记球门区、罚球区以及角球区。每场比赛由一名主裁判和两名助理裁判组成，主裁判具有全权执行与比赛有关的竞赛规则的权力。队员应知晓在比赛中直接任意球和间接任意球区别，直接任意球可将球直接射入犯规队球门得分，间接任意球不得直接射门得分，球在进入球门前必须被其他队员触碰。直接任意球裁判员左单臂水平侧举，并指向踢球方向，间接任意球裁判员左手臂上举，并手掌心向前。队员在比赛中应知晓点球的获得，即一队在本方罚球区内由于违反了可判为直接任意球的十种犯规之一，应执行罚球点球。球门球，即球门球应由守方球员在球门区，直接向球场中踢出；界外球，当足球完全离开足球场边线的时候（在地面或是在空中）即判为界外球；角球，当守方队员最后触球，且球的整体不论在地面或空中越过球门线，即判为角球。队员须知晓防守犯规、越位犯规、阻挡犯规、侵人犯规等规则，比赛中注意自己的动作和言行，避免吃红牌和黄牌；队员要知晓比赛中边裁的旗语，合理利用规则快速发动进攻。

教师和学生要知晓"五人制""八人制"和"十一人制"比赛的规则与区别，在比赛中灵活的掌握规则与裁判的判罚，以此提高队员比赛能力。

（六）观赏与评价

观赏与评价是我校足球课余训练必备的一项内容。密云二小足球队员以学期为单位需要观看一定数量的足球比赛。每年春季的班级联赛需要队员进行观赏与评价，将自己对于比赛的理解以口头和书面两种方式呈现，教师将队员对比赛的观赏与评价记录成册。此外，队员还要观看密云区中小学生足球冠军赛，以及通过网络或电视观看不少于 10 场的中超和五大联赛的比赛，同样要求学生对比赛进行观赏与评价。

三、训练计划

（一）训练时间

校队的训练以学期为训练周期，共十八周，每周周一、周三、周五训练。

（二）训练目标

足球课余训练使学生的足球技能得到大幅的提升，身体素质不断增强。在训练的过程中注重对学生道德品质、意志品质的培养，学生身体素质和足球技能、体育品德的修养得到提升。在学生心里树立团队至上的足球理念，能够为不断取得优异成绩而努力。

（三）训练原则

密云二小体育教师和足球教练集体研讨足球训练计划，并在训练中不断修改和完善。学校制订的学期足球计划有以下原则：注重训练的游戏化，在训练中组织队员做一些有球游戏，在游戏中使队员得到锻炼和提高，逐步将游戏转化成足球基本训练；注重足球基本功的练习，足球基本功练习占训练计划的一半以上；训练时刻注重与足球相结合；训练时避免大运动量和大负荷，注重发展学生的灵敏、协调和速度身体素质[①]。

现在将密云二小男子足球队第一学期训练计划进行介绍（表 4-2-2）：

表 4-2-2　男子足球队第一学期训练计划表

周次	星期	训练内容
第一周	一	球性练习－拨球；运球技术。
	三	身体素质练习（灵敏）；足球游戏：抢圈。
	五	球性练习：拨球；1v1 对抗赛。
第二周	一	球性练习：拉球；传球技术。
	三	身体素质练习（速度）；足球游戏：六边形抢球。
	五	球性练习：拉球；点名对抗赛。
第三周	一	球性练习：扣球；传接球技术。
	三	身体素质练习（协调）；足球游戏：沿线盘带。
	五	球性练习：扣球；2v1 比赛。

① 陈珂琦，王崇喜，等 . 中小学校园足球教师用书 [M]. 北京：人民教育出版社，2015：36.

续表

周次	星期	训练内容
第四周	一	球性练习：揉球；射门技术。
	三	身体素质练习（力量）；足球游戏：1v1护球。
	五	球性练习：揉球；3v3传球比赛。
第五周	一	球性练习：挑球；守门员技术。
	三	身体素质练习（柔韧）；足球游戏：1v1抢球。
	五	球性练习：挑球；3v3传球比赛（自由人）。
第六周	一	球性练习：脚背正面颠球；运球技术。
	三	身体素质练习（灵敏）；足球游戏：足式保龄球。
	五	球性练习：脚背正面颠球；盘带比赛。
第七周	一	球性练习：脚内侧颠球；传球技术。
	三	身体素质练习（速度）；足球游戏：抛球游戏。
	五	球性练习：脚内侧颠球；4v4比赛（有球门）。
第八周	一	球性练习：大腿颠球；传接球技术。
	三	身体素质练习（协调）；足球游戏：捉尾巴。
	五	球性练习：大腿颠球；4v4比赛（无球门）。
第九周	一	球性练习－头部颠球；射门技术。
	三	身体素质练习（力量）；足球游戏：结网追扑。
	五	球性练习：头部颠球；五人制对抗赛。
第十周	一	球性练习：脚底踩球；守门员技术。
	三	身体素质练习（柔韧）；足球游戏－木头人运球。
	五	球性练习：脚底踩球；四人制牵手对抗赛。
第十一周	一	测评。
	三	身体素质练习（灵敏）；运球过人技术。
	五	球性练习：拨球；1v1对抗赛。
第十二周	一	球性练习：拉球；接球－运球－传球技术。
	三	身体素质练习（速度）；足球游戏－六边形抢球。
	五	球性练习：拉球；点名对抗赛。
第十三周	一	球性练习：扣球；接球－运球－射门技术。
	三	身体素质练习（协调）；足球游戏：沿线盘带。
	五	球性练习：扣球；2v1比赛。
第十四周	一	球性练习－揉球；运球过人技术。
	三	身体素质练习（灵敏）；足球游戏：1v1护球。
	五	球性练习：揉球；3v3传球比赛。
第十五周	一	球性练习：挑球；接球－运球－传球技术。
	三	身体素质练习（速度）；足球游戏－1v1抢球。
	五	球性练习：挑球；3v3传球比赛（自由人）。

续表

周次	星期	训练内容
第十六周	一	球性练习：脚背正面颠球；接球－运球－射门技术。
	三	身体素质练习（协调）；足球游戏：抛球游戏。
	五	球性练习：脚背正面颠球；4v4比赛（有球门）。
第十七周	一	介绍裁判和规则；头顶球技术。
	三	身体素质练习（柔韧）；足球游戏：捉尾巴。
	五	球性练习：脚内侧颠球；五人制对抗赛。
第十八周	一	多打少和少打多的进攻与防守
	三	多打少和少打多的进攻与防守
	五	测评；总结。

四、训练策略

训练的目的是学习足球技能和培养技战术，采取什么样的训练方式则是核心环节。密云二小体育教师和足球教练在足球训练方面进行了长时间的探索和实践，摸索出了适合学校特色的足球课余训练道路。兴趣是学习足球的诱因，也是坚持训练的动力，小学足球训练要坚持趣味性原则，这样才能使青少年在健康快乐的足球环境中，体验足球乐趣，汲取足球营养，实现足球梦。小学生对技战术及团队配合缺乏理解能力，因此我们在进行技战术训练时将比赛中出现的场景进行情境化，使训练直观、简洁，让学生更好地理解技战术。游戏化和情境化的训练方式有利于提高学生的兴趣，也可以将复杂的战术训练直观化，是密云二小"幸福体育"理念引领下的一种新的训练模式。下面将以游戏化的方式，来展示个人足球技能的训练；以情境化的训练方式，来展示足球技战术的训练。希望对小学足球训练有一定的帮助。

（一）游戏化训练实例

实例1：传接球游戏

游戏介绍：分成两队，一队围成圆形，一队在圆形区域内，圆内队员每人一球分散站立。圆内队员用脚内侧传接方式与圆上任意队员进行传接，之后圆内队员运球寻找下一个圆上的人进行传接，在规定的时间内传接球次数多者获胜。

实效性：该游戏可以提高队员传接球的准确性，想要获得游戏的胜利，自己一定要传得好接得稳；在接球的同时要知晓自己接下来运球的方向，这对接球与运球之间的衔接提出了更高的要求；在传接球和运球的同时，有其他队员和足球的干扰，想要游戏获胜必须善于观察周围的环境，有效提高了队员的观察能力。

训练指导意见：该训练是一种训练的模式，在训练时可以增加一些限制条件，来达到不同的训练效果。条件一：规定传接球的方式，如用外脚背进行传接；条件二：传球给圈上的队员不能相邻；条件三：球在圆圈上队员脚下，圆内的同学做接球—传球—跑的组合动作，而且在接球—传球—跑的训练模式下，还可以用脚内侧、脚外侧、大腿、胸部、头部等多部位进行传接；条件四：随着训练水平的提高，可以增减人数和控制场地的大小，以此获得不同的训练效果。

实例2："自由人"传接球练习

游戏介绍：在规定区域内分成两队，一组进攻传接球，另一组进行抢断防守，防守方抢断成功后即转为进攻传接球方，传接球失误的组转为防守，先到达规定传接球次数的队伍获胜。为了练习传接球需要加入两名"自由人"，"自由人"和进攻传球队伍一组。

实效性："自由人"传接球游戏相对于实例1传接球游戏更趋向于比赛。在足球比赛中运用最多的技术就是传接球技术，它是比赛的骨架。"自由人"传接球游戏由易到难，让队员逐步认识到传接球的重要性。增加传球队员的数量目的是模拟局部多打少时如何传接球；充当"自由人"的队员可以增加大局观意识，传球给自由人的队员也可以锻炼个人的传接球水平；防守者的防守积极性和防守意识可以得到锻炼。

训练指导意见：该训练是一种训练的模式，在训练时可以增加一些限制条件，来达到不同的训练效果。条件一："自由人"接球后，防守者不能进行逼抢；条件二：在传接球时要注意呼应和运用手势；条件三：随着训练水平的提高，可以增加传球次数、减少"自由人"数量、控制场地的大小等因素，以此获得不同的训练效果。

实例3："穿越封锁线"运球游戏

游戏介绍：场地分为A区、B区两个封锁区，A区和B区中间为安全区，即S区。A区和B区有防守人，S区没有防守人，队员运球纵向穿越封锁区为获胜。

实效性：运球技术是一项基本的足球技术，运球技术要注意发展人球结合能力、运球的节奏感。该游戏可以提高运球的速度，提高人球结合能力；可以提高运球的节奏感，能慢能快、快慢结合。队员要穿越封锁区，合理利用S区，这样能够给队员以想象和创造的空间和时间，能够迅速提升队员合理的运球方式和方法的能力。

训练指导意见：学生运球水平有差异，我们在用"穿越封锁线"训练时，一定要注意因材施教，差别化对待。初学者在运球过人时，设计一些简单的条件，可以通过加宽封锁区和安全区来实现；有一定水平的队员，可以减小封锁区和安全区的区域；较高水平的队员可以增加封锁区的数量来实现；高水平队员在增加封锁区数量的基础上，规定其在安全区停留的时间。通过练习要素的变化，来不断提升队员的运球能力。

实例 4：抢球对抗游戏

游戏介绍：教练员拿球，两名队员站在两侧，教练员将球踢出适当的距离，两名队员迅速上前去争抢足球，将球顺利传回教练脚下的队员获胜。

实效性：足球是一项讲究身体对抗的项目，只有在对抗下做出的技术动作才是能力的体现。该游戏在抢球时需要队员进行卡位和身体对抗，锻炼了学生利用身体对抗的能力；抢到球的队员是背对教练员，需要在第一时间转身将球传回给教练员，有效锻炼了队员背身拿球和转身能力；拿球的队员在一对一面对防守者时，采取有效的策略将球传给教练员，有效锻炼了队员一对一能力。

训练指导意见：在进行抢球对抗游戏时我们可以改变一些条件，以此达到不同的训练效果。抢到球的队员不是传回给教练员，而是运球回到教练员身旁，有效锻炼了队员的运球能力；可以增加一个接应人，将球传给接应人，再接球运回教练员身旁，这样可以有效锻炼队员间撞墙配合的能力；教练员踢出球的方式可以多样，有效锻炼队员抢点能力和判断球落点的能力。

（二）情境化训练实例

实例 1："扎堆"情境

形成原因：在练习时没有形成抬头观察的习惯，队员注意力过度集中在球上；由于足球基本技术欠缺导致的运球、传球、停球等不到位，从而不能控制足球；队员之间缺乏默契，没有形成团队凝聚力。

解决策略：针对场上出现的情境，可以采取两种策略：一种是加强基本功练习；一种是训练队员抬头观察能力，培养队员的大局观意识。以下的解决策略主要围绕第二种策略进行。

双方进行传球对抗，将场地分成三个区域，每个区域里两队人数相同，一队传球，另一队防守抢断，抢断成功后立刻转入传球，原来传球的队进行防守抢断，以先传到规定次数的一方获胜。

训练指导意见：训练时随着队员水平的提高，我们可以增减一些条件以此达到不同的训练目的。可以增减区域内的人数；可以将场地分成四个区域或者五个区域；打破攻守平衡，引入"自由人"，其可以到场地的任何位置；同区域传球算一次，相邻区域传球算两次，间隔一个区域传球算三次。

实例2：不能有效利用场地边线区域

形成原因：在日常练习时缺少抬头观察找队友的能力，传接球技术欠缺，导致长距离的传球不到位；边路队员，缺少自信心，不能果断的向前突破和运球。

解决策略：边路持球推进（边线狭长区域）的情境练习策略。在球场划出两块以边线为长的狭长区域，该区域内各有双方一名队员，其他的队员在场地内正常进行比赛。狭长区域内队员不能出该区域，其他队员不能进入狭长区域去抢球。

训练指导意见：比赛时引导队员善于运用狭长区域进行进攻和传递。为了降低难度可以在狭长区域安排"自由人"，"自由人"和控球方一组；可以增加条件让比赛更快速更加充满未知数，控球方一方面通过传球获胜，另一方面通过射门得分获胜；为了增加难度可以在狭长区域设置一名防守者，也可以给防守者提出限定条件，如防守者只能在本方半场进行逼抢。

实例3：射门技术欠缺

形成原因：在射门一瞬间，队员缺乏调整应变能力。究其原因，首先，个人射门技术欠缺，不能够有效利用射门的技术动作；其次，缺少观察，包括缺乏观察防守队员位置能力，缺乏发现处在最佳射门位置队友的能力；最后，受心理因素影响，临近射门时队员想法多，因自信心不足，而导致射门失败。

训练策略：采用"球门训练法"，设置一到四个球门的练习方法。本次训练策略主要介绍两个球门和四个球门的训练方法。两球门训练法：将两个球门放在场地中间，球门指向场地的底线方向。双方队员在场地内进行对抗，射入任何一球门即获胜。四球门训练法：将四个球门放在场地的四个角的位置，球门指向场地的中心，双方队员在场地内进行对抗，射入四个球门任何一个即为获胜。

训练指导意见：在对抗时可以传球获胜也可以射门获胜，以此提高比赛的强度；为了打破平衡，可以规定双方人数不相等；在熟悉规则和水平提高的基础上，逐渐加入射入指定球门才能得分的条件。

实例4：不能有效利用任意球

形成原因：队员在比赛中时，经常因为对方犯规而获得任意球，但是不能有效利用任意球得分和发起进攻。首先，队员对规则理解的欠缺；其次，队员注意力分散，不能全身心投入比赛中来；最后，任意球技战术配合不丰富，队员间缺少沟通交流；个人技术水平欠缺。

训练策略：针对不能有效利用任意球进攻的问题，我们在长时间训练的基础上总结出了以下经验："拆人墙，补人墙；来个人，走个人；假射门，真传球；能快发，不拖沓"。"拆人墙，补人墙"的意思在搭建人墙时要注意机动性，射门时拆人墙目的是让射门队员能够有线路射门得分，补人墙目的是给对方守门造成干扰和迷惑。"来个人，走个人"是虚实结合的技战术配合，主罚任意球队员可以假装射门让队友真正射门，也可在射门时换人射门造成迷惑性。"假射门，真传球"是主罚队员做出射门的假动作，真实目的是通过传球给队友射门，接应的队友无论是跑远端或近端一定要注意突然性。"能快发，不拖沓"在防守队员犯规时，不要纠结于裁判判罚轻重，要注意观察是不是有快速发球进攻的机会。

训练指导意见：队员一定要熟记比赛的规则，看懂裁判手势，听懂裁判的哨声，合理利用裁判知识和比赛规则；在训练时要经常演练定位球战术，只有熟练才能灵活运用。

以上游戏化和情境化的足球训练方法，是为了解决在学习足球基本知识和比赛情境中出现的问题。足球技术和技战术的训练方式和方法有很多，无论如何训练最终要用比赛来检验。我们要重视足球的日常训练，时刻牢记"训练即比赛，比赛即训练"，只有这样我们的训练才能做到事半功倍。在训练时可以通过游戏化的训练提高队员兴趣，通过设定情境让学生更加清晰透彻地理解比赛。将学生自信心的提升和心理因素的增强加入到我校的足球课余训练中，既是我校师生和足球教练面临的新课题，也是追求"幸福体育"培养学生健全人格的内在要求。

五、效果评价

《义务教育体育与健康课程标准》中明确提出，"根据课程学习目标和发展性要求建立多元的学习评价体系。"因此，评价要多元性，要从身心发展的多维角度去评价队员和训练；评价要全面，不仅要注意学生体能、足球技能的提高，而且要注意其道德品质、意志品质的发展；绝对评价与相对评价相结合，评价要与学生个体实际相结合，不能搞一刀切。经过多年的探索和总结，在"幸福体育"理念的引领下，我校建立了学生综合素质档案，注重结果的分析，力求动态把握学生体质健康发展。

（一）《国家学生体质健康标准》测评

《国家学生体质健康标准》是促进学生身体健康发展，激励学生积极进行身体锻炼的有效手段。它是我校足球队重要测评指标，需要在学期初和学期末进行两次测试，期末的测评需达到优秀水平。

（二）运动技能测评

2016年教育部颁布了《学生足球运动技能等级评定标准（试行）》（以下简称《标准》），它是评价学生足球运动技能和评估校园足球及衡量各地校园足球发展的重要依据。《标准》从球感、运球、踢球、身体素质和比赛能力五个方面综合评价学生足球技能水平。根据学生掌握足球运动技能的规律，《标准》将学生足球运动技能划分为五个等级，每个等级的测评内容体系不同，每个等级都具有相对独立的评分标准。学生可根据本《标准》的要求，进行针对性练习，以便了解和掌握学习足球的情况。我校结合有关活动，组织学生进行测试，对达到《标准》的学生纳入学生综合素质评价体系。运动技能测评在学期中和学期末各组织一次，不仅看结果，也要看学生成长的过程。测评内容及权重如表4-2-3所示。

表 4-2-3 《学生足球运动技能等级评定标准（试行）》单项指标与权重

等级	单项指标	权重（%）
一级	颠球、踩拨球	10
	往返运球	25
	踢准	25
	冲刺跑	15
	小场地比赛	25
二级	脚背正面颠球	10
	绕杆运球	25
	踢准	20
	折线跑	15
	小场地比赛	30
三级	行进颠球	10
	绕杆运球	20
	运球踢准	20
	绕杆跑	15
	小场地比赛	35
四级	头颠球	10
	折线运球	20
	定位球踢准	20
	多向绕杆跑	10
	比赛	40
五级	多部位颠球	10
	折线运球	20
	运球射门	20
	折返跑	10
	比赛	40

教师将期中测评和期末测评进行综合评价，将两次运动技能测评成绩进行对比，重点关注学生是否有提高以及提高的幅度。对比分析后将本学期学生的综合评价填写到学生的综合素质档案中。

（三）健康行为和体育品德

该评价针对学生日常训练的健康行为和体育品德方面进行评定，有学生自评和师评两项。该测评每学期末测评一次，并记录到学生综合素质档案中（表4-2-4）。

表4-2-4　足球日常训练评价表

评价范围	评价内容	评价标准	自评	师评
健康行为和体育品德	出勤率	积极参加训练，不迟到、早退。		
	训练态度和行为	训练积极，努力参与学习和训练，善于思考和发问。		
	交流和配合	与同伴积极交流并能分享心得体会，与队员相处融洽。		
	意志力	不怕吃苦，勇敢顽强，善于表现自我。		

第三节　田径课余体育训练

田径是所有运动项目的基础，重视田径项目的课余训练有助于全面提高学校的体育工作。我校的课余训练经过多年的沉淀，在"幸福体育"理念下走出了我校特色的田径课余训练之路。本节将密云二小的田径训练的经验进行简短介绍，抛砖引玉，希望给其他学校田径课余训练提供一些可参考的经验。

一、目标定位

（一）训练目的

学校田径的训练可以开发学生的潜能，让学生体验田径运动的魅力，不断提高自己的身体素质和竞技水平。在小学阶段进行田径训练有利于发掘有运动天赋的学生，从而向更专业的学校和体校输送人才。我校田径的课余训练，不仅能让学生有强健体魄，而且可以给他们灌输终身体育意识；不仅重视学生身体素质和专项技能的发展，而且注重学生体育品德的修养。

（二）个性需求

我校倡导的"幸福体育"内涵是在快乐锻炼的同时，体验一定的磨难挫折。对于小学生来说，兴趣是他们的主要动力来源。只有让他们喜欢这项运动，热爱这项运动，并在训练的过程中看到自己在不断地进步，这样学生才能克服训练中的苦和累。现在的学生个性鲜明，而相对枯燥的田径训练与孩子的个性需求不相符合，我们在进行田径训练时候一定要形式多样，这样才能够吸引学生，才会使学生喜欢田径运动，才能进一步将学生的个性需求与田径相结合。

（三）提高田径成绩

我校田径队根据项目的特点成立了四个方向的小队：短跑队、长跑队、跳跃队、投掷队。成立四个小队的目的：其一，将不同运动能力的队员进行分组，让队员尽情地展示自己的天赋。其二，为了适应比赛的需求。田径运动会的比赛项目和分组众多，需要我们根据比赛的需要调整我校的训练。将田径队细化是我校取得并提高田径成绩的重要举措。

二、内容结构

（一）选材

选材是田径队组建的第一项工作，是课余田径训练的关键。身体的天赋绝大多数是遗传获得：肌肉的相对力量主要是遗传获得，有氧代谢能力遗传因素占70%以上，无氧代谢能力遗传因素占70%以上，反应速度遗传因素占70%以上，其他因素柔韧、灵敏也不同程度受遗传因素的影响。因此，我们的工作首要是发现、发掘出有天赋的学生，将有天赋的学生进行训练和培养。我们在选材的时候一定要避免身高论、力量论，我们要全面看待学生，不仅仅要发现其特有天赋，还要参考意志品质等因素。

（二）训练要科学合理

要想培养优秀的后备人才，只有通过科学、合理的训练来实现，这是整个课余训练工作的核心内容。

首先，要有科学的训练计划，包括周计划、月计划、学期计划、学年计划、长期计划。这些计划随着我们训练的深入要进行不断总结和完善。

其次，正确认识速度、力量、协调、柔韧、耐力等身体素质。小学生有自己的生理心理特点，他们正处于生长发育期，我们无论让学生练习什么项目，一定不要过早的定性。在小学阶段我们要多发展学生的速度、协调、柔韧身体素质，适当发展力量身体素质，少量发展绝对力量和耐力身体素质。我们要清楚小学阶段发展速度是主线，无论什么项目都包括速度，我们要针对项目练习不同的速度。

再次，合理安排运动负荷。小学生的身体发育特点决定了小学课余田径训练不适宜进行大强度的训练。我校在日常训练时安排了强度和负荷较小的功能动作训练法，不同项目的训练和功能动作相结合是我校田径训练的一大特色。

最后，每堂训练课要有灵敏协调的辅助练习。灵敏协调的训练可以让学生具备观察能力和反应速度，能够精准感应出空间、时间、力量大小、平衡的变化。因此，在每堂课前进行灵敏协调的训练，有助于激活神经对肌肉的控制，能够全面提高学生的运动能力，从而更好地学习和掌握各项运动技术 [①]。

（三）学习田径基本技术

小学阶段的田径技术是基础，学生成为专业运动员或体育特长生后，他的技术动作会深受小学阶段田径技术的影响。作为打基础的阶段，小学要重视田径基本技术，包括专项技术和辅助技术。教师在田径训练时应该将技术动作的掌握放在首位，而不应该片面追求成绩而忽略技术动作的掌握。在教授学生技术动作时，我们要时刻关注学生的身体素质，将动作技术的学习始终与身体素质紧密联系。小学阶段应该掌握的基本技术有：短跑技术、中长跑技术、投掷、跳远、跳高技术。

（四）比赛

田径课余训练的最终目标是让运动员获得好的运动成绩，而获得好成绩不仅靠训练，而且要经过比赛的不断洗礼才能获得优异的成绩。我们提供了各种平台让学生参加比赛。学校每年举办单项赛、田径运动会、体育节，密云区每年举办中小学生田径运动会，高水平的运动员还有机会被选拔参加北京市中小学生田径运动会。

（五）规则与裁判

小学田径课余训练需要对规则和裁判进行了解，可以提升自己适应比赛的能力。首先，要清楚田径比赛分为田赛和竞赛。田赛是以长度和高度作为判定胜负标准的比赛，如跳远、跳高、投铅球；竞赛是以时间多少为胜负依据的项目，如

---

① 赵锐.如何做好小学课余田径训练 [J]. 中国学校体育，2013（S2）：95 — 96.

60米跑、100米跑、跨栏跑等项目。其次，要熟悉裁判和规则。田径运动会比赛前30分钟进行检录；跳远、跳高、铅球项目，在前三轮内没有结束的情况下，迟到的运动员可以按现有的轮数参加比赛；800米以上的长距离项目不分道；抢跑的运动员，直接取消成绩；800米以下项目跑完后要及时回道，裁判员记录完成方可离开；在接力项目中没有达到终点扔接力棒者按犯规处理；在赛跑项目中，身体躯干率先冲过终点为最终成绩；跳远，铅球项目成绩测量是从投掷线至最近落地处计算；熟悉裁判员的发令及发令枪；熟悉裁判员红旗和白旗的旗语；坚决服从裁判员的判罚，有异议可向仲裁委员会申诉。

（六）观赏与评价

观赏与评价是我校田径课余训练必备的一项内容。我校的田径队队员以学期为单位需要观看一定数量的田径比赛。每年春季的校田径运动会需要队员对各自专项进行观赏与评价，将自己对于比赛的理解以口头和书面两种方式呈现，教师将队员对比赛的观赏与评价记录成册。此外，队员还要观看密云区中小学生田径运动会、北京市中小学生田径运动会，以及通过网络或电视观看全国运动会、田径世锦赛和奥运会等赛事。

三、训练计划

（一）训练目标

无论是哪一种田径项目都离不开速度、协调、灵敏、力量、耐力、柔韧等身体素质，因此我校在制订训练计划时，围绕六大身体素质进行多种形式的训练。田径项目分类多样，根据不同项目的特点，需要我们制订不同的专项训练计划。因此我校制订的学期训练计划以身体素质为基础，以学习和掌握技术为目标。

（二）训练时间

周一到周五，上午7点20到7点50。

（三）训练原则

田径训练计划是我校体育教师集体研讨的结果，并在训练中不断进行修改和完善。我校制订的学期田径训练计划有以下原则：训练计划要符合学生身心发展的规律，避免大运动量、大负荷的训练；训练要多样性，以新颖多样的训练方法和手段吸引学生的兴趣；训练要注意安全，学生的安全是第一位的，在训练时要尽量避免运动事故和运动损伤的发生。

现将我校田径队学期训练计划进行介绍（表4-3-1）。

表4-3-1 学校田径队第一学期训练计划表

阶段	时间	阶段目标	训练内容
准备期	第1周	训练动员	1. 招募运动员； 2. 召开会议，宣布田径队训练制度纪律； 3. 准备训练器材。
第一阶段	第2到7周	身体素质训练初步阶段	1. 速度训练为主，搭配灵敏性训练； 2. 力量训练为主，搭配柔韧性训练； 3. 协调训练为主，搭配速度训练； 4. 耐力训练为主，搭配柔韧训练； 5. 身体素质练习，搭配基本技术。
第二阶段	第8到13周	身体素质训练巩固提高阶段	1. 功能动作训练； 2. 敏捷梯训练； 3. 弹力带训练； 4. 拉伸放松训练。
第三阶段	第14到18周	专项技术训练为主	1. 短跑技术＋身体素质练习； 2. 中长跑技术＋身体素质练习； 3. 跳高技术＋身体素质练习； 4. 跳远技术＋身体素质练习； 5. 投掷技术＋身体素质练习。
第四阶段	—	比赛为主	1. 以赛代练； 2. 总结提高。

四、训练策略

我校对田径训练进行了长时间的探索和实践。小学阶段的田径训练，一方面要让学生学会相关的田径技术，另一方面要让学生对田径项目感兴趣，并能坚持训练。我校的田径训练紧密围绕"如何让孩子喜欢田径"这一着力点进行改革和实践，学生只有在喜欢热爱的前提下才能去长期坚持和训练。在训练策略上，我校通过多种训练方式让学生感兴趣，在快乐中发展身体素质，在打牢身体素质的基础上进行相关技术学习。学生寓学于乐，教师寓教于乐是我校田径训练在"幸福体育"理念引领下的新思路。

（一）功能动作训练

谈到功能性训练，我们首先认识一下它的相关概念。功能性训练被ACSM定义为使用力量训练来改善平衡、协调、力量和耐力以及提高一个人日常生活的能力。弗恩·甘比达（VernGambetta）教授认为，功能训练不仅仅是在不稳定平面上运动，它包括一系列方法和应用，这些方法和应用有助于将训练转化为比赛的能力，并对创新持开放态度，它涉及身体多个部位在多个平面的运动。功能性训练和传统训练有着明显的区别和不同（表4-3-2）。

表4-3-2 功能性训练和传统训练比较表

传统训练	功能性训练
固定的运动模式	重点在于多种运动模式而不是单一肌肉运动
常在单一平面运动	专注于多平面运动以及发展稳定和平衡能力
专注于单一肌肉群（有时为多肌肉群）	同时注重单关节和多关节运动
专注于单关节运动	注重稳定肌和协同肌的运动
专注于肌肉的向心运动、离心运动和等长收缩	强调肌肉力量、爆发力、肌肥大以及灵活性、敏捷度和速度、平衡稳定以及核心动态稳定能力
强调肌肉力量、肌耐力、爆发力和肌肥大	
更多注重开放链运动	更多注重闭合链运动

功能性训练有助于发展学生的力量、灵敏、柔韧等身体素质，我校师生在不断学习的基础上，大胆地将功能性训练运用到田径训练计划中。

方法1：

侧身平板支撑：该动作要求侧身，一只手支撑着头部，然后双腿并拢伸直超过30秒。

方法2：

深蹲跳单腿站立：该动作结合了深蹲和跳跃，以及落地稳定性的练习。深蹲时要求两腿分开与肩同宽，下蹲时身体尽量不要弯曲，膝盖在下蹲过程中不超过脚尖。之后双脚蹬地发力使自己的身体跳起来，接下来的动作需要单脚落地站稳。该动作需要多练习，才能趋于标准化。

方法3：

四点支撑：开始动作，手和膝盖着地支撑身体，身体和头部保持平行，然后将左臂和右腿抬高与躯干平衡，之后还原到起始动作。接下来换另一侧的手臂和腿之后恢复到起始动作。

方法 4：

波比跳：两脚分开与肩同宽，屈髋屈膝下蹲，双手放在两脚侧前方地面上；双手支撑，双脚向后跳，成俯卧撑姿势；双脚向前跳，成蹲姿动作，脚掌与地面贴平；垂直跳跃并以手带动向上击掌；前脚掌落地，以深蹲预备姿势做缓冲，膝盖和脚尖保持同一方向。该动作有以下几个动作组合而成，下蹲＋后踢脚＋前跳＋垂直跳＋落地缓冲。

方法 5：

摸脚后跟：仰卧位，屈膝屈髋，手臂伸直放于躯干两侧，身体左侧屈，左手掌摸左侧脚后跟，身体右侧屈，右手摸右侧脚后跟，注意头部不要抬起。

方法 6：

交替弓箭步：自然站立，双手叉腰或是放在头顶，腹部收紧，保持躯干正直。左脚向后退出一步，弯曲右腿，直到大腿与地面平行，左腿弯曲膝盖触地，膝盖和脚在一条直线上，上体保持正直。之后起立恢复到起始动作，在交换另外一侧做弓箭步。

方法 7：

弓箭步转体：身体直立两脚分开与肩同宽，左脚向前跨一步，膝关节屈，下蹲时向右侧旋转躯干，旋转头部同时伸展左手横跨过身体，右手向后旋转。之后旋转腰部回到开始动作，做另外一侧弓箭步转体。

（二）敏捷梯训练

敏捷梯的训练主要发展学生的速度、灵敏、协调等身体素质。以下是我们敏捷梯的几种训练方法。

方法 1：

小步跑：一框一步，前脚掌着地，每步落在小方格以内，要求轻快、节奏感强。

方法 2：

横向小滑步：身体横向站立开始，两脚往身体侧面平行滑动，并依次落入小方格内，轻盈快速，保持前脚掌着地。

方法 3：

前前后后：站在第一格侧边，横向站立开始，横向移动，两脚依次踏入小方格内，再依次踏出小方格外。

方法 4：

两进两出：一脚先进，另一脚再进，同时横向滑动一格。接着，一脚先出，另一脚再出，同时在外横向活动一格，要求动作轻快、流畅。

方法 5：

外内外：双脚从绳梯外开始，两脚从左向右横向依次进方格内，始终有一只脚留在方格内，再依次方格外，反向同理。

方法 6：

前后交叉步：站在第一格内，双脚一前一后地交叉横向移动。

方法 7：

一外一内：一只脚在外前行，另一只脚每一方格进入一次。

（三）弹力带训练

弹力带的训练主要发展学生关节稳定性和力量等身体素质。以下是我们弹力带的几种训练方法。

方法 1：

肩部训练：两脚分开与肩同宽，脚心踩住弹力带，双手抓住弹力带，屈肘略宽于肩部，双手抓紧弹力带向上举。

方法 2：

腰部训练：双脚分开与肩同宽，踩住两层弹力带，双手抓紧弹力带于体侧，以髋关节为主导做身体的屈伸运动，做的过程保持核心稳定。

方法 3：

腿部训练：正常深蹲动作，将弹力带用脚踩住，经体前从头上向下套在肩部，弹力带相当于施加的阻力。

方法 4：

腘绳肌训练：弹力带一端固定在一处，另一端固定在脚踝处，两肘支撑俯卧于垫上，小腿做屈伸运动。

方法 5：

股四头肌训练：坐姿腿屈伸，将弹力带一方固定身体后方，另一端固定在脚踝处，小腿做屈身运动，在小腿伸直时做 2 到 3 秒的停留。

方法 6：

脚踝训练：仰卧位，弹力带一端固定在固定处，另一端用脚勾住，做脚踝的屈伸运动。

（四）拉伸放松训练

拉伸放松是田径课余训练的重要环节，通过此环节学生不仅仅提高队员身体的柔韧性，还可以避免运动损伤的发生，有效的拉伸放松能够让队员身体机能快速恢复，避免运动疲劳[①]。以下是我校田径拉伸放松训练的几种方法。

方法1：

跪姿俯卧撑：跪姿，双腿膝关节着地，双手撑于肩前侧，稍宽于肩，呼气，同时向下做俯卧撑，双肩尽量展开，当做到最低点时，保持上臂与肩成一条直线，吸气，恢复到起始姿势。该动作拉伸的是肩部。

方法2：

童式变异式拉伸：跪坐姿态，胸部靠向地板，双手尽量向前伸展，呼气，同时向侧方扭转躯体上部，将上臂和手掌贴在地面。该动作拉伸的是腰部肌群。

方法3：

骆驼式：跪立姿势，双手扶腰，呼气，上体缓缓后屈，双手各握住同侧的脚后跟，髋部尽量向前上方伸展，背成拱形，抬头向上看。该动作拉伸的是腰腹部。

方法4：

反降落伞式拉伸：仰卧姿势，小腿弯曲，双手由后背分别抓住同侧脚踝，呼气，大腿和胸部同时缓慢离开地面，臀部收紧，抬头目视前方，髋关节尽量抬离地面，以腹部支撑身体。该动作拉伸的是腰腹部。

方法5：

双腿后屈倒体拉伸：拉伸者跪在地面，脚背贴地，脚跟贴在臀侧，臀部坐于小腿上，双手分别放在身体侧后方，呼气，背部缓缓向后倾，直到躺在地上，自然呼吸，尽量使髋关节向上顶出，保持姿势一定时间，感受股四头肌被拉伸。该动作拉伸的是大腿前侧的股四头肌。

方法6：

PNF式拉伸：仰卧姿势，一腿弯曲，脚跟尽量靠近臀部，另一腿伸直向上抬起，同伴一手抓住抬起腿脚踝，另一手从正面抱住大腿；呼气，同伴将抬起腿向躯干推压，同时拉伸者用力对抗同伴的推力，持续10秒，然后放松，该动作可以重复几组对抗练习，在拉伸时保持与同伴的交流。该动作拉伸的是大腿后侧的腘绳肌。

---

① 王卫星.体能训练理论与实践[M].北京：高等教育出版社，2012：186-232.

方法 7：

毛毛虫爬式：双手向前爬行至俯身中立位后，双脚再向前爬行，双脚向前时尽最大可能向双手靠拢，整个过程要呼吸自然，不要憋气。该动作拉伸下背部，臀部，腿后侧。

五、效果评价

我校田径训练采用的是全面评价的方式，不仅注重田径成绩的提高，还注重体育品德和行为习惯的评价。在评价方法上我们确立了月测试评价制度，随时关注学生的成绩状态。学期末采用绝对评价与相对评价相结合的方式将学生的成绩对比分析，将评价结果填写在学生综合素质档案中。以下是我校田径训练效果评价的两种做法。

（一）月测试

田径队月测试的比赛项目分为不同专项，分别有男子 60 米跑、100 米跑、200 米跑、400 米跑、1500 米跑、急停跳远、投铅球、跳高；女子 60 米跑、100 米跑、200 米跑、400 米跑、800 米跑、急行跳远、投铅球、跳高。通过每月的测试了解学生成绩的变化，找不足，调整训练计划，不断总结提高。

表 4-3-3　月测试成绩表

姓名	项目	第一次月测试	第二次月测试	第三次月测试	第四次月测试	第五次月测试

（二）健康行为和体育品德

该评价针对学生日常训练的健康行为和体育品德方面进行评定，该评定有学生自评和师评两项。该测评每学期末测评一次，并记录到学生综合素质档案中（表4-3-4）。

表4-3-4　田径日常训练评价表

评价范围	评价内容	评价标准	自评	师评
健康行为和体育品德	出勤率	积极参加训练，不迟到、早退。		
	训练态度和行为	训练积极，努力参与学习和训练，善于思考和发问。		
	交流和配合	与同伴积极交流并能分享心得体会，与队员相处融洽。		
	意志力	不怕吃苦，勇敢顽强，善于表现自我。		

第四节　案例与分析

【案例1】打牢基础，立足长远

★案例描述：

初到密云二小接手学校女篮训练时，我带三四年级女篮二队。队员篮球基础较差，想要代表学校参加区级比赛，差距还是比较大的。我没有着急，从运球、投篮、三步上篮这些最基础的基本功着手。

从最开始的原地高、低运球开始，强调左右手都要运球，并且要随时抬头观察周围情况，关注教师、同学在干什么。随后开始篮球场边线用最快速度奔跑运球，底线左右手交替便步走运球，最后到运球过障碍物、过人，并且能边运球边抬头观察周围环境情况。

在学生进行投篮训练时，我做了硬性规定，从侧面投篮开始练起，双手胸前投篮，侧面投篮必须是打板投篮，并且不分远近，可以是篮下侧面打板投篮，也可以是三分线外侧面打板投篮。经过一段专门投篮训练以后，我要求在每次正式训练前和训练结束后每个人必须投进30个球。一个月后，队员们投篮命中率有了大幅的提高，几个投篮比较准的孩子每次训练结束还要拽着我和她们进行投篮比赛，大部分时候是以她们赢得比赛而告终。

在运球和投篮的基础上，队员们学习起"三步上篮"来事半功倍，动作的流畅性、投篮的准确性非常好。此后，在此基础上我又提出了更高的要求，在无人盯防的情况下三步上篮进球率要在90%以上。经过两个多月的练习，70%以上的队员达到了这个要求。

在学校组织的班级篮球联赛中，这些队员都成为班级球队的绝对主力，是同学们眼中的明星。

★案例分析：

篮球运动在我国的普及程度极高，随着CBA、NBL等职业联赛的开展，篮球运动员的发展空间大幅扩展。扎实的基本功，可帮助运动员合理运用技术动作，从而使技术能耗控制在最小范围内，同时扎实的基本功也可规范技术动作。因此，运动员应通过技术基本功训练优化个人技能，从而使自身天赋得到发挥。在案例中，从篮球基本功抓起，为学生今后个人成长打下了坚实的基础。今后个人技能、技术动作运用、战术跑位、意识培养、技能消耗等，无一不是建立在队员扎实的基本技术之上的。将运动员的长远发展作为着眼点，抓篮球基础训练是最好的选择。

（韩佳男供稿）

【案例2】强化"规则"，懂"规矩"

★案例描述：

王强（化名）是四年级3班的一名学生。在很多老师眼里他是一个不怎么爱听讲、不服从老师的管理，时常与学生发生各种各样矛盾的"问题学生"。在同学眼里王强是一个脾气大，不容易接近的同学。而在我眼里，王强是一个非常优秀的篮球运动员。他有着良好的身体素质，有着顽强的拼搏精神以及永不言败的信心。在体育课上，他总是能在篮球比赛中脱颖而出。由于他的优异表现我将他选入到学校的篮球队里。可是，在学校篮球队里我逐渐发现了他的一些问题。例如，脾气比较大，往往因为一些小小的事情就会和队里的其他同学争吵起来甚至大打出手。再者就是纪律性差，简单地说就是没有规矩。在训练时不能完全按照教练的要求行事，在比赛中往往不服从裁判的判罚。我一开始觉得这些问题对于一个体育人来说往往是好事，因为赛场如战场，没有一点脾气怎么能够拿下最终的胜利。直到有一天班主任找到我，与我沟通了孩子的这些问题，并说由于这些问题深深地影响了孩子在学业上的发展。我才觉得任何事情都要从两个方面去看待，虽然孩子有性格，但不守规矩、肆意妄为是绝对不对的。于是，在以后的篮球训练中我对他的要求就更加的严格。刚开始孩子并不能接受，但慢慢通过讲道理的方式，动之以情晓之以理，孩子慢慢地接受。最明显的一次发生在一场篮球友谊赛上，最后关键的时刻，王强同学一次不必要的犯规并且与裁判发生了口角，直接导致比赛的失利。我觉得这是一个教育的关键时机，在比赛后我对他并没有丝毫的批评，只是给他讲规则的重要性，每一个人在篮球场上都要遵循比赛的规则，不然比赛必然无法进行。当然规则不仅仅在赛场上，我们的日常训练，班级里的良好学习氛围，学校的良好秩序都需要每个人去遵守相应的规则来维护。这次的事情深深地触动了他，自那次事件以后，他"不守规矩"的事越来越少，各个科任老师都对他赞赏有加。班主任也向我反映他的学习成绩不断进步。家长看到了孩子的变化也非常的开心，对学校的教育表示非常认可。

★案例分析：

由于体育运动的特殊性，学校的各个体育训练队可能会有一些孩子，他们相对来说更加好动、调皮，不太容易管教，没有"规矩"，但他们对体育方面特别热爱。作为体育老师的我们应该抓住孩子们的这些特点，在体育教学、训练、比赛过程中抓住良好的契机，晓之以理动之以情，引导孩子克服自身的一些缺点，帮助他们建立"规则意识"。

规则是人们在日常生活、工作、学习中必须遵守的、合理的、合法的行为规范和准则。良好的规则是一切活动的保障，规则意识就是一个人对于社会行为准则的自我认识和体验。小学阶段的孩子正处在规则意识萌芽期，是非观念很模糊，自我中心的思维特征明显，此时培养学生的规则意识对学习规则的建立乃至自身素质、修养的提高具有重要的意义，而在体育教学训练中来帮助他们建立规则意识是有效的途径之一。

（郭新宇供稿）

【案例3】团结一致共进步

★案例描述：

今天的篮球训练是提高队员的运球能力，我设计了一个"抢断球"的游戏。这个游戏不是以个人的抢断次数定胜负，而是以组为单位，两组之间竞争，以抢断数次多的组为胜。我把队员按能力分成实力基本均等的两个组，还让队员们给自己的组起个喜欢的名字。很快两个组敲定了队名，一个叫"勇士队"，一个叫"火箭队"。首轮比赛中，"勇士队"以总抢断次数15：12获胜。"火箭队"的队员开始互相埋怨起来，有的队员甚至泄气了，干脆坐在地上不参加活动了。这时我及时进行了引导：这是需要"团队作战"的一次比赛，不是一两个人努力就能获胜的，大家现在要做的不是互相抱怨，而是要总结失败的原因，想办法在下次的比赛中获胜。听了我的话，"火箭队"的组长先振作了起来，说："老师说得对呀，我们得想办法在下次的比赛中获胜。"同学们七嘴八舌地议论起来，有的说，我们可以让球性差的在边上运球，减少主动出击；有的说，我们可以采用团队战术，运球差的可以引诱对方来断球，运球好的伺机出击，先断掉他们球；有的说，小龙，你球性差，今天放学到我家做作业，然后我陪你练运球。看着队员们都振作起来，都想为团队出份力的场景，我会心地笑了。

★案例分析：

现在的学生，大部分都是独生子女。大多数的孩子还是以自我为中心，他们最缺少的就是团队的意识和团结合作的经历。在这个案例中，比赛的胜负不是个人的强弱能决定的，要靠团队全体成员的努力才能获胜。

（朱明永供稿）

第五章　培养集体荣誉感的群体活动

为保证"双减"政策的落实，在学校教育中应做好以下几个方面工作。

第一，全员参与，增强体质。教育部体育卫生与艺术教育司司长、第十四届全国学生运动会组委会秘书长王登峰在教育部召开的发布会上指出，"学校体育工作全面深化体育教学改革，努力实现习近平总书记提出的对学校体育'四位一体'的目标"。要让他们学会运动技能，让他们参与体育竞赛活动，如何增强体质？要让运动成为习惯、成为日常生活的一个重要组成部分，这是增强体质的最重要的基础。学校群体活动主要包括课间操、大课间活动、体育节、单项赛等，它们的共同特点就是全员性，组织在校学生全员参与体育锻炼，普遍提高学生的身体素质，让运动成为一种习惯。体育节和单项赛要组织全员参与的竞赛，从班级内部的竞赛开始到班级联赛、校级联赛到全国联赛到参加综合性的全国运动会，要让教会、勤练、常赛成为体育课教学改革的总体思路，实现思想观念上的"移风易俗"。

第二，突出集体，渗透德育。学校群体体育锻炼活动的开展通常以班或校为单位进行，集体性非常明显，这种集体性活动能保持人的身体以及心理健康状态，是学校德育教育的沃土。开展学校群体体育活动，可以培养学生良好的意志品质，在参与集体体育锻炼或比赛中，可以加强学生个性的自我约束，使个性适应群体的需要，又能不断提高公众意识，集体荣誉感，道德责任感等优良品质。强调同学间相互协调与配合，就是要接受团队的约束，使自己在复杂的情感体验中，按照集体为上的行为准则，尽可能抑制和转移不良倾向。

学校群体体育活动作为一种特殊的教育现象，由于它的竞争性、娱乐性、健康性、教育性和大众性为每个学生提供了平等的机会。学生坚持参加群体体育锻炼，可以通过忍受锻炼中的艰苦体验，收获成功后的喜悦，从精神上得到必要的鼓励，从中领悟体育对适应社会的真正价值，使自己的健康行为、体育品格得到提升。同时，学校群体体育活动具有的长期性特征，能引导学生经常进行体育锻炼，提高学生主动参与意识，为学生终身体育筑牢坚实基础，进而促进学生学习、生活质量的提高。

第三，全员覆盖，凸显"勤练"。获取稳固的知识和技能依赖于不断的练习。人们的知识（基础）一般铭刻于长时记忆之中。大部分信息，特别是课业内容和高度技能化的活动（如运动技能或者艺术类活动如乐器演奏），必须先经过一定程度的加工处理，而后才能储存到长时记忆中。

"勤练"能够巩固所学的运动技术，然后才能做到掌握、合理运用。另外，"勤练"可以使身体各器官获得充足的氧气和营养物质，以促进其生长发育。经常运动可改善人体的新陈代谢，促进骨骼生长，提高骨密度，强健肌肉，提高心肺功能，加大肺活量。经常锻炼的人神经系统的调节功能得到强化，身手更敏捷、灵活。此外，体育锻炼可消耗脂肪，增加肌肉，青少年坚持体育锻炼可以减轻体重，塑造良好体型。

经常进行体育锻炼也可以给人带来愉悦感，缓解紧张情绪，减轻学习产生的压力。体育锻炼可以改善神经系统功能，增强记忆力和反应能力，提高学习效率，还可以使青少年形成乐观的情绪与开朗的性格，减少和避免产生抑郁与焦虑的现象。

群体活动由于时间集中，学生参与的覆盖面广，更能凸显"勤练"的效果。

第一节 课间操

课间操是学校日常活动的重要内容之一，它可以反映一个学校的常规管理和精神面貌。课间操是学生每天一小时阳光体育活动的有力保障，它对学生良好习惯的养成和意志的培养，以及促进学生的身心健康，有着不可替代的作用。

一、目标定位

强身健体。课间操中的国颁操和自编操都是按学生生理规律和时代精神的特点而创编的优美的体操动作，具有很高的科学性和操作性，而且有一定的运动强度。它可以使身体得到全面的活动，对提高学生的协调、灵敏、耐力和心肺功能都有很好的作用。

调节心身。学生在一两节室内课后，来到操场进行课间操锻炼，消除了课堂静坐、伏案书写、读书时产生的疲劳现象。它既可以让学生呼吸到新鲜空气，增加氧气的摄入量，又能让学生接受阳光的照射。这种积极的休息方式，有利于调节人的大脑中枢神经的兴奋和抑制。

养成教育。课间操是全校学生在同一个音乐伴奏下同时完成相同的动作。高水平的课间操会给人一种动人心魄，积极向上的气势美，还能给人以一种蔚为壮观的整体美。它不仅能表现一个学校的整体精神风貌，而且也很好的体现学生养成教育的发展状况。

二、内容结构

（一）基本构架和内容

（1）集合：集合音乐响起后，全校学生在一定的时间内，到指定地点集合整队，准备入场。

（2）入场：在音乐的伴奏下，学生按照既定的路线，队列整齐、步伐整齐，精神抖擞地走到做操场地。

（3）课间操：在音乐的伴奏下，学生集体做操，内容包括：国颁操《七彩阳光》《希望风帆》；自编韵律操《上学歌》等；自编《素质操》等；欢乐大课间活动等。

（4）退场：在音乐的伴奏下，学生按照既定的路线，队列整齐、步伐整齐的从操场走回教室。

（二）体能

通过广播操、自编操、大课间指定项目等活动，发展学生心肺耐力、柔韧性、协调性、灵敏性、平衡能力、反应时间等体能素质。

（三）展示与比赛

每学期进行一次校内班级间的广播操评比，每个年级评选出前三名给予奖励；每个年级第一名在全校进行广播操展示；每学期参加密云区中小学的课间操评比。

（四）观赏与评价

对班级评比和区级评比课间操进行录像，做成学校课间操的宣传片，在校内电子屏进行播放，供学校师生及外来参观人员观赏、评价；每学期根据校内班级比赛和区级比赛的结果对班级和学校的课间操进行量化评价。

三、活动方案

本方案的课间操活动为三十分钟，音乐贯穿始终。

第一步，音乐响起时，学生在田径场（200米）东侧集合。

第二步，集合完毕听入场音乐，同学们边跑边爆发出阵阵呐喊声，进入操场指定位置，展现出学生朝气蓬勃、乐观向上的精神风貌。

第三步，入场完毕全体齐诵国学"少年中国说"。

第四步，各班按照音乐节拍做操：

（1）国颁操——《七彩阳光》。成体操队形后，各班同学按照口令，向前看齐。动作要做到快、静、齐。听集合号各班有序把体操垫放在指定的位置，然后各班同学成立正姿势站好准备做操。广播操音乐响起后，各班同学精神饱满，精神愉悦，按照节拍，认真完成每个动作。

（2）自编韵律操《上学歌》。随着《上学歌》音乐响起，各班跳起自编韵律操，要求做到队列整齐、动作规范、协调有力、节拍准确、节奏感强。

（3）垫上素质操。动作包括——A.仰卧起坐；B.一头起；C.仰卧蹬车；D.坐位体前屈；E.小海豚体式（特殊形式的欢乐大课间）。以功能性全身练习动作为基础，配以音乐节奏变化，发展学生平衡、协调、力量、耐力等身体素质。做完垫上素质操，同学们听集合号音乐快速有序把体操垫整理好放在指定位置。

（4）自编放松操。同学们随着音乐跟着老师做放松操。

第五步，集合退场音乐响起，各班同学必须在音乐结束前，按要求在指定地点迅速集合；退场音乐响起，同学们按音乐节奏，步伐整齐，摆臂到位，精神面貌饱满，依次离开操场带回教室。

另外，课间操活动安全注意事项：

（1）着装运动服或轻便服装。

（2）穿运动鞋，集合前注意检查、系好鞋带。

（3）做操当中注意同伴间的间隔距离，注意力集中，尤其是做操时，避免与他人发生身体接触而造成运动伤害事故。

（4）教师要根据天气及学生的实际情况把握运动量和强度。

四、实施策略

我校的课间操时间为30分钟，整个环节包括集合、入场、课间操、大课间活动和退场等部分，要求学生全员参与，班主任及副班主任老师全程陪同，协助体育教师进行管理。

五、效果评价

学校群体活动首推的就是课间操。课间操是学校日常教育教学活动的重要组成部分，是学生每天一小时"阳光体育"活动的有力保障。它对学生良好习惯的养成和意志的培养以及促进学生的身心健康具有不可替代的作用。

（一）整体评价

我们针对传统的课间操形式过于单一，内容刻板有余，而个性活泼不足的情况，进行了创新设计。为了达到更好的效果，我们从科学性、健身性、观赏性、教育性等四个方面进行效果评价。

（1）科学性。从生理学的角度，进行体育活动时应遵循循序渐进、合理安排运动负荷的规律。例如，我校的课间操时间为30分钟，安排顺序为国颁操《七彩阳光》——自编韵律操《上学歌》——自编《素质操》——《欢乐大课间活动》。国颁操《七彩阳光》是经过严格的论证和实验的，符合学生身心特征和时代特点。它在保持广播体操风格的同时，吸取了一些现代健美操、舞蹈及模仿体育项目的动作，具有节奏明快、动作健美的风格特点，音乐也具有感召力，使学生不仅得到良好的锻炼效果，而且从中感受到开拓进取的时代精神。它的设计符合学生学习运动技术的认知规律，动作从简单到复杂，由浅入深，逐步提高；动作幅度由小到大，运动负荷强度适中，正好作为整个课间操的热身活动。接下来的《上学歌》和《素质操》的活动强度逐渐加大，最后的欢乐大课间活动设计了篮球投篮、足球、跳绳、乒乓球等项目，每个项目每周以班级为单位轮换进行，学生能够根据自己的情况自主调节运动量和强度。课间操的结束部分，我们安排了听音乐走到退场位置，齐步走退场环节，使学生从兴奋状态恢复到平静状态，使整个课间操的安排更加科学合理。

（2）健身性。我校课间操的各个活动环节都有各自不同的特点，对学生起到不同的锻炼效果。国颁操《七彩阳光》动作设计健美大方、舒展顺畅，运动负荷适宜，学生通过有氧锻炼，身体能够得到较全面的活动，获得健身的实效；《上学歌》动作活泼，韵律感强，对提高学生的协调、灵敏、耐力和心肺功能都有很好的作用；《素质操》以垫上运动为主，动作难易程度适宜，学生在努力学习的基础上，都可以规范的掌握，运动量适中，有一定的锻炼价值，符合小学生的特点；欢乐大课间活动让学生展现个性，发挥特长，自主把握运动强度，对学生个体而言效果更好。

（3）观赏性。我们把"整齐划一、准确优美、生机盎然"作为课间操的努力目标。1500多名学生在同一个音乐伴奏下同时完成相同的动作，给人一种动人心魄、积极向上的气势美，展现一种蔚然壮观的整体美。它不仅能表现一个学校的整体精神风貌，而且也很好地体现了学生的养成教育发展状况。音乐作为一种艺术语言，既能表达情感也能作为命令与暗示。我们的课间操非常重视音乐的作用，把音乐贯穿课间操始终，将艺术与体育活动有机结合，整个过程选择学生喜爱的音乐，使学生既锻炼了身体，又愉悦了身心，还能减少严肃的口令让人精神产生的紧张感。

（4）教育性。学校领导对课间操高度重视，把课间操作为抓学生行为规范、常规管理的突破口，取得了很好的效果。学生入退场有序、动作整齐划一，让人赏心悦目。同时这也可以带动其他行为的养成，如礼貌、纪律、学习兴趣、团队意识等，从而形成良好的校风、学风、班风，使全校师生都懂得做好课间操对增强体质、提高健康水平和加强校风建设的重要作用。

（二）学生评价

（1）学生参与。学生是课间操活动的主人，由他们参与评价更能体现出学生的自主性。我们从3—6年级挑选责任心强、做事公平公正、做操比较好的同学作为课间操班级监督员，打破班级年级界限，从集合开始到退场结束，全程参与所在班级课间操监督评价。

（2）积分管理。课间操从集合到退场各个环节设定评价标准，由课间操监督员进行打分评价，每周进行一次汇总，年级得分前两名的班级在下周一升国旗仪式后颁发流动红旗进行奖励，流动红旗获得次数将作为该班级评优评先的评价指标之一。

（3）评价监督。体育教师随时检查课间操班级监督员评分记录表并进行指导，对不能严格要求自己、公平进行评价的监督员取消其课间操评价监督员资格。

（三）具体评比标准

具体评比标准如表5-1-1所示。

表 5-1-1 评比标准

序号	评比标准	分值
1	学校确保每天30分钟的课间操时间；有检查、有评比制度，有原始记录。	5
2	集合整队时学生纪律严明，精神面貌好，集合整队"快、静、齐"，静止时军姿标准、无乱动现象。着运动服，穿运动鞋。	5
3	入场、退场路线设计合理；全校学生"动""静"统一，走姿正确，队行整齐。	10
4	自编操编排合理、运动量适中，符合学生的心理和生理特点，动作舒展协调、节拍准确、整齐规范整体效果好。	15
5	学生做国颁操（一套）动作熟练、正确、整齐规范、协调有力、拍节准确、富于美感、整体效果好。	25
6	特色体育活动组织有序，符合学生的心理和生理特点，活动内容新颖、多样，学生掌握技术水平高，健身效果明显。	20
7	音乐指挥课间操全过程；乐曲优美，适合学生年龄特点，各环节衔接紧密。	10
8	体育教师负责全校学生课间操的组织、指导工作；班主任负责组织本班学生课间操，其他教师积极参与。	5
9	出勤率不低于98%。	3
10	合理安排见习生的活动内容。	2

（四）课间操评比办法

（1）集合：要求快、静、齐。集合号响起必须站好，迟到1人扣1分，在集合时有大声喧哗或站队不齐视情节轻重扣1—5分。

（2）服装：要求所有学生穿校服，1人不穿扣0.5分。

（3）站姿：当集合号响起，开始1分钟站姿，要求挺胸、抬头、目视前方，四指并拢、拇指内扣、贴紧裤线，成立正姿势。有不按要求做者，视情况每人扣0.5—2分。

（4）入场：入场音乐响起，开始入场。要求队列整齐、大方，摆臂到位，精神状态好，能跟上音乐的节奏。如整体效果不好，扣2—5分，有个别同学态度不认真，动作不到位等情况，每人扣0.5—2分。

（5）踏步：遇到踏步时，要求挺胸、抬头、目视前方，直臂摆动，膝盖抬高，脚尖朝前，节奏准确，精神状态好，如有不按要求做者每人扣 0.5—2 分。

（6）广播操：要求动作标准到位，有美感，节奏准确，精神状态好。

（7）退场：同入场，如有提前解散的班级，扣该班 5 分。

（8）精神面貌：要求从入场到退场整个过程精神状态好，富有朝气。精神状态不佳，视班级整体情况扣 1~5 分。

（9）班主任组织：要求班主任跟操并积极主动地组织好本班学生，如班主任有事，副班主任代替，如有不按要求做者，每班扣 5 分。

第二节　集体跑步

一、目标定位

跑步是一项全身性运动，我校通过每天半小时的集体跑步活动，促进学生身心健康发展。跑步对全身各器官系统都能产生良好的影响，如使肺功能变强，增大肺活量，促进血液循环，使心脏血管系统发达，增加肌肉的强度，增强肺部呼吸肌、心脏肌肉、胸腔肌肉、手臂肌及腰部、臀部、大腿、小腿、足部等处的肌肉强度，使各处肌肉不易堆积乳酸或二氧化碳等代谢物，增加关节柔软度及强化骨骼，使人精神振奋，提高对抗压力的能力。通过集体跑步活动培养学生的集体意识、和乐意识、意志品质、合作意识、昂扬向上的气质、注意力、想象能力、组织性纪律性等优良品质。

二、内容结构

（一）基本构架和内容

（1）集合：集合音乐响起后，全校学生在一定的时间内，到指定地点集合整队，准备入场。

（2）入场：在音乐的伴奏下，学生按照既定的路线，队列整齐、步伐整齐，精神抖擞地走到跑步场地。

（3）跑步：在音乐的伴奏下，学生跑步过程由慢到快，再由快到慢，并在跑步过程中变换不同的跑步路线。

（4）退场：跑步结束后，学生在音乐的伴奏下齐步走放松整理，之后排队走回自己的班级教室。

（二）体能

学生在音乐的伴奏下，随着音乐节拍的变化，整体按照"慢—快—慢"的节奏，开展大课间跑步活动。发展学生心肺耐力、协调性、灵敏性等体能素质。

（三）展示与比赛

每学期进行一次校内班级间的集体跑步评比，每个年级评选出前三名给予奖励；每个年级第一名在全校进行跑步展示；每学期参加密云区中小学的集体跑步评比。

（四）观赏与评价

对集体跑步的班级评比和区级评比进行录像，做成学校集体跑步的宣传片，在校内电子屏进行播放，供学校师生及外来参观人员观赏、评价；每学期根据校内班级比赛和区级比赛的结果对班级和学校的集体跑步进行量化评价。

三、活动方案

本方案的大课间集体跑步活动为 30 分钟，音乐贯穿始终。

第一步，音乐响起时，学生在田径场（200 米）两侧集合。

第二步，集合完毕听入场音乐统一入场，在 3、4 跑道上首尾相接形成大的椭圆队形，每班之间间隔 5—6 米。

第三步，入场完毕全体齐诵国学《少年中国说》。

第四步，各班按照音乐节拍进行跑步，各班跑步时可以呼口号，口号洪亮并具有自己的特色。跑步过程中充分利用场地，整体队形有"顺时针跑""错肩行进跑""逆时针跑""四路纵队并成八路纵队跑""交叉行进跑"等变化，跑步距离为 1400—1500 米。具体跑步线路变化如下：

（1）顺时针跑。随着哨声，跑步音乐响起，学生听着音乐统一跑起来，各班均是四路纵队，沿着跑道按照顺时针方向慢跑两圈。每个班经过主席台高呼两遍班级口号，及时调整好跑步节奏和步点。在此过程中重点强调学生抬头挺胸四人一伍对齐，成良好的跑步姿势。（图 5-2-1）

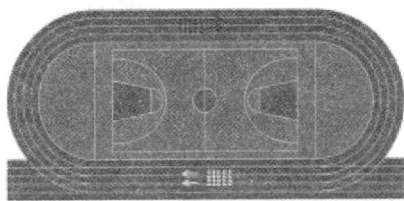

图 5-2-1　顺时针跑示意图

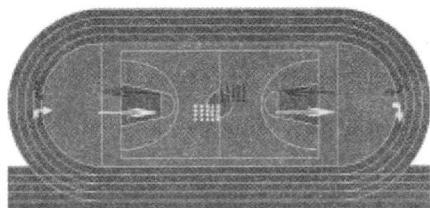

图 5-2-2　错肩行进跑示意图

（2）错肩行进跑。从第三圈开始，两个领跑的班级从操场南北两端弧顶同时右转，逐渐提高跑速，做迎面跑，在操场中间相遇时做"错肩行进跑"。领跑的两个班级到达操场对面弧顶时右转，继续做顺时针跑（图 5-2-2）。

（3）逆时针跑。两次错肩行进跑后再到达对面操场弧顶时，领跑的两个班做左转跑，在跑道上成为逆时针跑（图 5-2-3）。

（4）四路纵队并成八路纵队跑。逆时针跑一圈后，再次到达操场南北两端弧顶时，领跑的两个班同时左转，做迎面跑。跑到操场中间相遇时做并队跑，此时四路纵队变八路纵队面向主席台方向跑进。到达主席台前跑道时，两个班左右分开，做分队跑（图 5-2-4）。

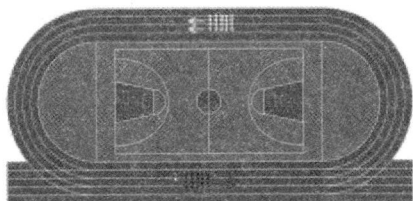

图 5-2-3　逆时针跑示意图图

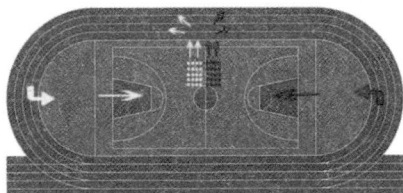

5-2-4　四路纵队并成八路纵队跑示意图

（5）交叉行进跑。分队跑后，两个领跑班级带领队伍在道路上进行相对跑，在相遇时做四路纵队的交叉行进跑（图 5-2-5）。

（6）顺时针跑。进行交叉行进跑两圈后，两个领跑班级再次相遇时，降低跑速，面向操场做四路变八路纵队并队跑，跑到操场中间时左右分开，成八路变四路纵队分队跑，到达操场两端跑道弧顶时右转，成跑步开始时的顺时针跑（图5-2-6）。

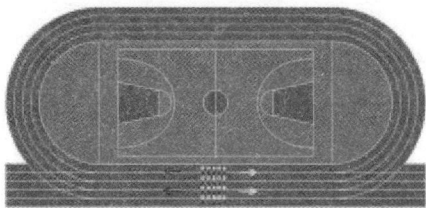

图 5-2-5　交叉行进跑示意图

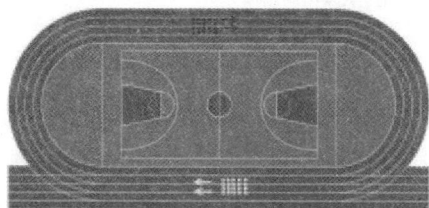

图 5-2-6　顺时针跑示意图

第五步，跑步音乐变齐步走音乐，跟随音乐变化各班进行跑步变齐步走调整放松。

第六步，退场音乐响起，各班在领跑班级的带领下跟随音乐退场。

集体跑步活动安全注意事项：

（1）着运动服或轻便服装；

（2）穿运动鞋，跑步前注意检查、系好鞋带；

（3）跑步当中注意同伴间的间隔距离，注意力集中，尤其是"交叉行进跑"时，避免与他人发生身体接触而造成运动伤害事故；

（4）教师要根据天气及学生的实际情况把握运动量和强度。

四、实施策略

（一）领导重视，组织协调

我校集体跑步活动刚开展的时候，也面临着瞻前顾后、不敢放开的尴尬局面。各班之间互相观望，生怕影响了教学成绩。因此，要想把"阳光体育"顺利开展下去，就一定要真正实现全员参与，班班都开展课外文体活动。

2008 年 11 月，我们成立以校长为组长的领导小组，及时组织体育教师开会，研究探讨如何在最短时间内用最快的速度提高我校课间操及跑步质量。此后，我校组织召开音乐教师会议，要求音乐教师选择较好的音乐，融入集体跑步中去，召开年级组长、班主任例会，要求大家要转变观念，即学生跑步不单纯是体育教师的事情，更是每位班主任应尽的职责，要求大家要用积极的态度配合体育教师共同提高班级学生的集体跑步质量。同时，在集体跑步评比上，政教处专门安排人员负责组织管理学生干部对各班跑步进行评比，而且将评比分数每天在黑板上及时公布，把评比结果纳入到学期末班级量化管理和班主任考核之中。

上述一系列措施的实施，使我校在"阳光体育"活动中形成了班班争先，全员参与的大好局面。

（二）确定活动主题，激发学生持之以恒的顽强精神

为了使每天半小时的跑步活动能够长久进行，做到可持续发展，我们先对学生进行爱国主义教育，加强思想道德教育，提高学生锻炼的自觉性和积极性。

第一步，学校的集体长跑主题确定为"我运动、我快乐、我健康"，让学生首先认识到运动也是一种乐趣，健康的身体是体验幸福的前提和保障。

第二步，利用校内电视台组织学生观看解放军出操及训练短片。从解放军战士严明的纪律、整齐的步伐、规范的动作、英武的军姿中，学生受到了教育，他们从心里自觉地以解放军为榜样，树立起不怕苦不怕累，锻炼身体，保卫祖国，建设祖国的决心和信心。

第三步，抓住国庆大阅兵的教育契机，对学生进行"强健的体魄、坚强的品质对民族兴衰的重要性"教育。通过集体观看阅兵式录像、班会讨论、写观后感等形式，学生自发提出了"让我们的祖国为有我们而骄傲"的口号，锻炼热情空前高涨。

（三）加强技术指导，提高学生跑步质量

为了提高跑步的质量，我们请来驻防密云"北山"部队官兵为我们表演队列、跑步，并请战士做教官对学生进行跑步、队列训练。此外，我们还要求每位班主任必须深入体育课堂，至少看一节本班体育课学生上课情况，主要观察学生做操、队列、跑步等动作的规范程度，然后与体育教师一起矫正部分学生不规范的动作。在对各班体育委员的管理上，由体育教师分年级集中培训多次，要求他们认真负责，动作规范地带好本班同学做好每一个动作。

（四）突破教育发展"高原期"，学科教育、体育锻炼全"阳光"

近年来的教育改革，使有些教师出现迷茫，有些班级的学业成绩出现下滑。面对这样一个教育的"高原期"，几年前，我校把"阳光体育"活动纳入德育系列专题研讨。经过精心筹备，我校召开了以"促进全校学生课间操、集体跑步形成习惯（校内俗称两大习惯）与学校办学思想"为主题的德育工作研讨会。全校干部、年级组长、班主任、政教干事、体育教师、音乐教师参加了研讨会，全校干部、教师形成了以下共识：

第一，有必要、有可能使全校学生课间操、集体跑步形成习惯。

第二，两大习惯养成的过程中，不仅可以提高学生的动作技能的质量标准，而且能够培养学生的多种素养，如服从意识、集体意识、和乐意识、意志品质、合作意识、昂扬向上的气质、注意力、想象能力、组织性纪律性等。上午做操、下午跑步的上下午各半小时的大操场，就是提高学生综合素质的"教育场"。

第三，在这个足够大的提高学生综合素质的"教育场"上培养出来的各种素养是完全可以迁移的，它可以迁移到课堂教学、集体活动各方面。从而改善师生的教学生活质量，提高学习效率，提高办学质量，有百利而无一害。

大会做出决定：学校分别设置"课间操、集体跑步达标班"、"课间操、集体跑步习惯养成班"两大奖项，前项重在体育技能达标，后项重在八大素养迁移到课堂教学、集体活动各方面的质量，学期末进行表彰。

五、效果评价

为了贯彻落实学生在校每天一小时的锻炼要求，我校在每天上午 30 分钟课间操的基础上，下午又增加了 30 分钟的集体跑步活动，经过十几年的坚持及不断改进，最终形成了自己的特色。

（一）整体评价

在大课间跑步设计中，我们结合学生的生理和心理特点，本着提高学生的身体素质，激发学生的跑步兴趣的原则，对集体跑步活动进行了创新设计。为了使集体跑步达到更好的效果，我们从健身性、观赏性、教育性等三个方面进行组织评价。

（1）健身性。为了切实提高各个年级段学生参与活动的积极性，使活动能真正有效地进行，学校根据各年级学生的年龄特点和身体情况，将全校 1800 多名学生按年级划分三块场地进行活动，制订不同的跑步路线，明确不同年级段的跑步里程，既能让身体吃得消，又能达到锻炼效果，真正实现通过跑步使学生身体强健的健身目标。

（2）观赏性。跑步过程需符合运动规律，有"慢—快—慢"的节奏变化，两个月必须变换一次跑步路线，如各种图形跑等，半年更换一次节奏鲜明、学生喜爱的音乐，让学生在节奏明快的音乐伴奏下进行跑步，以此提高学生的跑步兴趣，保持学生对跑步活动的新鲜感。力争在集体跑步活动中做到体育与音乐、体育与国学、体育与艺术相结合，变"单一目标"为"多元目标"。

（3）教育性。随着经济社会的发展，家长对教育的关注开始由结果转向过程、从单一教学成绩转向全面素质的提高。除了学习成绩，对子女身心健康成长、学有所长、富有个性的渴望同样强烈。在学科教学和体育锻炼双管齐下的思路引领下，我们学校提出"快乐学习，健康成长"的幸福教育目标。变"单一目标"为"多元目标"，创新集体跑步这样的"阳光体育"群体活动正在为实现这一教育目标发挥着重要的作用。

（二）学生评价

参照本章第一节课间操学生评价办法，在此不再赘述。

目前，集体跑步的热潮正在悄悄改变着学校里孩子们的学习、生活的态度和方式，而这些改变都源于密云二小以制度推动"阳光体育"常态化的那份坚持与执著。

学校变冬季长跑活动为 30 分钟集体跑步活动，使得课外文体活动开展率达到 100%，学生课外文体活动参加率达到 100%，让"阳光体育"成为学校教育的常态，让学生快乐学习、健康成长的育人思路，在密云二小这所百年老校日渐清晰。

（三）具体评价标准

具体评价标准如表 5-2-1。

表 5-2-1　评价标准

序号	内容	标准	分值
1	制度建设（2分）	学校确保每天30分钟的大课间活动时间；有检查、有评比制度，有原始记录。	1. 时间足（从学生开始集合整队到跑步最后讲评学生解散30分钟）。（1分）
			2. 跑步现场有检查、有评比、有原始记录。（1分）
2	集合整队（4分）	学生纪律严明，精神面貌好，集合整队"快、静、齐"；静止时立正姿势，无乱动现象；着运动服，穿运动鞋。	1. 集合整队快、静、齐，学生精神面貌好。（1分）
			2. 站姿按要求挺胸、抬头、立腰、手贴紧身体，不乱动。（2分）
			3. 着装干净、整齐。（1分）

序号	内容	标准	分值
3	入退场 （16分）	入、退场路线设计合理；全校学生"动"、"静"统一，走姿正确，队列整齐；队形变换规范。	1. 入场路线设计利于队列展示，时间安排合理，有队列展示、队形变化新颖。（6分）
			2. 退场路线、时间安排合理，有队列、队形变化。（4分）
			3. 昂首、挺胸，大摆臂动作整齐、有力。（4分）
			4. 口号洪亮，精神面貌好。（2分）
4	跑步距离 （10分）	结合学生身体特点，本着循序渐进的原则，确保跑步距离、运动负荷科学、安全。	1. 小学1、2年级学生400—600米，3-6年级学生1000米。
			2. 达到要求的跑步距离，无掉队现象，特殊体质学生可以单独组队，按自己路线跑步。（10分）
5	跑步效果 （40分）	学生全部在操场内进行跑步，场地利用率高，路线变化合理、实用；学生跑姿正确；队形、排面整齐，步伐一致；跑速适中，整体节奏感明显。	1. 跑姿：上体正直稍前倾，以肩为轴，肩下沉，两臂放松前后摆，大小臂成90度，摆动有活力，精神面貌好。（10分） 2. 整齐度：摆臂齐、步伐齐、排面齐、整体队伍齐、走与跑衔接变化齐。（12分）
			3. 场地利用充分、效果好，有多种路线变化且设计合理，与跑步节奏变换有机结合。（10分）
			4. 跑步速度适中，节奏"慢-快-慢"变化明显，有特色；运动负荷合理。（6分）
			5. 学生呼口号声音洪亮、整齐，呼口号次数适中。（2分）

续表

序号	内容	标准	分值
6	音乐指挥（18分）	音乐指挥跑步全过程；乐曲优美有变化，适合跑步节奏和学生年龄特点；各环节衔接紧密。	1. 音乐指挥全过程，从学生集合开始一直到退场。（2分）
			2. 乐曲的选择有新颖，适合跑步的节奏和学生年龄特点。（14分）
			3. 音乐衔接紧密，无间断现象。（2分）
7	教师参与（6分）	体育教师负责全校学生跑步的组织、指导工作；班主任负责组织本班学生跑步，其他教师积极参与。	1. 全体体育教师参与，穿运动服、运动鞋，组织、指导学生跑步。（4分）
			2. 每班至少一名教师，负责参与组织管理学生，班级整体效果好。（2分）
8	出勤率（2分）	学生出勤率高。	出勤率不低于98%。（2分）
9	见习生（2分）	合理安排见习生的活动内容。	有专人负责组织见习生，专门的场地，进行适宜的活动。（2分）

（四）集体跑步评比办法

评价办法与课间操类似，具体为：

（1）集合：要求快、静、齐。集合号响起必须站好，迟到1人扣1分，在集合时有大声喧哗或站队不齐视情节轻重扣1—5分。

（2）服装：要求所有学生穿校服，1人不穿扣0.5分。

（3）站姿：当集合号响起，开始1分钟站姿，要求挺胸、抬头、目视前方、四指并拢、拇指内扣、贴紧裤线，成立正姿势。有不按要求做者，视情况每人扣0.5—2分。

（4）入场：当入场音乐响起，开始入场。要求队列整齐、大方，摆臂到位，精神状态好，能跟上音乐的节奏。如整体效果不好，扣2—5分，有个别同学态度不认真，动作不到位等情况，每人扣 0.5—2 分。跑步入场须唱歌，有不唱或声音不响亮的，视情况扣 0.5—2 分。

（5）踏步：当遇到踏步时，要求挺胸、抬头、目视前方，直臂摆动，膝盖抬高，脚尖朝前，节奏准确，精神状态好，如有不按要求做者每人扣 0.5—2 分。

（6）跑步：要求服装、队列整齐，跟随音乐节拍，步伐整齐，队形变换整齐有序。如有不按要求做者每人扣 0.5—2 分。

（7）退场：同入场，如有提前解散的班级，扣 5 分。

（8）精神面貌：要求从入场到退场整个过程精神状态好，富有朝气。精神状态不佳的，视班级整体情况扣 1—5 分。

（9）班主任组织：要求班主任跟操并积极主动地组织好本班学生，如班主任有事，副班主任代替，如有不按要求做者，每班扣 5 分。

第三节　体育节

一、目标定位

激发学生体育锻炼的热情。体育展示与比赛是运动能力的直观表现，它可以将体育运动的魅力展现得淋漓尽致，同时也是激发学生参与体育锻炼内动力的最好渠道。安排适当的时间、适宜的规则、全员参与的各种比赛和表现的舞台是非常重要且有必要的，它不仅能激发学生的锻炼热情，还能有效提高学生运用所学的能力，全员参与，共享乐趣。不能认为比赛就是那些运动技能好的学生的舞台和专利，我们的体育节树立"比赛永远要面向全体学生"的指导思想，鼓励、创设条件让每一个学生都参与到比赛当中，让每一个学生都有享受比赛、展示自己锻炼成果的舞台。

二、内容结构

（一）基本构架和内容

（1）班级联赛：班级篮球联赛、班级足球联赛、班级乒乓球比赛等。

（2）运动会：田径比赛、趣味比赛、集体比赛等。

（3）与体育相关类比赛：摄影、绘画、奥运口号征集、奥运知识竞赛等。

（二）体能

体育节期间组织开展的各种比赛项目，使学生在德、智、体、美、劳等方面都得到了锻炼，尤其是学生为了参加体育节的各项活动，积极参与锻炼，进而使学生心肺耐力、爆发力、平衡能力、协调性、灵敏性、柔韧性、力量等体能素质都得到了提高。

（三）展示与比赛

体育节期间会按照计划开展各项比赛，由体育组、班主任及各班班干部按照比赛要求集体组织。学校电视台小记者会进行现场采访并在教师的帮助下制作视频，在学校内进行展播。同时也会根据学生在体育节上的表现，选拔部分优秀学生参加市、区级相应比赛。

（四）观赏与评价

体育节期间组织的各项比赛，每次都会吸引众多学生和教师观赏比赛，学校会根据班级参加比赛所获得的成绩选取前三名进行表彰奖励，并把成绩换算成积分记录在体育节班级积分总表内，体育节结束后计算每班所获得的总积分，对每个年级积分最高的前三个班级颁发奖状进行精神奖励，还会对获奖班级颁发物质奖励（体育活动器材），归班集体所有。

三、活动方案

（一）2021 年校园足球班级联赛活动方案

1. 赛事名称

2021"白檀杯"北京市密云区第二小学校园足球联赛

2. 组织机构

（1）指导单位：北京市密云区教委体美卫科。

（2）主办单位：北京市密云区第二小学体育组。

3. 比赛信息

（1）比赛时间：2021 年 4 月 1 日至 4 月 30 日，星期一至星期五 13：00—13：50；15：40—16：30

（2）比赛地点：密云区第二小学足球场。

（3）比赛分组。

一至六年级组，各年级均分为男子、女子组。

注：各班级每个组别报名时不少于 10 名队员。比赛时，场上至少要有 3 名队员。

4. 报名工作

（1）本次比赛为五人制比赛，以班级为单位组建球队报名参赛，每班男、女各 1 队。每队限报 10 人（班主任任领队兼教练）。

（2）每班限报两队，各队运动员报名一经确认，不得更改。

（3）班主任要加强安全教育，提高安全意识，并负责对运动员身体健康情况进行审核。参赛运动员必须品学兼优、经家长同意，身体健康适合该项竞赛活动。

（4）参赛运动员必须是具有本校正式学籍的在校学生。必须思想品德好、学习成绩良好、经医务部门检查，身体健康适宜参加足球运动。班主任要加强安全教育，提高安全意识。

（5）各参赛队于 2021 年 3 月 25 日 9 点前上交报名表至体育组。

5. 资格认证

各班主任要对本队队员的资格负责，并在报名表上签字。

6. 竞赛办法

四、五、六年级各组别通过抽签确定对阵，直接淘汰制进行比赛。胜队对胜队决冠亚军，负队对负队决季军。

7. 比赛规则

（1）比赛标准。

本次比赛执行中国足协最新审定的《五人制足球竞赛规则》。

本次比赛严格执行《全国学生足球比赛纪律处罚条例》及《中国足球协会足球比赛违规违纪处罚办法》。

（2）比赛形式及人数。

每场比赛前各队填报队员名单最多不超过 10 人。一至六年级组均采用 5 人制。全场比赛分为三节，第一节比赛上场队员 5 人，第二节比赛上场队员为另外其余 5 人，第三节比赛上场队员为 10 人中的任意 5 人。

（3）比赛时间

全场比赛时间为一至二年级共 10 分钟，三至六年级共 15 分钟，均分为三节比赛制。

（4）比赛用球。

本次比赛采用4号球。

（5）比赛装备。

上场队员必须穿运动服装和鞋，比赛时需穿着提供的分队背心，根据要求穿指定颜色进行比赛；比赛队员必须戴护腿板，穿长筒球袜。比赛如穿足球鞋，一律穿碎钉足球鞋。

（6）比赛纪律。

比赛累计两张黄牌停赛一场，一张红牌停赛一场。比赛中要坚决遏制罢赛、打架、不服从裁判的现象，领队、教练必须以身作则并管理好队伍。

8. 相关要求

（1）请各班主任组织学生到达比赛场地后，在本方技术区域内将所有物品摆放整齐。

（2）本次比赛除执行握手程序外，比赛结束后，双方球队应列队，由队长带领到对方球队座席前集体行礼，致谢教练、裁判等。

（3）如果遇到特殊天气情况，比赛前，裁判会告知是否进行比赛。

9. 其他事项

（1）仲裁及裁判员。

仲裁机构：

组长：王长华（校长）。

副组长：霍中阳（体育组长）。

组员：体育组教师。

裁判长：霍中阳（体育组长）。

裁判员（体育教师）：王宗云、李亚冬、张凯、郭新宇、韩佳男。

组织记录（体育教师）：徐晶、马福军。

场地器材：六年级学生志愿者。

赛场安保：六年级学生志愿者。

（2）录取名次及奖励办法：各年级前两名颁发奖状。

（3）如有与本次赛事相关的文化活动，另行通知。

（4）本竞赛规程由竞赛活动组委会负责解释，未尽事宜另行通知。

10. 足球文化

每班制作足球加油海报或比赛助威横幅。

（二）密云二小第三十一届体育节运动会活动方案

1. 指导理念

全员参与，增强体质；全体展示，增强活力；团队合作，个体突显；阳光体育，阳光少年。

2. 组织机构

（1）领导小组。

组长：王长华（校长）。

副组长：王海荣（主管副校长）、霍中阳（体育组长）。

组员（校领导班子成员）：王海明、张杰、高树君、王静、郑雪飞、王玉如。

（2）工作小组。

组长：霍中阳（体育组长）。

副组长：马福军（体育教师）、徐晶（体育教师）。

组员：体育教师、一至六年级行政主管、部长、年级行政助理、全体班主任及部分学生。

3. 本届运动会时间

2021 年月 4 月 30 日。

4. 主题口号

阳光体育阳光少年健康体魄快乐成长。

5. 运动会安排

（1）时间：2021 年 4 月 30 日。

（2）负责人：王海荣（主管副校长）、霍中阳（体育组长）。

（3）参加人：一至六年级全体学生和全体在校在职教职工。

6. 集体项目

一年级：接力跑

（1）参加人员：一年级学生，一年级每班 40 人，男女各 20 人（不含免体学生）。

（2）比赛时间：田径单项比赛后。

（3）比赛规则：学生完成接力跑后（最后一名学生跑回本班把沙包交给班主任手中）的时间为决定比赛名次的依据；手持沙包；每人跑步距离为 15 米，然后折返。

（4）计时：体育组（准备麦克风，保证所有学生听见计时开始及结束时间的口令。）

（5）记录：体育组。

（6）提示：

A.计时开始起跑，最后一名学生跑步回到本班队伍，把沙包交给班主任后计时结束；

B.一年级学生在操场北侧集合——从一年级一班开始比赛；

C.比赛期间可以喊"加油"，不做其他与比赛无关的事件（不比赛的班级保持安静，以免引起不必要的麻烦）；

D.校医随行本次接力跑比赛；

E.班主任教育本班学生，注意比赛安全及观看安全；

F.摄影：朱光辉（电教员）。

（7）比赛结果使用：比赛名次计入本次运动会，第一名24分，第二名21分，第三18分，后三名15分。

二年级：定点投篮

（1）参加人员：二年级学生（不含免体学生）每班40人，男女各20人。

（2）比赛时间：田径单项比赛后。

（3）比赛规则：以班为单位，男生和女生各20人；连续投篮，投篮个数累计；得分相同则以先进球班级为胜。

（4）计数：体育组及部分科任教师。

（5）记录：体育组。

（6）提示：

①从第一个学生开始计数，最后一名结束计数；

②二年级学生在操场南侧小篮球场地集合——从二年级一班开始比赛；

③比赛期间可以喊"加油"，不做其他与比赛无关的事件（不比赛时保持安静，以免引起不必要的麻烦）；

④校医随行本次比赛；

⑤班主任教育本班学生，注意比赛安全及观看安全；

⑥摄影：朱光辉（电教员）。

（7）比赛结果使用：比赛名次计入本次运动会，第一名24分，第二名21分，第三18分，后三名15分。

三、四年级：同舟共济

（1）参加人员：三至四年级学生每班30人（不含免体学生）。

（2）比赛时间：田径单项比赛后。

（3）比赛规则：

准备好相距 15 米左右的两条线，一条作为起点线，一条作为终点线。每队 30 人，站在起点后的两块垫子上，然后学生手中再拿一块垫子。组织者发令后，学生先将手中的垫子放置在前方适当位置，然后集体有序向前方的垫子上移动，当所有人都完成后，再把垫子拿起向前方摆放，依次反复前进，直到所有人都冲过终点线，用时少者为胜。

（4）计时：体育组（准备麦克风，保证所有学生听见计时开始及结束时间的口令）。

（5）记录：体育组及部分科任教师。

（6）注意事项：

赛程中，队员身体的任何部位均不得触及地面；如果任何部位触及地面按照每人每次扣除 2 秒记录成绩。

（7）提示：

①计时开始开始做，计时结束停做；

②比赛地点：操场；

③比赛期间可以喊"加油"，不做其他与比赛无关的事件（不比赛时保持安静，以免引起不必要的麻烦）；

④校医随行本次比赛；

⑤班主任教育本班学生，注意比赛安全及观看安全；

⑥摄影：朱光辉（电教员）

（8）比赛结果使用：比赛名次计入本次运动会，第一名 24 分，第二名 21 分，第三 18 分，后三名 15 分。

五年级：跳长绳

（1）参加人员：五年级每班 40 人。

（2）比赛时间：田径单项比赛后。

（3）比赛规则：时间——3 分钟；以班为单位，男生和女生各 20 人；连续跳绳，跳绳个数累计；个数相同则看中断次数，3 分钟内，中断次数少者名次为先；每班出摇绳学生两名，班主任负责组织。

（4）计时：体育组（准备麦克风，保证所有学生听见计时开始及结束时间的口令）。

（5）计数：体育组老师挑选裁判员计数，每个班 2 人，一人计跳绳数量，一人计中断次数。

（6）记录：体育组。

（7）提示：

①计时开始起跳，计时结束停跳；

②在田径场中间进行比赛，6个班一次排开；

③比赛期间可以喊"加油"，不做其他与比赛无关的事件（不比赛时保持安静，以免引起不必要的麻烦）；

④校医随行本次跳绳比赛；

⑤班主任教育本班学生，注意比赛安全及观看安全；

⑥摄像、照相：朱光辉（电教员）、屈博学（网管员）。

（8）比赛结果使用：比赛名次计入本次运动会，第一名24分，第二名21分，第三18分，后三名15分。

六年级：拔河比赛

（1）参加人员：六年级全体学生（不含免体学生）。

（2）比赛时间：待定。

（3）比赛规则：三局两胜，每班参加比赛人数为30人（15男，15女），班主任负责组织。两队紧握拔河绳，站在白线后，白线相距一定距离，当拔河绳的中间红绳部分被任何一方拉到白线后即为取胜。

（4）记录：体育组。

（5）提示：

①裁判员发口令开始，双方用力拔绳子；

②体育组提前画好比赛场地；

③比赛期间可以喊"加油"，不做其他与比赛无关的事件（不比赛时保持安静，以免引起不必要的麻烦）；

④校医随行本次跳绳比赛；

⑤班主任教育本班学生，注意比赛安全及观看安全；

⑥摄像、照相：朱光辉（电教员）、屈博学（网管员）。

（8）比赛结果使用：比赛名次计入本次运动会，第一名24分，第二名21分，第三18分，后三名15分。

7.田径比赛项目及要求

见报名表附件。

8. 未尽事宜协商解决

见报名表附件。

四、实施策略

（1）成立领导小组：为了更好地开展好体育节各项活动，学校成立了以校长为组长的体育节工作领导小组。

（2）成立工作组：在领导小组下面设体育节工作办公室，由体育组组长担任办公室主任。

（3）提前部署：学期初在学校工作计划中明确体育节的方案，各班和相关人员提前做好筹备、训练等安排。

（4）体育节前召开赛事工作会和裁判员会：明确人员分工，各项赛事的场地安排，各班的观赛位置，裁判员的判罚标准等。

（5）总结评价：评选精神文明班级、精神文明个人、年级团体总分、个人名次成绩等。

五、效果评价

（1）活动全员参与：在体育节系列活动过程中是以学生为主，照顾每一位学生的活动需要，而不是把活动过多地等同于一般体育竞技比赛，过分强调名次或成绩，而忽视了全体学生在不同水平和程度上的需要。

（2）学生获得感：在体育节活动中积极的情感体验能够增强学生学习和练习的兴趣。学生在体育节中获得快乐，有了积极情感体验，特别通过自己努力得到快乐体验，才能做到"以苦为乐""乐在其中"，从而喜欢学和乐于练习，使体育兴趣不断得到加强、巩固。

（3）班级量化得分表（表 5-3-1）：

表 5-3-1　密云区第二小学 2021 年体育节暨运动会评价量表

班级	集体项目					立定跳远		抛实心球		一分钟跳绳		仰卧起坐		田赛总分	径赛总分	合计	年级名次
	接力跑	集体投篮	同舟共济	跳长绳	拔河	男	女	男	女	男	女	男	女				

第四节　单项赛

每月一次的群体性单项比赛，不但使学生情绪得到放松或转移，而且可以通过亲身参与各项体育活动来体验成功，享受活动过程带来的快乐，进一步推动群众性体育锻炼的普及。另外，每月一次的群体性单项赛魅力还在于各种体育活动很大程度上满足了参与者的心理需要，如实现理想、追求成就、创造价值、为集体作贡献等。广大学生在每月一次的单项比赛活动中提高了运动技能，强健了身体，陶冶了情操，并获得了高层次的精神享受。

一、目标定位

促进课堂教学和训练质量的提升。通过每月一次的群体性单项比赛，学生会在课堂上自觉地提高关注度，认真进行学习和训练，学好每一个知识点，练好每一个技术动作。实现自身价值，为班集体争得荣誉。因为每月的单项赛是集体形式的赛制，每个学生都是班集体中不可或缺的一员，获得单项赛的胜利需要班级里的所有学生共同努力才能实现。

二、内容结构

（一）基本构架和内容

（1）竞赛项目：接力跑、定向越野。
（2）田赛项目：立定跳远接力。
（3）趣味比赛项目：赛龙舟、同舟共济、步伐一致。
（4）集体比赛项目：拔河、定点投篮、三分钟跳长绳、一分钟跳短绳。

（二）体能

每月一次，内容不同的单项比赛，使学生身体素质得到了全面的发展，包括学生的心肺耐力、力量、柔韧性、反应时间、协调性、灵敏性、平衡能力等体能素质都得到了增强。

（三）展示与比赛

每月一次的单项比赛吸引着众多的观众，比赛前，观众们就早早地来到赛场周围。比赛中，裁判和教师会引导比赛队员与观众进行互动，比赛结束后也会组织有兴趣的学生进行比赛尝试。

（四）观赏与评价

每次比赛结束后学校小记者会制作本次比赛的集锦在校内电子屏进行展播，供学校师生及外来参观人员观赏、评价；每一次单项比赛结束后，学校会对参与比赛的年级进行评选，荣获前三名的班级给予奖励。

三、活动方案

（一）接力跑比赛方案

（1）参加人员：一年级学生，每班40人，男女各20人（不含免体学生）。
（2）比赛时间：2020年9月25日。
（3）比赛规则：学生完成接力跑后（最后一名学生跑回本班把沙包交给班主任手中）的时间为决定比赛名次的依据；手持沙包；每人跑步距离为15米，然后折返。

（4）计时：体育组（准备麦克风，保证所有学生听见计时开始及结束时间的口令）。

（5）记录：体育组。

（6）提示：

①计时开始起跑，最后一名学生跑步回到本班队伍，把沙包交给班主任后计时结束；

②一至六年级学生在操场北侧集合——从一年级开始比赛；

③比赛期间可以喊"加油"，不做其他与比赛无关的事件（不比赛的班级保持安静，以免引起不必要的麻烦）；

④校医随行本次接力跑比赛；

⑤班主任教育本班学生，注意比赛安全及观看安全；

⑥摄像、照相：朱光辉（电教员）、屈博学（网管员）。

（7）遇特殊情况比赛延迟。

（8）比赛结果使用：比赛名次计入体育节评价要素，第一名24分，第二名21分，第三18分，后三名15分。

（9）奖状准备：教导处。

（二）定点投篮比赛方案

（1）参加人员：一至六年级学生（不含免体学生）每班40人，男女各20人。

（2）比赛时间：2020年10月16日。

（3）比赛规则：以班为单位，男生和女生各20人；连续投篮，投篮个数累计；得分相同则以先进球班级为胜。

（4）计数：体育组及部分科任教师。

（5）记录：体育组。

（6）提示：

①从第一个学生开始计数，最后一名结束计数；

②一至六年级学生在操场南侧小篮球场地集合——从一年级一班开始比赛；

③比赛期间可以喊"加油"，不做其他与比赛无关的事件（不比赛时保持安静，以免引起不必要的麻烦）；

④校医随行本次比赛；

⑤班主任教育本班学生，注意比赛安全及观看安全；

⑥摄像、照相：朱光辉（电教员）、屈博学（网管员）。

（7）遇特殊情况比赛延迟或取消。

（8）比赛结果使用：比赛名次计入体育节评价要素，第一名24分，第二名21分，第三18分，后三名15分。

（9）奖状准备：教导处。

（三）"同舟共济"比赛方案

（1）参加人员：一至六年级全体班级，每班30人（不含免体学生）。

（2）比赛时间：2020年12月11日。

（3）比赛规则：

准备好相距15米左右的两条线，一条作为起点线，一条作为终点线。每队30人，站在起点后的两块垫子上，然后学生手中再拿一块垫子。组织者发令后，学生先将手中的垫子放置在前方适当位置，然后集体有序向前方的垫子上移动，当所有人都完成后，再把垫子拿起向前方摆放，依次反复前进，直到所有人都冲过终点线，用时少者为胜。

（4）计时：体育组（准备麦克风，保证所有学生听见计时开始及结束时间的口令）。

（5）记录：体育组及部分科任教师（记录表格见附件1）。

（6）注意事项：

赛程中，队员身体的任何部位均不得触及地面；如果任何部位触及地面按照每人每次扣除2秒记录成绩。

（7）提示：

①计时开始开始做，计时结束停做；

②比赛地点：操场

③比赛期间可以喊"加油"，不做其他与比赛无关的事件（不比赛时保持安静，以免引起不必要的麻烦）；

④校医随行本次比赛；

⑤班主任教育本班学生，注意比赛安全及观看安全；

⑥摄像、照相：朱光辉（电教员）、屈博学（网管员）。

（7）遇特殊情况比赛延迟或取消。

（8）比赛结果使用：比赛名次计入体育节评价要素，第一名24分，第二名21分，第三18分，后三名15分。

（9）奖状奖品准备：教导处总务处。

（四）跳长绳比赛方案

（1）参加人员：三至六年级每班40人。

（2）比赛时间：2020年11月20日。

（3）比赛规则：时间——3分钟；以班为单位，男生和女生各20人；连续跳绳，跳绳个数累计；个数相同则看中断次数，3分钟内，中断次数少者名次为先；每班出摇绳学生两名，班主任负责组织。

（4）计时：体育组（准备麦克风，保证所有学生听见计时开始及结束时间的口令）。

（5）计数：体育组老师挑选裁判员计数，每个班2人，一人计跳绳数量，一人计中断次数。

（6）记录：体育组。

（7）提示：

①计时开始起跳，计时结束停跳；

②在田径场中间进行比赛，6个班依次排开；

③比赛期间可以喊"加油"，不做其他与比赛无关的事件（不比赛时保持安静，以免引起不必要的麻烦）；

④校医随行本次跳绳比赛；

⑤班主任教育本班学生，注意比赛安全及观看安全；

⑥摄像、照相：朱光辉（电教员）、屈博学（网管员）。

（8）遇特殊情况比赛延迟或取消。

（9）比赛结果使用：第一名、第二名发班级奖状。

（10）奖状准备：教导处。

四、实施策略

（1）学期初制订本学期每月一次的群体性比赛计划，确定每月开展单项赛的内容。制订单项赛活动计划，包括比赛时间、地点、组织形式、参加年级及人数等具体内容。

（2）成立以学校体育主管为组长的群体性比赛活动领导小组，协调组织比赛活动的开展。每位体育教师为单项比赛的项目组负责人，各自负责一项比赛活动的具体组织工作；当月没有比赛组织任务的教师及其他相关教师作为辅助人员，参与单项比赛的组织活动，如班主任、校医、电教教师等人员。

五、效果评价

（一）评价重点

（1）运动能力：能够把所学运动技能运用到比赛当中，体能足以支撑学生顺利完成比赛。

（2）健康行为：了解各项比赛对身体的益处，改正不良运动动作，养成安全锻炼的习惯。活动中主动与同伴交流，团结合作、保持良好的心态，充分感受各项比赛所带来的乐趣。

（3）体育品德：活动中能够正确看待成功与失败，表现出积极进取，遵守规则、互相尊重的优良品质。

（二）评价办法

（1）横向比较：每次单项赛同一年级进行成绩比较。例如，趣味比赛的赛龙舟、同舟共济、步伐一致等项目，可选择同一年级内进行比赛，用时最短团队获得比赛胜利。

（2）纵向比较：保留历届比赛数据，与前一年的比赛成绩进行比较，看有没有进步。例如，3分钟跳绳比赛，上一年3分钟跳340个，今年3分钟跳365个，相较上一年有了进步提高，即使没有在年级比赛中取得好的名次，也要及时鼓励，颁发进步奖。

（3）定量比较：比赛前，对这项比赛设定一个达标标准，经过比赛统计每个班达标人数，达标人数最多的班级获胜。例如，一分钟跳绳比赛，每班参加比赛人数为男15人，女15人，设定不同年级达标数（一年级每分钟120个、二年级每分钟130个、三年级每分钟140个、四年级每分钟150个、五年级每分钟160个、六年级每分钟170个），比赛结束统计同一年级内不同班级达标人数，达标人数最多的班级获胜。

（三）注意事项

（1）根据不同的比赛内容选用不同的评价方法。

（2）设定体育比赛精神文明奖，对学生在比赛过程中的健康行为、体育品德等，以积极性评价为主，并通过精神文明奖进行奖励。

（3）注意根据学生实际水平在评价中分出层次，让不同水平学生都能够获得成功的喜悦。

第五节 案例与分析

【案例1】课间操活动案例

★案例描述：

这个学期我担任学校二年级体育教学工作，并圆满完成了各项教学工作。在课间操教学工作中，大部分学生能够认真学习，掌握了所教授的课间操的基本动作，也有部分男同学身体的协调能力差，乐感不强，需要个别辅导。针对这种现象，我在教学过程中没有过分地强调教师的"教"，而是"教"与"学"并行。在动作教授完以后，我让学生间分组练习、讨论，互相纠错，培养学生自评、互评的能力。让完成好的学生进行示范，以此激发学生的学习动力，培养学生敢于表现自己的能力。上课时，利用电子屏让学生自主学习并反复纠错，并任命体育骨干为"小老师"，其他学生自由选择"小教师"进行学习。给我留下深刻印象的是二（四）班。刚开始练时，他们班大部分男生的动作都不协调。经过一段时间的训练，在同学们相互合作，相互帮助的学习环境中，全班同学的动作、节拍、精神面貌等方面都有了显著的提高。

在教学中我还利用多种教法手段激发学生学习积极性及竞争意识，如表演、比赛等形式。在课间操比赛中，我让各班事先考虑好进出场形式和场上表演的队形及其变换等形式，将最好的风貌在舞台上展示出来。学生在竞赛中体验成功、展示自我，在竞争的氛围中很好地完成了整套课间操。

★案例分析：

为学生搭建互学互促的平台，便会收获惊喜。在本学期的每一节课中，我耐心、细致、严格的对待每一个孩子，为他们创造学习交流、展示的机会。学生在做课间操时充分展示了自我、树立了自信，不再觉得课间操单调，在教学过程中我更多地关注学生，尤其是少数男生的精神成长、情感体验。通过师生零距离接触，学生之间伙伴式交流，张扬学生个性，放飞学生思维。这样才能真正落实新课标，使学生的身心得到全面、协调的发展。学生的点滴进步对于我来说都是一种极大的快乐和幸福！

（马福军供稿）

【案例2】班级足球联赛案例

★案例描述：

密云二小在每年体育节启动后便开始组织足球班级联赛。每个班组建两支参赛队伍，每支队伍由男女混合的12人组成，也就是说，每个班中有24人参赛，将全校各班队员的信息录入 App 系统，以年级为单位编排赛程表。例如，一个年级六个班，共十二支比赛队伍，每两周半打一轮，一个学期每个队参加 60 场左右的比赛。每场比赛每队上场队员 5 人，男女不限，比赛共三节，第一、二节比赛的人员不能相同，第三节可以随意安排队员上场。时间安排在早上 7：10—7：50、中午 12：40—13：20、下午 5：00—5：40 三个时间段。通过班级比赛活动开展，学校校园足球真正得到了普及，从一年级到六年级，无论是有基础的还是无基础的，更多的学生参与到足球活动当中。校园中足球文化氛围浓烈，学生有的踢足球、有的画足球、有的唱足球。通过一系列比赛活动的开展，孩子们的视野更开阔了，促进了学生在德、智、体、美等方面的全面发展，密云二小足球开始在市、区两级崭露头角。

★案例分析：

体育展示与比赛是运动能力的直观表现，可以将体育运动的魅力展现得淋漓尽致，竞赛是激发学生参与体育锻炼内生动力的最好渠道。所以为了激发学生学习体育的热情，提高学生技战术的运用能力，安排适当的时间、适宜的规则、全员参与的各种比赛和表现的"舞台"是非常重要且有必要的。不能认为一说比赛就是那些运动技能好的学生的舞台和专利，要树立"比赛永远要面向全体学生"的指导思想，教师更要鼓励、创设条件让每一个学生都参与到比赛当中，让每一个学生都有享受比赛、展示自己锻炼成果的舞台。在这个案例中，密云二小抓住体育节这一契机，积极在校园中开展旨在全员参与的校园足球比赛及文化活动，孩子们在活动中积极参与其中，不仅使身体得到了锻炼，培养了学生勇敢、顽强、合作、争取胜利的意志品质，同时也把智育、德育、美育等教育也融合其中，为学生形成健全的人格打下了坚实的基础。

（金宗健供稿）

【案例 3】班级跑步比赛案例

★案例描述：

本学期学校将以班级为单位开展队列及跑步比赛活动，班级集体跑步可以说比较乏味并且很辛苦，学生普遍对这样的比赛兴趣都不高。一天下午，我正巧看到有三个高年级的班级在班主任的组织下进行练习，学生们的表现有些倦怠，于是我就把三个年级召集到一起，对他们说："我觉得我们学校高年级的孩子是最棒的，体委组织咱们各班同学就可以把队列及跑步练好，我看今天咱们三个年级就可以先比一比，给大家二十分钟的时间，由体委带领大家练习我们比赛的内容，二十分钟后我们进行一个小型比赛，看哪个班级表现最棒，你们敢接受这个挑战吗?"我刚说完,同学们就争着喊道:"我们班一定赢。"三个班级由体委各自带开,每一个孩子的表情都非常紧张,时不时地有学生在队里提醒动作出现失误的学生,生怕在稍后的比赛中出现错误影响班级成绩,我和其他三位班主任就在一旁看着他们。看着孩子们认真的样子,队列越来越整齐,步伐越来越整齐、呼号干脆洪亮,我知道,即使再苦再累,孩子们也能坚持下去了。最终,在集体跑步比赛中,这三个班级均获得了非常好的成绩。

★案例分析:

由于现在生活条件优越和家人的过分溺爱,不少学生娇生惯养,怕吃苦,缺乏集体意识,习惯以自我为中心。作为体育教师,我们可以以集体体育比赛活动为契机,用相互合作才能取得胜利的体育比赛活动来培养学生的集体意识和团结合作的精神,通过不断的、辛苦的练习来培养学生的顽强意志。通过各种游戏、多种形式的比赛可以调动学生学习和运动的积极性,培养学生的竞争意识,教会学生正确的看待胜负,做到胜不骄、败不馁。面对失败要经得起考验,不能互相指责埋怨,善于从失败中找原因和不足,团结协作,争取在竞争比赛中取得较好的成绩。案例1中,通过竞赛的方式,激发了学生自主练习的主观能动欲望,使学生积极投入到练习中来,并且在一定程度上培养了学生的集体荣誉感,从而达到了对学生积极参与运动,克服困难等精神培养的目的。

学校体育的意义,不仅在于育体,更在于育心。学校体育活动已经从单纯的"练体"逐渐向注重对人的思想和意志品质、智力和能力、态度、情感和完善人格等培养的全面教育观转化。群体性体育活动在对人的教育和培养过程中具有独特的不可替代的重要作用,群体体育活动所体现出的育人效果,成为越来越多的体育教师所关心的热门话题。

(孟赫供稿)

第六章　提升主观幸福感的家庭体育作业

家庭体育作业是指学校体育教师根据学生的年龄、性别、健康状况、身体素质等实际情况，为学生设计的课余时间或节假日能够在家或社区进行的，以身体练习为主要手段的有目的、有计划的体育锻炼活动。

2021年8月，《北京市关于进一步减轻义务教育阶段学生作业负担和校外培训负担的措施》指出，"学校和家长要引导学生放学回家后完成剩余书面作业，进行必要的课业学习，从事力所能及的家务劳动，开展适宜的体育锻炼、阅读和文艺活动等。"[①]2020年10月中共中央办公厅、国务院办公厅印发《关于全面加强和改进新时代学校体育工作的意见》指出，"合理安排校外体育活动时间，着力保障学生每天校内、校外各1个小时体育活动时间，促进学生养成终身锻炼的习惯。"[②]2021年4月教育部印发《关于进一步加强中小学生体质健康管理工作的通知》明确了实施体育家庭作业制度[③]。

适度地安排和布置体育家庭作业是对学校体育的有效补充和完善，保障每天锻炼一小时，加强学生体质健康。校外体育锻炼与学校体育锻炼的侧重点是有差别的。在学校学生有专业的体育老师教授，方便学生学习运动健康知识和技能，但是学校的体育锻炼时间是有限的，学生在学会后的练习时间往往是不充足的，很难让学生达到一个较高的水平。这时候校外的体育锻炼的优点就出来了。比起学校体育课，校外体育锻炼的时间就充足的多。学生在学校体育课堂学会的基础上，通过老师布置的"体育家庭作业"，完成进一步的练习，这样更能帮助学生进一步掌握和提高学生的运动技能水平并且养成良好的体育运动习惯。

归根结底地说，校外锻炼作为学校体育的重要组成部分，具有增强学生身体

① 北京市关于进一步减轻义务教育阶段学生作业负担和校外培训负担的措施 [N]. 北京日报，2021-08-18（04）.
② 中共中央办公厅　国务院办公厅印发《关于全面加强和改进新时代学校体育工作的意见》[J]. 体育教学，2020，40（10）：5-7.
③ 教育部办公厅关于进一步加强中小学生体质健康管理工作的通知 [J]. 体育教学，2021，41（05）：4.

素质、提高运动技能水平、改善家庭亲子关系、加强社区小伙伴的联系等重要意义。

第一节　体测类体育作业

2021 年 4 月教育部等 15 部门联合印发的《儿童青少年近视防控光明行动工作方案（2021—2025 年）》明确规定从 2021 年全面实施寒暑假学生体育家庭作业制度。实施体育家庭作业是增强青少年身体机能素质的一条根本途径，它助推了阳光体育下学生"每天锻炼一小时"的实现，推进了体育教学目标的实现，对于提升学生身体机能素质、养成终身体育锻炼习惯以及综合素养的提升都起到了巨大的推动作用。使少年儿童真正参与到"我运动、我健康、我快乐"的体育活动中来。

一、目标定位

（一）运动能力

了解并运用正确方法测试体质健康测试项目，积极参与各项练习并能够说出基本的运动项目术语，能够描述各种项目的练习方法，说出 1—3 种能够提升测试项目成绩的小技巧，测试项目水平有明显提高。

（二）健康行为

了解和运用身体成分的基本知识和改善身体成分的多种练习方法，如能量摄取和消耗、健康饮食和体育锻炼等；能够独立或与同伴合作完成体测项目学练，根据身体感受调整练习节奏，逐渐适应体能练习密度与强度的变化；在遇到困难时能及时应对、主动克服，积极调控情绪。

（三）体育品德

根据身体条件和体能基础选择合适的锻炼方式，按照规则和要求参与体测游戏与比赛，在体能活动中表现出自尊自信、积极进取、克服困难、奋勇拼搏、相互尊重、乐于助人等精神。

二、内容结构

《国家学生体质健康标准》中关于体能的评价项目，从身体形态、身体机能和身体素质等方面综合评定学生的体质健康水平。一、二年级项目：肺活量、坐位体前屈、1分钟跳绳、50米跑。三、四年级项目：肺活量、坐位体前屈、1分钟跳绳、50米跑、1分钟仰卧起坐。五、六年级项目：肺活量、坐位体前屈、1分钟跳绳、1分钟仰卧起坐、50米跑、50米×8往返跑。

（一）基本知识与技能

了解《国家学生体质健康标准》的相关项目，能够说出几种体测项目的练习方法。

（1）体重指数（BMI）：身高是反映学生生长发育水平的常用指标，与体重配合使用，可以有效地评价学生身体的匀称度与营养状况。

体重指数（BMI）＝体重（kg）÷（身高×身高）（m）

（2）肺活量：肺活量（vitalcapacity，VC）是指一次尽力吸气后，再尽力呼出的气体总量。肺活量＝潮气量＋补吸气量＋补呼气量。肺活量是指人在尽最大努力吸气后，再尽最大努力呼气所能呼出的气体量，是反映学生肺容积和通气功能的常用指标。它的大小与年龄、性别、身高、体重、胸围及体育锻炼程度有关。该指标的测试适用于小学至大学的各个年级。

（3）50米跑：用站立式起跑，跑出后迅速加快速度，并努力以最快的速度冲过终点线。50米跑可以有效地反映学生移动速度、反应速度、灵敏素质及神经系统灵活性，是评价学生速度素质的常用指标。其成绩与体育锻炼程度有关。该指标的测试适用于小学至大学的各个年级。

（4）坐位体前屈：坐位体前屈是指人体在相对静止状态下，躯干、髋、膝等关节可能达到的最大活动幅度，是有效地反映学生关节灵活性以及韧带和肌肉的伸展性与弹性的常用指标。其成绩与学生参加体育锻炼程度有关。该指标的测试适用于小学至大学的各个年级。

（5）1分钟跳绳：跳绳是一项人体在环摆的绳索中做各种跳跃动作的运动项目，能有效地综合反映学生身体的灵敏性、协调性、动作节奏感以及下肢肌肉力量与心肺功能等，其成绩与学生参加体育锻炼的程度有关。该指标的测试适用于小学各个年级。

（6）1分钟仰卧起坐：一分钟仰卧起坐是反映学生腰腹部肌肉耐力水平的常用指标，其成绩与学生参加体育锻炼程度有关。该指标的测试适用于小学三至六年级的男女学生，以及初中至大学各个年级的女生。

（7）50米×8往返跑：50米×8往返跑是有效反映学生灵敏及耐力素质发

展水平的常用指标。站立式起跑姿势，听到发令声后，迅速蹬离起点，进入加速跑阶段和途中跑。注意上体慢慢抬起，步幅逐渐加大，然后快速摆臂，前脚掌趴地加速，全速途中跑，当接近标志杆时减慢速度绕杆继续前进，加速到全速途中跑，往返4次，相当于8次50米，总距离400米。其成绩与学生参加体育锻炼程度有关。该指标测试仅适用于小学五、六年级学生。

（二）练习方法

因为在家里受到场地因素影响，所以需要采用适合居家锻炼的练习方法，如50米跑和50米×8往返跑，主要以发展下肢力量为主和发展频率的练习方法。其他的体测项目，可选择安全合适的场所进行练习。具体练习方法和次数在下边活动方案中呈现。

（三）展示与比赛

能够自发的和同学进行线上展示和比拼，敢于在班级群及同学面前进行锻炼方法的展示。

（1）学生自发的，在居家锻炼时让父母帮忙拍摄小视频或者图片，然后发到班级群内，同学们进行云比赛，体育老师进行点评与发奖。

（2）通过一个周期的体育作业布置，如2周或者1个月定期在体育课上进行针对性检测，从而体现居家锻炼的效果。

（3）学校组织关于体测项目的专项小型竞赛，从而展示学生居家锻炼的效果。比如，1分钟跳绳比赛，1分钟仰卧起坐比赛，等等。

（四）规则与裁判

了解国家体质健康测试的规则与方法，能够运用所学知识对自己进行测试项目的测试，并能够帮助同伴进行测试；知道测试项目的动作规范，评判同伴的动作是否合格。练习时强调动作规格标准，展示比赛时明确规则。小评委观察仔细，判罚公正、严格。比如，"仰卧起坐"练习时，躺下时要手肘打开，起来时肘关节要触膝，而且不能分腿，手不能离开头后，等等，这个过程有助于学生提高动作的质量。

（五）观赏与评价

能够通过电视和现场观看、欣赏各类体育测试，并做出简单的评价。目前体质健康测试全部使用高科技仪器，误差很小，并且要求动作的完整度高，否则不能得分。所以学生在比赛过程中表现出来的拼搏精神和对胜利的渴望，能够有效增强体质，锤炼意志。

三、活动方案——案例

以三到四年级体质健康测试内容为例，测试项目为肺活量、50 米跑、1 分钟跳绳、1 分钟仰卧起坐、坐位体前屈。每天选择 2—3 项进行组合练习，一周六天（星期天休息）训练安排如下（表 6-1-1）：

表 6-1-1　训练安排表

时间	内容	具体方法	注意事项
星期一	肺活量	深呼吸法： 先慢慢地由鼻孔吸气，使肺的下部充满空气。吸气过程中，由于胸廓向上抬，横膈膜向下，腹部会慢慢鼓起。然后再继续吸气，使肺的上部也充满空气，这时肋骨部分就会上抬，胸腔扩大，这个过程一般需要 5 秒钟。最后屏住呼吸 5 秒钟。经过一段时间练习，可以将屏气时间增加为 10 秒，甚至更多。肺部吸足氧气后，再慢慢吐气，肋骨和胸骨渐渐回到原来位置。停顿一二秒钟后，再从头开始，反复 10 分钟。	先进行热身活动：原地慢跑 1 分钟，然后做热身操，最后活动全身各个关节，肌肉拉伸。 训练结束后进行放松活动。 拍打操：听着舒缓的音乐，用手心手背轻轻拍打全身肌肉。
	50 米跑	因为在家里受到场地因素影响，所以进行腿部力量练习。 A. 原地高抬腿 30 秒 ×5 次，要求：体会前摆送髋和后蹬的技术动作。 B. 橡皮带练习：俯卧垫上，脚系橡皮带做屈伸小腿动作。要求：屈快伸慢，15 次 ×4 组。	
	坐位体前屈	盘腿体前屈：两腿屈膝盘坐，两脚掌相对；两手握住两脚；上体前屈。复原姿势后连续再做一定次数，左右腿互换。 单腿屈：两腿分开坐在垫上，两手握住一只脚，上体前屈，一定次数左右腿互换。 双腿伸直，脚跟并拢，脚尖自然分开，然后掌心向下，双臂并拢平伸，上体前屈，两手匀速前移，直至不能移动为止，复原姿势后连续再做。	

续表

时间	内容	具体方法	注意事项
星期二	50米跑	因为在家里受到场地因素影响,所以进行腿部力量练习。 A. 原地高抬腿30秒×5次要求:体会前摆送髋和后蹬的技术动作。 B. 橡皮带练习:俯卧垫上,脚系橡皮带做屈伸小腿动作。 要求:屈快伸慢,15次×4组。	先进行热身活动:原地慢跑1分钟,然后做热身操,最后活动全身各个关节,肌肉拉伸。 训练结束后进行放松活动。 拍打操:听着舒缓的音乐,用手心手背轻轻拍打全身肌肉。
	跳绳	分段增次练习:以20秒为单位,要求不失误,逐步加强,争取达到60次。 第一组:30次;第二组:40次;第三组50次;第四组60次。每组之间休息1分钟,争取达到60次。	
	坐位体前屈	盘腿体前屈:两腿屈膝盘坐,两脚掌相对;两手握住两脚;上体前屈。复原姿势后连续再做,一定次数左右腿互换。 单腿屈:两腿分开坐于垫上,两手握住一只脚,上体前屈,一定次数左右腿互换。 双腿伸直,脚跟并拢,脚尖自然分开,然后掌心向下,双臂并拢平伸,上体前屈,两手匀速前移,直至不能移动为止,复原姿势后连续再做。	
星期三	跳绳	分段增时练习(每组之间休息1分钟): 第一组20秒记录总个数 第二组30秒记录总个数 第三组40秒记录总个数 第四组50秒记录总个数 第五组60秒记录总个数。	先进行热身活动:原地慢跑1分钟,然后做热身操,最后活动全身各关节,肌肉拉伸。 训练结束后进行放松活动。 拍打操:听着舒缓的音乐,用手心手背轻轻拍打全身肌肉。
	仰卧起坐	分段增次练习(每组之间休息1分钟):以20秒为单位,要求不失误,逐步加强,争取达到16次。 第一组:8次; 第二组:12次; 第三组:16次; 第四组:1分钟仰卧起坐练习。	
	坐位体前屈	直膝分腿坐压腿。双腿尽量左右分开,坐在垫子上,双手体前扶地。双手从腿内侧去抓住双腿的脚踝,重复3—5次。然后呼气,转体,上体前倾贴在一条腿上,双手扶在身体前倾一侧腿的踝关节前部。要求充分伸展双腿和腰部。	

续表

时间	内容	具体方法	注意事项
星期四	肺活量	先慢慢地由鼻孔吸气，使肺的下部充满空气。吸气过程中，由于胸廓向上抬，横膈膜向下，腹部会慢慢鼓起。然后再继续吸气，使肺的上部也充满空气，这时肋骨部分就会上抬，胸腔扩大，这个过程一般需要5秒钟。最后屏住呼吸5秒钟。经过一段时间练习，可以将屏气时间增加为10秒，甚至更多。肺部吸足氧气后，再慢慢吐气，肋骨和胸骨渐渐回到原来位置。停顿一两秒钟后，再从头开始，反复10分钟。	先进行热身活动：原地慢跑1分钟，然后做热身操，最后活动全身各关节，肌肉拉伸。训练结束后进行放松活动。拍打操：听着舒缓的音乐，用手心手背轻轻拍打全身肌肉。
	跳绳	分段增次练习：以20秒为单位，要求不失误，逐步加强，争取达到60次。第一组：30次；第二组：40次；第三组50次；第四组60次。每组之间休息1分钟，争取达到60次。	
	坐位体前屈	盘腿体前屈：两腿屈膝盘坐，两脚掌相对；两手握住两脚；上体前屈。复原姿势后连续再做，一定次数左右腿互换。单腿屈：两腿分开坐于垫上，两手握住一只脚，上体前屈，一定次数左右腿互换。双腿伸直，脚跟并拢，脚尖自然分开，然后掌心向下，双臂并拢平伸，上体前屈，两手指匀速前移，直至不能移动为止，复原姿势后连续再做。	
星期五	肺活量	先慢慢地由鼻孔吸气，使肺的下部充满空气。吸气过程中，由于胸廓向上抬，横膈膜向下，腹部会慢慢鼓起。然后再继续吸气，使肺的上部也充满空气，这时肋骨部分就会上抬，胸腔扩大，这个过程一般需要5秒钟。最后屏住呼吸5秒钟。经过一段时间练习，可以将屏气时间增加为10秒，甚至更多。肺部吸足氧气后，再慢慢吐气，肋骨和胸骨渐渐回到原来位置。停顿一两秒钟后，再从头开始，反复10分钟。	先进行热身活动：原地慢跑1分钟，然后做热身操，最后活动全身各关节，肌肉拉伸。训练结束后进行放松活动。拍打操：听着舒缓的音乐，用手心手背轻轻拍打全身肌肉。
	仰卧起坐	分段增次练习（每组之间休息1分钟）：以20秒为单位，要求不失误，逐步加强，争取达到16次。第一组：8次；第二组：12次；第三组：16次；第四组：1分钟仰卧起坐练习。	
	坐位体前屈	盘腿体前屈：两腿屈膝盘坐，两脚掌相对；两手握住两脚；上体前屈。复原姿势后连续再做，一定次数左右腿互换。单腿屈：两腿分开坐于垫上，两手握住一只脚，上体前屈，一定次数左右腿互换。双腿伸直，脚跟并拢，脚尖自然分开，然后掌心向下，双臂并拢平伸，上体前屈，两手指匀速前移，直至不能移动为止，复原姿势后连续再做。	

续表

时间	内容	具体方法	注意事项
星期六	肺活量	先慢慢地由鼻孔吸气，使肺的下部充满空气。吸气过程中，由于胸廓向上抬，横膈膜向下，腹部会慢慢鼓起。然后再继续吸气，使肺的上部也充满空气，这时肋骨部分就会上抬，胸腔扩大，这个过程一般需要5秒钟。最后屏住呼吸5秒钟。经过一段时间练习，可以将屏气时间增加为10秒，甚至更多。肺部吸足氧气后，再慢慢吐气，肋骨和胸骨渐渐回到原来位置。停顿一两秒钟后，再从头开始，反复10分钟。	先进行热身活动：原地慢跑1分钟，然后做热身操，最后活动全身各关节，肌肉拉伸。训练结束后进行放松活动。拍打操：听着舒缓的音乐，用手心手背轻轻拍打全身肌肉。
	50米跑	因为在家里受到场地因素影响，所以进行腿部力量练习。A. 原地高抬腿30秒×5次，要求：体会前摆送髋和后蹬的技术动作。B. 橡皮带练习：俯卧垫上，脚系橡皮带做屈伸小腿动作。要求：屈快伸慢，15次×4组。C. 原地负重蹲起15次×4组。要求：蹲慢起快。	
	跳绳	分段增时练习（每组之间休息1分钟）：第一组20秒记录总个数；第二组30秒记录总个数；第三组40秒记录总个数；第四组50秒记录总个数；第五组60秒记录总个数。	
	仰卧起坐	分段增次练习（每组之间休息1分钟）：以20秒为单位，要求不失误，逐步加强，争取达到16次。第一组：8次；第二组：12次；第三组：16次；第四组：1分钟仰卧起坐练习。	
	坐位体前屈	直膝分腿坐压腿。双腿尽量左右分开，坐在垫子上，双手体前扶地。双手从腿内侧去抓住双腿的脚踝，重复3—5次。然后呼气，转体，上体前倾贴在一条腿上，双手扶在身体前倾一侧腿的踝关节前部。要求充分伸展双腿和腰部。	

本方案，学生可根据自己情况选取其中一部分内容进行锻炼，也可以选择其中的一些项目进行自主锻炼。

四、实施策略

"享受乐趣、增强体质、健全人格、锤炼意志"是学校体育四位一体的目标，"教会、勤练、常赛"为达成四位一体的目标提供了途径。从学生学习与提高的角度来理解的话，实际上，就是要强调"学、练、赛"的协调一致和高度统一，只有三者有机联合才能对体育课程实施发挥重要的促进作用。体质健康测试的内容很简单，但是要想拿到高分也不容易。学生在学校的体育课上进行了基本技术的学习后，回到家里还可以通过手机、平板、电视的信息渠道自学，然后通过勤奋练习，提高成绩，从而提高身体素质。

（一）除了课上"学"，还可以在家里自"学"

随着信息技术的飞速发展，网络时代的来临，课堂已经不是学生获取知识的唯一地方了。学生在学校进行的体测项目的学习，如果有哪些地方没有听懂，或者学的不到位，完全可以通过手机、电脑、电视在家进行自学。只要有目标、有兴趣，完全可以根据自身的身体素质水平学习适合自己的锻炼方式。比如，坐位体前屈，这一项目的动作很简单，坐姿，两腿并拢伸直，手指尖尽力前伸。说着简单做着也简单，但是有些学生成绩却不理想，除了自身韧带僵硬，不够伸展，还可能因为没有完全学会。学生通过平板查阅网上视频资源，一点一点对比模仿，就会发现一些小细节需要改进，如头要尽量贴近大腿等等，立刻就会提高成绩。这就是自学时候的优越性——针对性更强。

（二）光学不"练"，假把式

无论是课上学习，还是居家自学，都需要大量的练习来提高体测项目的成绩，这是体育类项目特点。

（三）"赛"中求提高

比赛可以分两种。一种是跟自己比。比如，1分钟跳绳，第一次练习时候，记录次数，然后自己居家锻炼1星期，再进行测试，然后再练习再测试，通过不同阶段的练习来对比自己的跳绳水平。还有一种就是跟其他同学比。可以通过微信群，把各自的体测项目视频展示出来，进行比较，互相督促；也可以在居家锻炼后在体育课上进行体测项目的比赛。

（四）达到标准的"评"最重要

为建立健全国家学生体质健康监测评价机制，激励学生积极参加身体锻炼，教育部印发《国家学生体质健康标准（2014年修订）》，要求各学校每学年开展覆盖本校各年级学生的《标准》测试工作，并根据学生学年总分评定等级。只有达到良好及以上的学生，方可参加评优与评奖。

《国家学生体质健康标准》是促进学生体质健康发展、激励学生积极进行身体锻炼的教育手段。所选用的指标可以反映与身体健康关系密切的身体成分、心血管系统功能、肌肉的力量和耐力以及关节和肌肉的柔韧性等要素的基本状况。《国家学生体质健康标准》的实施将使学生和社会能够对影响身体健康的主要因素有一个更加明确的认识和理解，引导人们去积极追求身体的健康状态，实现学校体育的目标。《国家学生体质健康标准》实施办法还规定，对达到合格以上等级的学生颁发证章，以激励学生对体育锻炼的内在积极性。

五、效果评价

学生居家体育锻炼，进行体测项目的练习，其锻炼效果如何，完全可以按照体测标准，对照进行。

《国家学生体质健康标准》中从小学到大学都分别规定了相应的评价指标，这些指标是根据《国家学生体质健康标准》中项目的测试值进行评价的。除BMI是根据所测得的身高和体重需要进行计算外，其他项目是直接利用测试值进行查表评分。

表6-1-2 男生肺活量单项评分表（单位：毫升）

等级	单项得分	一年级	二年级	三年级	四年级	五年级	六年级
优秀	100	1700	2000	2300	2600	2900	3200
	95	1600	1900	2200	2500	2800	3100
	90	1500	1800	2100	2400	2700	3000
良好	85	1400	1650	1900	2150	2450	2750
	80	1300	1500	1700	1900	2200	2500

续表

等级	单项得分	一年级	二年级	三年级	四年级	五年级	六年级
及格	78	1240	1430	1620	1820	2110	2400
	76	1180	1360	1540	1740	2020	2300
	74	1120	1290	1460	1660	1930	2200
	72	1060	1220	1380	1580	1840	2100
	70	1000	1150	1300	1500	1750	2000
	68	940	1080	1220	1420	1660	1900
	66	880	1010	1140	1340	1570	1800
	64	820	940	1060	1260	1480	1700
	62	760	870	980	1180	1390	1600
	60	700	800	900	1100	1300	1500
不及格	50	660	750	840	1030	1220	1410
	40	620	700	780	960	1140	1320
	30	580	650	720	890	1060	1230
	20	540	600	660	820	980	1140
	10	500	550	600	750	900	1050

表 6-1-3 女生肺活量单项评分表（单位：毫升）

等级	单项得分	一年级	二年级	三年级	四年级	五年级	六年级
优秀	100	1400	1600	1800	2000	2250	2500
	95	1300	1500	1700	1900	2150	2400
	90	1200	1400	1600	1800	2050	2300
良好	85	1100	1300	1500	1700	1950	2200
	80	1000	1200	1400	1600	1850	2100
及格	78	960	1150	1340	1530	1770	2010
	76	920	1100	1280	1460	1690	1920
	74	880	1050	1220	1390	1610	1830
	72	840	1000	1160	1320	1530	1740
	70	800	950	1100	1250	1450	1650
	68	760	900	1040	1180	1370	1560
	66	720	850	980	1110	1290	1470
	64	680	800	920	1040	1210	1380
	62	640	750	860	970	1130	1290
	60	600	700	800	900	1050	1200
不及格	50	580	680	780	880	1020	1170
	40	560	660	760	860	990	1140
	30	540	640	740	840	960	1110
	20	520	620	720	820	930	1080
	10	500	600	700	800	900	1050

表 6-1-4　男生 50 米跑单项评分表（单位：秒）

等级	单项得分	一年级	二年级	三年级	四年级	五年级	六年级
优秀	100	10.2	9.6	9.1	8.7	8.4	8.2
	95	10.3	9.7	9.2	8.8	8.5	8.3
	90	10.4	9.8	9.3	8.9	8.6	8.4
良好	85	10.5	9.9	9.4	9.0	8.7	8.5
	80	10.6	10.0	9.5	9.1	8.8	8.6
及格	78	10.8	10.2	9.7	9.3	9.0	8.8
	76	11.0	10.4	9.9	9.5	9.2	9.0
	74	11.2	10.6	10.1	9.7	9.4	9.2
	72	11.4	10.8	10.3	9.9	9.6	9.4
	70	11.6	11.0	10.5	10.1	9.8	9.6
	68	11.8	11.2	10.7	10.3	10.0	9.8
	66	12.0	11.4	10.9	10.5	10.2	10.0
	64	12.2	11.6	11.1	10.7	10.4	10.2
	62	12.4	11.8	11.3	10.9	10.6	10.4
	60	12.6	12.0	11.5	11.1	10.8	10.6
不及格	50	12.8	12.2	11.7	11.3	11.0	10.8
	40	13.0	12.4	11.9	11.5	11.2	11.0
	30	13.2	12.6	12.1	11.7	11.4	11.2
	20	13.4	12.8	12.3	11.9	11.6	11.4
	10	13.6	13.0	12.5	12.1	11.8	11.6

表 6-1-5　女生 50 米跑单项评分表（单位：秒）

等级	单项得分	一年级	二年级	三年级	四年级	五年级	六年级
优秀	100	11.0	10.0	9.2	8.7	8.3	8.2
	95	11.1	10.1	9.3	8.8	8.4	8.3
	90	11.2	10.2	9.4	8.9	8.5	8.4
良好	85	11.5	10.5	9.7	9.2	8.8	8.7
	80	11.8	10.8	10.0	9.5	9.1	9.0
及格	78	12.0	11.0	10.2	9.7	9.3	9.2
	76	12.2	11.2	10.4	9.9	9.5	9.4
	74	12.4	11.4	10.6	10.1	9.7	9.6
	72	12.6	11.6	10.8	10.3	9.9	9.8
	70	12.8	11.8	11.0	10.5	10.1	10.0
	68	13.0	12.0	11.2	10.7	10.3	10.2
	66	13.2	12.2	11.4	10.9	10.5	10.4
	64	13.4	12.4	11.6	11.1	10.7	10.6
	62	13.6	12.6	11.8	11.3	10.9	10.8
	60	13.8	12.8	12.0	11.5	11.1	11.0
不及格	50	14.0	13.0	12.2	11.7	11.3	11.2
	40	14.2	13.2	12.4	11.9	11.5	11.4
	30	14.4	13.4	12.6	12.1	11.7	11.6
	20	14.6	13.6	12.8	12.3	11.9	11.8
	10	14.8	13.8	13.0	12.5	12.1	12.0

表 6-1-6　男生坐位体前屈单项评分表（单位：厘米）

等级	单项得分	一年级	二年级	三年级	四年级	五年级	六年级
优秀	100	16.1	16.2	16.3	16.4	16.5	16.6
	95	14.6	14.7	14.9	15.0	15.2	15.3
	90	13.0	13.2	13.4	13.6	13.8	14.0
良好	85	12.0	11.9	11.8	11.7	11.6	11.5
	80	11.0	10.6	10.2	9.8	9.4	9.0
及格	78	9.9	9.5	9.1	8.6	8.2	7.7
	76	8.8	8.4	8.0	7.4	7.0	6.4
	74	7.7	7.3	6.9	6.2	5.8	5.1
	72	6.6	6.2	5.8	5.0	4.6	3.8
	70	5.5	5.1	4.7	3.8	3.4	2.5
	68	4.4	4.0	3.6	2.6	2.2	1.2
	66	3.3	2.9	2.5	1.4	1.0	-0.1
	64	2.2	1.8	1.4	0.2	-0.2	-1.4
	62	1.1	0.7	0.3	-1.0	-1.4	-2.7
	60	0.0	-0.4	-0.8	-2.2	-2.6	-4.0
不及格	50	-0.8	-1.2	-1.6	-3.2	-3.6	-5.0
	40	-1.6	-2.0	-2.4	-4.2	-4.6	-6.0
	30	-2.4	-2.8	-3.2	-5.2	-5.6	-7.0
	20	-3.2	-3.6	-4.0	-6.2	-6.6	-8.0
	10	-4.0	-4.4	-4.8	-7.2	-7.6	-9.0

表 6-1-7　女生坐位体前屈单项评分表（单位：厘米）

等级	单项得分	一年级	二年级	三年级	四年级	五年级	六年级
优秀	100	18.6	18.9	19.2	19.5	19.8	19.9
	95	17.3	17.6	17.9	18.1	18.5	18.7
	90	16.0	16.3	16.6	16.9	17.2	17.5
良好	85	14.7	14.8	14.9	15.0	15.1	15.2
	80	13.4	13.3	13.2	13.1	13.0	12.9
及格	78	12.3	12.2	12.1	12.0	11.9	11.8
	76	11.2	11.1	11.0	10.9	10.8	10.7
	74	10.1	10.0	9.9	9.8	9.7	9.6
	72	9.0	8.9	8.8	8.7	8.6	8.5
	70	7.9	7.8	7.7	7.6	7.5	7.4
	68	6.8	6.7	6.6	6.5	6.4	6.3
	66	5.7	5.6	5.5	5.4	5.3	5.2
	64	4.6	4.5	4.4	4.3	4.2	4.1
	62	3.5	3.4	3.3	3.2	3.1	3.0
	60	2.4	2.3	2.2	2.1	2.0	1.9
不及格	50	1.6	1.5	1.4	1.3	1.2	1.1
	40	0.8	0.7	0.6	0.5	0.4	0.3
	30	0.0	-0.1	-0.2	-0.3	-0.4	-0.5
	20	-0.8	-0.9	-1.0	-1.1	-1.2	-1.3
	10	-1.6	-1.7	-1.8	-1.9	-2.0	-2.1

表 6-1-8 男生一分钟跳绳单项评分表（单位：次）

等级	单项得分	一年级	二年级	三年级	四年级	五年级	六年级
优秀	100	109	117	126	137	148	157
	95	104	112	121	132	143	152
	90	99	107	116	127	138	147
良好	85	93	101	110	121	132	141
	80	87	95	104	115	126	135
及格	78	80	88	97	108	119	128
	76	73	81	90	101	112	121
	74	66	74	83	94	105	114
	72	59	67	76	87	98	107
	70	52	60	69	80	91	100
	68	45	53	62	73	84	93
	66	38	46	55	66	77	86
	64	31	39	48	59	70	79
	62	24	32	41	52	63	72
	60	17	25	34	45	56	65
不及格	50	14	22	31	42	53	62
	40	11	19	28	39	50	59
	30	8	16	25	36	47	56
	20	5	13	22	33	44	53
	10	2	10	19	30	41	50

表 6-1-9 女生一分钟跳绳单项评分表（单位：次）

等级	单项得分	一年级	二年级	三年级	四年级	五年级	六年级
优秀	100	117	127	139	149	158	166
	95	110	120	132	142	151	159
	90	103	113	125	135	144	152
良好	85	95	105	117	127	136	144
	80	87	97	109	119	128	136
及格	78	80	90	102	112	121	129
	76	73	83	95	105	114	122
	74	66	76	88	98	107	115
	72	59	69	81	91	100	108
	70	52	62	74	84	93	101
	68	45	55	67	77	86	94
	66	38	48	60	70	79	87
	64	31	41	53	63	72	80
	62	24	34	46	56	65	73
	60	17	27	39	49	58	66
不及格	50	14	24	36	46	55	63
	40	11	21	33	43	52	60
	30	8	18	30	40	49	57
	20	5	15	27	37	46	54
	10	2	12	24	34	43	51

表 6-1-10　男生一分钟仰卧起坐（单位：次）

等级	单项得分	三年级	四年级	五年级	六年级
优秀	100	48	49	50	51
	95	45	46	47	48
	90	42	43	44	45
良好	85	39	40	41	42
	80	36	37	38	39
及格	78	34	35	36	37
	76	32	33	34	35
	74	30	31	32	33
	72	28	29	30	31
	70	26	27	28	29
	68	24	25	26	27
	66	22	23	24	25
	64	20	21	22	23
	62	18	19	20	21
	60	16	17	18	19
不及格	50	14	15	16	17
	40	12	13	14	15
	30	10	11	12	13
	20	8	9	10	11
	10	6	7	8	9

表 6-1-11 女生一分钟仰卧起坐单项评分表（单位：次）

等级	单项得分	三年级	四年级	五年级	六年级
优秀	100	46	47	48	49
	95	44	45	46	47
	90	42	43	44	45
良好	85	39	40	41	42
	80	36	37	38	39
及格	78	34	35	36	37
	76	32	33	34	35
	74	30	31	32	33
	72	28	29	30	31
	70	26	27	28	29
	68	24	25	26	27
	66	22	23	24	25
	64	20	21	22	23
	62	18	19	20	21
	60	16	17	18	19
不及格	50	14	15	16	17
	40	12	13	14	15
	30	10	11	12	13
	20	8	9	10	11
	10	6	7	8	9

表 6-1-12 男生耐力跑单项评分表 50 米 X8 往返跑（单位：分·秒）

等级	单项得分	五年级	六年级
优秀	100	1'36"	1'30"
	95	1'39"	1'33"
	90	1'42"	1'36"
良好	85	1'45"	1'39"
	80	1'48"	1'42"
及格	78	1'51"	1'45"
	76	1'54"	1'48"
	74	1'57"	1'51"
	72	2'00"	1'54"
	70	2'03"	1'57"
	68	2'06"	2'00"
	66	2'09"	2'03"
	64	2'12"	2'06"
	62	2'15"	2'09"
	60	2'18"	2'12"
不及格	50	2'22"	2'16"
	40	2'26"	2'20"
	30	2'30"	2'24"
	20	2'34"	2'28"
	10	2'38"	2'32"

表 6-1-13　女生耐力跑单项评分表 50 米 X8 往返跑（单位：分·秒）

等级	单项得分	五年级	六年级
优秀	100	1'41"	1'37"
	95	1'44"	1'40"
	90	1'47"	1'43"
良好	85	1'50"	1'46"
	80	1'53"	1'49"
及格	78	1'56"	1'52"
	76	1'59"	1'55"
	74	2'02"	1'58"
	72	2'05"	2'01"
	70	2'08"	2'04"
	68	2'11"	2'07"
	66	2'14"	2'10"
	64	2'17"	2'13"
	62	2'20"	2'16"
	60	2'23"	2'19"
不及格	50	2'27"	2'23"
	40	2'31"	2'27"
	30	2'35"	2'31"
	20	2'39"	2'35"
	10	2'43"	2'39"

表 6-1-14　男生一分钟跳绳评分表（单位：次）

加分	一年级	二年级	三年级	四年级	五年级	六年级
20	40	40	40	40	40	40
19	38	38	38	38	38	38
18	36	36	36	36	36	36
17	34	34	34	34	34	34
16	32	32	32	32	32	32
15	30	30	30	30	30	30
14	28	28	28	28	28	28
13	26	26	26	26	26	26
12	24	24	24	24	24	24
11	22	22	22	22	22	22
10	20	20	20	20	20	20
9	18	18	18	18	18	18
8	16	16	16	16	16	16
7	14	14	14	14	14	14
6	12	12	12	12	12	12
5	10	10	10	10	10	10
4	8	8	8	8	8	8
3	6	6	6	6	6	6
2	4	4	4	4	4	4
1	2	2	2	2	2	2

　　注：一分钟跳绳为高优指标，学生成绩超过单项评分 100 分后，以超过的次数所对应的分数进行加分。

表 6-1-15　女生一分钟跳绳评分表（单位：次）

加分	一年级	二年级	三年级	四年级	五年级	六年级
20	40	40	40	40	40	40
19	38	38	38	38	38	38
18	36	36	36	36	36	36
17	34	34	34	34	34	34
16	32	32	32	32	32	32
15	30	30	30	30	30	30
14	28	28	28	28	28	28
13	26	26	26	26	26	26
12	24	24	24	24	24	24
11	22	22	22	22	22	22
10	20	20	20	20	20	20
9	18	18	18	18	18	18
8	16	16	16	16	16	16
7	14	14	14	14	14	14
6	12	12	12	12	12	12
5	10	10	10	10	10	10
4	8	8	8	8	8	8
3	6	6	6	6	6	6
2	4	4	4	4	4	4
1	2	2	2	2	2	2

注：一分钟跳绳为高优指标，学生成绩超过单项评分100分后，以超过的次数所对应的分数进行加分。

第二节　活动类体育作业

篮球、足球、乒乓球等球类活动在我国群众普及度较高，深受大众喜爱。这三种球类活动是孩子们最喜欢的集体类活动项目，无论是学生还是家长都有一定的基础，所以在学校学习了基本的技能方法后，可以通过可操作性强、不受场地限制的家庭作业加强练习。这样不仅锻炼了学生的身体素质，也培养了学生的兴趣，并有助于学生的身心健康，有助于改变体形，改善身体机能。

一、目标定位

（一）运动能力

了解并运用正确方法学习篮球、足球、乒乓球，积极参与各项练习并能够说出基本的运动项目术语，如侧身跑、撞墙式二过一、正手攻等；能够描述各种项目的练习方法，说出1—3种能够提升项目成绩的小技巧，各项目水平有明显提高。

（二）健康行为

了解和运用身体成分的基本知识和改善身体成分的多种练习方法，如能量摄取和消耗、健康饮食和体育锻炼等；能够独立或与同伴合作完成篮球、足球、乒乓球项目学练，根据身体感受调整练习节奏，逐渐适应体能练习密度与强度的变化；在遇到困难时能及时应对、主动克服，积极调控情绪。

（三）体育品德

根据身体条件和体能基础选择合适的锻炼方式，按照规则和要求参与篮球、足球、乒乓球的游戏与比赛，在活动中表现出自尊自信、积极进取、克服困难、奋勇拼搏、相互尊重、乐于助人等精神。

二、内容结构

篮球、足球、乒乓球运动都是具有竞争性和对抗性的运动项目，它能体现出学生之间的配合意识和团结协作的精神，在学校深受广大学生的喜爱。学生在学校学习了一部分动作技能后，回到家中可以进一步加强练习，对培养学生体育运动的兴趣，促进学生身心健康，增强学生体质，丰富学校文化生活，发展体育特长，调节紧张的学习气氛具有重要意义。

（一）基本知识与技能

（1）学生学会篮球、足球、乒乓球的一些理论、术语和简单的足球训练方法。

（2）通过练习篮球、足球、乒乓球，提高学生的速度、力量、柔韧、灵敏等综合身体素质，增强身体协调能力、控制能力，手眼配合能力。

（3）学生对篮球、足球、乒乓球产生一定的兴趣，养成锻炼的习惯，同时锻炼学生的意志品质，陶冶情操。

篮球：由于场地限制，居家练习时只需要一个篮球，一小块平地或一个简易篮球筐即可，主要以篮球球性练习、运球、脚步练习和投篮为主。如果有篮球专业场地，可以拓展到技战术运用、小型比赛，等等。

足球：由于场地限制，居家练习时只需要一个足球，一小块平地即可，主要是足球球性练习，以颠球、运球等技术为主。如果有足球专业场地，可以拓展到射门、小型比赛，等等。

乒乓球：居家练习时只需要一只球拍，一个乒乓球，以颠球、步法练习、对墙推球等球性练习为主。如果有乒乓球台，可以拓展到攻球、两人对练等。

（二）练习方法与技战术运用

初步掌握篮球、足球、乒乓球主要基本技术的关键技术环节，并在实战中能初步运用，提高学生的战术能力，重点是个人战术和局部战术，明确个人攻守的职能，进攻和防守原则。

篮球：由于场地限制，居家练习时可以和家长、同学、小球友进行一对一或两三个人的模拟或实战。如果有篮球专业场地，可以拓展到技战术应用、小型比赛，等等。

足球：由于场地限制，居家练习时可以和家长、同学、小球友进行一对一或两三个人的模拟或实战。如果有足球专业场地，可以拓展到二过一的小配合、小型比赛，等等。

乒乓球：居家练习时只需要一只球拍，一个乒乓球，以熟悉球性、颠球、对墙推球等球性练习为主，练习步伐移动等等，熟悉比赛规则，进攻与防守意识。如果有乒乓球台，可以和家长、小伙伴拓展到各种技战术的运用。

（三）一般体能与专项体能

一般体能：篮球、足球、乒乓球可以有效增强小学生体质健康，对于发展学生的速度、力量、耐力、柔韧、灵敏等素质具有非常重要的意义。

专项体能：篮球的专项体能有连续快速跳起摸高、变身跑、急停等；足球的专项体能有"T"字型变向跑、"S"字型变向跑、触球折返等；乒乓球的专项体能有快速移动、双摇跳绳等。在篮球、足球、乒乓球练习中，科学合理的运动强度、行之有效的教学方法，会进一步发挥学生体能方面的优势，改善学生体能方面的不足，让学生的体能水平得到全面的提高，尤其是对于长时间奔跑与短时间加速能力、对抗中的力量、身体重心控制能力与灵活性、良好的弹跳等专项体能有很大帮助。

小学阶段是学生发展灵敏性、协调性等身体素质的关键期。学生通过参与篮球、足球、乒乓球练习，可有效促进学生的灵敏性和协调性素质的发展。

（四）展示与比赛

能够自发的和同学进行线上展示和比拼，敢于在班级群及同学面前进行锻炼方法的展示。

（1）学生自发的，在居家锻炼时让父母帮忙拍摄小视频或者图片，然后发到班级群内，同学们进行云比赛，体育老师进行点评与发奖。

（2）通过一个周期的体育作业布置，比如2周或者1个月定期在体育课上进行针对性评比与展示，从而体现居家锻炼的效果。

（3）通过学校组织的班级联赛展示自己的锻炼结果，表现好的同学可以选拔进入小队等。

（五）规则与裁判

了解篮球、足球、乒乓球的基本规则与方法，能够运用所学知识对自己的运动项目进行简单测试，并能够帮助同伴进行测试；练习时强调动作规格标准，展示比赛时明确规则。小裁判观察仔细，判罚公正、严格。比如，篮球运球练习时，不能抱球走，不能双手同时拍球；足球不能用手触碰球；乒乓球每次只能触拍一次，触球台一次等等。

（六）观赏与评价

能够通过电视和现场观看、欣赏各类比赛，并做出简单的评价。目前，篮球、足球、乒乓球是我国时下最流行的三大类体育项目，群众基础很高，家长也有一定的积极性，所以有条件的家庭可以多带孩子去观看比赛。学生在观看比赛过程中表现出来的拼搏精神和对胜利的渴望，能够有效增强体质，锤炼意志。同时，学生也进行技战术分析训练，简单分析比赛球队或比赛队员的技术特点和风格，如某篮球队有个大个子，篮下没人能防得住，这个球队主要围绕这个大个子进攻。

三、活动方案

以篮球项目为例。由于学生是课后居家练习，好多小区没有篮球场和篮筐，所以就以运球为主要练习内容，把篮球运球的技术动作从简单到花式，到高难度分为六个水平，称为《小学篮球运球技术等级制》[①]，如表6-2-1所示。

表6-2-1　小学篮球运球技术等级

课程名称	级别	动作名称	技术要领
小学篮球运球技术等级制（1-6）	水平1	（1）双手体前变向运球	双腿与肩同宽，重心下移，双腿微曲。随着熟练程度，左右摆动幅度不断加大。
		（2）单手体前左右拉球	单手体前左右拉球。动作说明：双腿与肩同宽，重心下移，双腿微曲。手随球的方向变化而变化。
		（3）单手体侧前后拉球	单手体侧前后拉球。动作说明：双腿前后站立成弓步，重心下移，双腿微曲。手随球的方向变化而变化。
		（4）原地与体前变向结合	原地与体前变向结合。动作说明：双腿与肩同宽，重心下移，双腿微曲。重点在于原地运球用力要迅猛，与体前变向结合要快。根据熟悉程度不断加快运球速度。重点在于运球的过程中，随着球的方向移动，调整重心到不同脚上。
		（5）单手体前拉球与体前变向结合	单手体前拉球与体前变向结合。动作说明：双腿与肩同宽，重心下移，双腿微曲。重点在于运球的过程中，随着球的方向移动，调整重心到不同脚上。
		（1）倒"U"型运球	双腿与肩同宽，重心下移，双腿微曲。用力拍球顺势左右移动。

---

① 霍中阳：《小学体育教学中数字媒体教学与传统教学效果的比较研究结题报告》，课题编号：MSSW2018-073。

续表

课程名称	级别	动作名称	技术要领
小学篮球运球技术等级制（1-6）	水平2	（2）绕"C"运球	双腿与肩同宽，重心下移，双腿微曲。手随球的方向变化而变化。
		（3）胯下连续绕腿运球	双腿前后站立成弓步，重心下移，双腿微曲。手随球的方向变化而变化。
		（4）胯下连续运球	双腿与肩同宽，被胯腿向前上方迈出一小步。胯下运球时球与手有一定黏连过程。
		（5）单手体前拉球与体前变向结合	双腿开立，略宽于肩，胯下的同时迈出被胯下的腿，随后后腿跟进，如此反复。
		（6）单手体前拉球接胯下	双腿与肩同宽，重心下移，双腿微曲。
	水平3	（1）原地背后运球	该动作重点在于上体前倾，球的落点为屁股的正下方。避免将球运的距离身体太远。
		（2）原地正向绕"8"运球	双腿与肩同宽，重心下移，双腿微曲。绕动过程肩膀跟着摆动。
		（3）原地倒向绕"8"运球	两腿与肩同宽，被胯腿向前上方迈出一小步。
		（4）背后绕体运球	双腿与肩同宽，重心下移，双腿微曲。绕动过程肩膀跟着摆动。
		（5）收伸腿胯下两次运球	双腿开立，略宽于肩，注意球与腿的协调配合。
	水平4	（1）体前绕"C"接胯下	身体重心与肩膀随着球的移动而摆动。
		（2）三次胯下跳转	注意腿与手的协同作用。
		（3）体前单手拉球接背后运球。	运球时要注意手脚配合，给球腾出向前的空间，背后运球时要将球送至身体的另一侧。

续表

课程名称	级别	动作名称	技术要领
小学篮球运球技术等级制（1-6）	水平5	（1）口袋运球	贴合面与地面夹角一定要小于90度，不然就是非法携带球。持球手的另一侧的脚向持球一侧合并。
		（2）原地山姆高德运球练习	第一次运球是向前推的，而不是向前拉球，运球时要保证运球的落点在脚外侧。
		（3）山姆高德	第一次运球是向前推的，而不是向前拉球，运球时要保证球运到脚的外侧。推出球的同时外侧脚做一个小的垫步，顺势靠近球一侧的脚向有球一侧迈出，最后另一侧手将球拉至另一侧。
		（4）简易"crossover"	其实crossover就是变向运球，但如今的含义往往是加上脚步的一个变向运球，所以这个动作的重点是脚步，其次就是手的兜球。
		（5）反向"山姆高德"	动作与"山姆高德"的脚步刚好相反，如果学习过"山姆高德"，这个动作就会容易一些。
	水平6	（1）跳"8"字内绕球	跳"8"字内绕球，主要是研究跳转。不要向高跳，两脚向后跳转，朝向与球的变换方向相反。
		（2）跳"8"字外绕球	注意腿与球的节奏，熟练后可以加快频率。
		（3）剪刀腿加原地组合练习	腿上的动作是"并－开－并"，相反方向"开－并－开"，配合球协调练习。
		（4）剪刀腿连续运球	运球过程中，手与球有一个停滞的过程，这时候进行脚步的调动。熟练后可加上拜佛动作。
		（5）开腿变向＋剪刀腿运球	两个动作衔接流畅即可。如果无法做，回去看前面两个动作，分开进行练习。

学生居家锻炼时，可选取表中任何一个技术动作进行练习，也可以从水平一开始，升级练习。场地需求极其简单，有一小块空地即可，需要一个小篮球，然后搜索网络上的示范动作，或者回忆体育教师的讲授，每天练习30—50分钟即可。

四、实施策略

参加篮球、足球、乒乓球居家练习的学生一般是以下几种情况：第一有专项体育特长需求，有天赋，身体条件出色，而且打算从这三项球类活动中有所发展；第二，特别喜欢其中的某一项运动，虽然身体天赋不够，但是一直保有足够的热情和兴趣；第三，父母特别喜欢其中的一项运动，所以就支持孩子练习，并且加油、鼓劲和陪伴。以上三种情况，都会使学生在练习篮球、足球、乒乓球时有足够的时间、空间和热情度，从而主动地去学习、练习和比赛，这样的情况才能让学生有连续性学习、练习行为。

（一）除了课上"学"，学生还可以在家里自"学"

随着信息技术的飞速发展，网络时代的来临，课堂已经不是学生获取知识的唯一地方了。学生在学校学习的技术动作，如果有哪些地方没有听懂，或者学的不到位，完全可以通过手机、电脑、电视在家进行自学。篮球、足球、乒乓球在我国一直是非常热门的体育项目，而学生只要有目标、有兴趣，完全可以根据自身的身体素质水平找到适合自己的学习方式。比如，小篮球体前变向运球。这一技术动作很简单：右手拍球右侧方，球从体前变方向，转体换手探肩，加速突然推后方，但是要想熟练运用，也需要指导和大量练习。学生通过平板查阅网上视频资源，一点一点对比模仿，就会发现一些小的细节需要改进。这就是自学时候的优越性。学生也可以通过父母的帮助，把练习的视频发给体育老师，通过远程指导，快速解决技术问题。

（二）练习——自我要求的提升

无论是课上学习，还是居家自学，都需要大量的练习来提高体测项目的成绩，这是体育类项目的特点。学生的有效练习对于学习运动技能初期、泛化阶段、分化阶段、巩固和提高阶段、运用技能阶段都有很强的作用，所以需要采用针对性较强的练习方法。也许一个简单的单手低运球，就要进行上千次，上万次的重复枯燥的练习，但是如果学生的兴趣足够浓厚，就一定能够坚持，坚持的结果就是熟练地掌握和自由的应用。练习到一定的熟练度，就会在比赛中体现出来，不由自主地用出技术动作。

（三）"赛"中求风格

比赛可以分为两种。一种是跟自己比。比如，篮球运球"山姆高德"，第一次练习的时候，录下来视频，进行多次练习和录制，然后把视频进行对比，再与网上的标准视频对比，给自己的动作打分。还有一种就是跟其他同学比。可以通过微信群，把各自的"山姆高德"动作视频展示出来，进行比较，互相督促；也可以在居家锻炼后的体育课上进行比赛。

五、效果评价

篮球、足球、乒乓球居家练习后，如何进行评价呢？可以分为两种：第一，返校后，通过体育课上体育老师进行技术评价，或学校的班级比赛中，看发挥和技能动作运用；第二就是通过社区、公园的比赛中看发挥。由于这三大体育项目是目前我国最流行，接受度最高的运动项目，平时公园、开放性运动馆都会有社区居民参与篮球、足球、乒乓球比赛。无论哪一种评价方式都不是重点，因为能自发进行篮球、足球、乒乓球居家练习的学生，本身就非常优秀了，无论体能、专项运动意识，技战术都会有很大的提高。

第三节　拓展类体育作业

亲子运动之重要，有以下几点：

首先，它有助于加强父母和孩子之间的情感交流。任何一种情感的升华都有赖于交流。虽然亲子之爱是与生俱来的，但由于现代社会竞争的日益激烈，大多数年轻父母将大部分精力花在工作、不断学习和提高上。曾几何时，父母与孩子的接触不再像过去那样频繁，与孩子一起玩耍的时间也大大减少。所以为什么不在一个阳光明媚的周末和孩子们一起参加一个特别的活动呢？它会让你的孩子更爱你，让你疲惫的心得到片刻的宁静，享受真正的家庭幸福！

其次，亲子活动有利于孩子身心的健康成长。现代健康概念将健康概念扩展到生理、心理和社会适应三个方面。亲子活动在寓教于乐的同时，可以开发孩子的智力，提高孩子的动手能力、反应能力和创造力，让孩子在德、智、体、美、劳等方面得到全面发展！

第三，亲子活动有利于激发孩子的内在潜能。不知道家长们是否注意到，当你观察我们的教学活动时，你的孩子们通常表现得也很好。其实每个孩子都有这样一种心理，希望有人能关注他，希望他是家人视线的焦点。父母鼓励的目光是他们不断进取的动力，也能激发他们的内在潜能！每个孩子都想出现在父母面前，让他们感到骄傲！这也是我们亲子活动的目的之一！它能让你的孩子变得更好，更进步，最终成为新世纪真正的人才！

一、目标定位

（一）运动能力

了解并运用正确方法学习参与各种亲子运动，积极参与各项练习并能够说出基本的运动项目术语，能够描述各种项目的练习方法，说出 1—3 种能够提升项目成绩的小技巧，各项目水平有明显提高。

（二）健康行为

了解和运用身体成分的基本知识和改善身体成分的多种练习方法，如能量摄取和消耗、健康饮食和体育锻炼等；能够独立或与父母亲人合作完各种小游戏学练，根据身体感受调整练习节奏，逐渐适应体能练习密度与强度的变化；在遇到困难时能及时应对、主动克服，积极调控情绪。

（三）体育品德

根据身体条件和体能基础选择合适的锻炼方式，按照规则和要求参与亲子游戏与比赛，在活动中表现出自尊自信、积极进取、克服困难、奋勇拼搏、相互尊重、乐于助人等精神。

二、内容结构

（一）基本知识与技能

亲子运动可以分为两大类：室外亲子运动和室内亲子运动。因为室外的各种活动在其他章节都有涉及，此处不再赘述。而室内亲子运动，项目很多，范围广泛，利用家里有限空间，如客厅、卧室、走廊等进行简单的运动项目，主要是为了提升亲子关系，然后才是加强体能、体育情感等更深的追求。

（二）室内亲子运动大概分支

室内的亲子运动项目，大概可以分为以下几种：体能类，如健身操、TABAT 健身练习、HIIT 动作等；2—3 人配合趣味游戏，如游戏"照镜子"、"赶'猪'过河"、"看谁'跑'得快"等；益智游戏，如"翻越丛林"、"胶带移动"等。

（三）室内亲子运动练习方法推荐

1.HIIT 动作

HIIT 动作又称作高强度间歇性动作，也就是在运动的过程中，运动强度是比较大的，但是中间有一定的休息时间，休息之后我们需要继续进行锻炼，一直到完成整个训练过程。如果孩子自己做练习，耐心和毅力是影响居家练习的最大难题，而且效果肯定会打折扣，这时候就需要家长陪伴。以下是 HIIT 最经典的 3 个动作：

（1）原地垂直跳

可以作为一次训练的热身，快速激活大腿肌肉，舒展上半身，加快心跳，让身体进入训练状态。

A. 双脚与肩同宽，站好，双膝微屈，同时上半身前倾，大约与地面呈 45 度，双臂自然后摆，呈半蹲姿势。

B. 原地跳起，同时上半身挺直，手臂随身体上摆。

C. 自然落地，屈膝缓冲，回到起始姿势。

D. 做 20 次左右，控制时间在 30 秒左右。

（2）开合跳

开合跳也是完成间歇性训练动作时的一个经典动作，一开始站好，挺胸收腹，保持良好的身体姿态。当双腿跳起打开的时候，手臂则是向上伸直超过头部做拍手动作，当腿部跳起合紧的时候，手臂自然放松到身体两侧。接下来重新开始动作，一次完成 1 分钟，然后休息 30 秒，再重新开始动作。

（3）跪姿俯卧撑起

这个动作需要借助器械完成，一开始我们的腿部固定在器械上，身体自然放松好。身体呈现跪姿，上半身挺直。当动作开始时，身体向下贴近地面，可以使用双手支撑身体，保持上半身能够和地面平行。再使用腰腹部发力，以及手臂共同作用，让身体能够起来，直到上半身挺直。一直做这个动作 30 次，休息 1 分钟之后再重新开始，一次完成动作 3—5 组。

2.2—3 人配合趣味游戏

（1）"照镜子"。游戏方法：学生前后（或左右）两人一组，相对而立（或坐）。一人在下肢不动的前提下，做单（双）手上举、前平举、侧平举、抓耳、摸鼻、指嘴等动作，另一同学像照镜子一样随之而做，出错即为失败，两人互换角色，继续进行。

（2）"赶'猪'过河"。游戏方法：学生前后两人一组，对桌而坐，在课桌两边沿5厘米处各画一直线（与边沿平行），每人将一方形橡皮（或铅笔等）放在靠近自己一边的直线后。游戏开始，两人轮流将橡皮向前吹，以橡皮过对面直线后，吹气次数少的为胜。

（3）"看谁'跑'得快"。游戏方法：学生前后两人一组，对桌而坐，每人将一块同样大小的橡皮（或铅笔等）放在桌面自己一侧的边沿上。游戏开始，两人利用"剪刀、石头、布"，确定先行，胜者将橡皮向前翻转一次，然后，依次进行。以先将橡皮翻至对面桌沿者为胜。

3. 益智类亲子运动。

（1）"翻越丛林"。找一个过道，左右两边贴一些胶条或纸条作为路障，孩子们需要身体不接触路障而顺利通过。如果家里没有合适的过道，或者过道不方便，也可以在客厅用几把椅子形成"天罗地网"，一样很好玩。

（2）"胶带移动"。用胶带在地板上贴上各种形状、字母或数字。让小朋友挑一个最喜欢的图案站上去，然后给他们下"命令"，让小朋友跟着指令到达下一个目的地。"命令"要包括规定的姿势和目的地。比如，"像熊一样爬到圆形""像青蛙一样跳到T""像螃蟹一样爬到矩形"在运动中，还能帮助他们学习形状、字母和数字。

（四）展示与比赛

能够自发的和同学进行线上展示和比拼，敢于在班级群及同学面前进行亲子运动的展示。

（1）学生自发的，在和家人做亲子运动时拍摄小视频或者图片，然后发到班级群内，与其他同学的家庭进行云比赛，体育老师进行点评与发奖。

（2）通过一个周期的亲子运动练习，比如2周或者1个月定期在体育课上进行针对性评比与展示，展现居家锻炼的效果。

（五）规则与裁判

无论是体能类的亲子活动、益智类的游戏，还是合作类的亲子运动，都可以提前预设游戏方法与规则。比如，HIIT运动时，提前与家长沟通好，练习的密度、组数、时间等，制订一个小的计划，然后和家人严格按照计划执行。时间和动作要达到标准，这样持续下去的话，会有非常好的效果。家长就可以充当有些运动的裁判，起到监督和鼓励的作用。

（六）观赏与评价

能够在看电视或现场观看、欣赏各类比赛时，做出简单的评价。目前，电视上有好多节目是关于亲子闯关，或者一起做游戏的内容。家庭成员之间本就是最亲密的关系，如果能够除了文化课学习、课外阅读等行为之外，再加上一定时间的亲子运动，那么家庭关系将会更加和谐。

三、活动方案

活动方案，如表 6-3-1 所示。

表 6-3-1　拓展类作业安排表

时间	游戏名称	游戏方法	效果展示
星期一	"翻越丛林"	练习方法：找一个过道，左右两边贴一些胶条或纸条作为路障，孩子们需要身体不接触路障而顺利通过。	
星期二	游戏"接纸片"	练习方法：给孩子一个桶，家长将小块纸抛向空中让孩子用桶去接。游戏目的，因为纸片轻，落地不规则，孩子需要追踪纸片接住，可以锻炼孩子的协调性和专注力。	

续表

时间	游戏名称	游戏方法	效果展示
星期三	游戏"搬运书籍"	练习方法：家长准备 10 本书站在起点，把书放在孩子背上，孩子手脚爬行 4 米，把书运到对面的沙发上，快速小兔子跳返回起点。根据完成情况可以改为后退手脚爬运书籍。 建议学习时间：做 4 米／组 ×10，每组休息 20 秒，共 5 分钟左右。	
星期四	亲子运动开合跳	练习方法：家长坐在地上，双腿伸直，可以采用开合的方式让孩子完成开合跳、并腿跳的动作。腰腹力量好的家长可以尝试将双腿稍离开地。（亲子可轮换） 建议组次设计：15-20 次／组；3-4 组；间歇 30-60 秒。	
星期五	吹球游戏	练习方法：找几个方形纸盒，涂上不同的颜色，侧着摆成一排。再找几根吸管和毛线球，只要在规定的时间内，把不同颜色的毛线球吹到同色的纸盒里就可以得分。	

续表

时间	游戏名称	游戏方法	效果展示
星期六	家庭投篮	练习方法：拿几个篮子或者置物框，上面贴上不同颜色的标签，摆在前方位置。让孩子站在离篮子约两米远的地方投球，什么颜色的球就投到什么颜色的篮子里。这个游戏可以培养孩子颜色识别能力和抓握抛掷能力。	
星期日	胶带移动	练习方法：用胶带在地板上贴上各种形状、字母或数字。让小朋友挑一个最喜欢的图案站上去，然后给他们下"命令"，让小朋友跟着指令到达下一个目的地。	

四、实施策略

能够参与亲子运动的学生一般是以下几种情况：第一，孩子年龄较小，又特别喜欢运动，但是没有特别合适的邻居伙伴。第二，父母特别喜欢体育运动，愿意陪伴孩子一起做亲子运动。

亲子运动在居家练习时受到场地影响不大，只要有时间就可以练习。学生在学校进行了基本技术的学习后，回到家里还可以通过手机、平板、电视等信息渠道自学。家长们也可以通过各种渠道先学习亲子运动的方法。

（一）为了孩子"学"，家长要先学。

随着信息技术的飞速发展，网络时代的来临，课堂已经不是学生获取知识的唯一地方了。学生在学校学习的技术动作，如果有哪些地方没有听懂，或者学的不到位，完全可以通过手机、平板、电脑、电视在家进行自学。而亲子运动，需要家长朋友们先学会运动方法和注意事项，然后才能带着孩子愉快的玩耍。所以说为了孩子锻炼好，家长先要学会游戏方法。

（二）一起练习，家人皆进步

无论是 HIIT 运动，健身操，还是双人运动游戏，都需要大量的运动时间，才能出效果。正所谓，熟能生巧，巧能生妙，妙能生绝，绝能生神，有了家长的陪伴，运动次数再多，再枯燥，相信孩子们也能坚持。而且学生的有效练习对于学习运动技能初期、泛化阶段、分化阶段、巩固和提高阶段、运用技能阶段都有很强的作用，所以需要采用针对性较强的练习方法。

（三）"赛"出氛围

比赛可以分为两种。一种是孩子和父母进行比赛。比如 HIIT 体能练习时，家长和学生就可以进行次数的比赛，时间的比赛等。这也可以激发学生的运动热情，以及追求运动高水平的动力。另外一种是居家锻炼后录成视频，发到班级微信群进行家庭间的比赛。无论哪种形式都是要家长们带头比赛，以赛促练。

五、效果评价

亲子运动居家练习后，如何进行评价呢？第一，通过上学后，体育课上体育老师进行技术评价，学校的班级比赛中，看发挥和技能动作运用进行评价；第二，看孩子长时间与家长一起运动后的体能情况，可以通过体质健康测试标准来衡量。

第三，家长和孩子们的关系。通过长时间的一起锻炼和沟通，孩子们会更加信赖家长，家庭关系也会更加亲密。

第四节　案例与分析

【案例1】动起来更精彩

★案例描述：

跳绳作为小学一年级的主教材，不仅具有很强的健身性、趣味性，而且可以作为许多运动项目训练的辅助手段，对提高人体运动素质有着不可估量的作用。跳绳携带起来比较方便而且实用，对于孩子们来说是再好不过的锻炼身体的器械了。而以往的跳绳施教实际存在一些弊端：学生个体差异较大，点、面教学转换困难；练习时间与效果不成正比，打击学生自信；学生个体太多，教师精力分配困难。跳绳水平的提高实际是一种身体技能的提高，它需要的是不断重复的练习。这种单调的重复练习，如何才能让孩子们坚持下去呢？对于一年级小学生来说，短短几次课的时间把跳绳学好有一定的困难。针对上述情况，我打破现有思维模式，采用一种更有效的教学途径：每次课后定期留体育课后家庭作业。要求：每天都要练习，走读生主要在家和父母一组，合作练习，相互指导学习；住宿生，利用每天一节课外开放课时间，采用异质分组合作学习跳短绳。就这样连续坚持了一个月时间，我所教的一年级学生全部达到了合格水平。

★案例分析：

跳绳是小学阶段非常重要的学习内容，具有很高的锻炼价值。跳绳水平的提高实际是一种身体技能的提高，它需要的是不断重复的练习。而课上练习时间明显不充裕，教师巧妙地利用给学生布置体育课后家庭作业，让他们与父母或者同伴合作，取长补短，调动兴趣，自觉地进行跳绳练习，取得了很好的效果。

（李亚冬供稿）

【案例2】设定目标，让"要我练"变"我要练"

★案例描述：

课间，我和学生聊天，"昨天我布置的跳绳家庭作业都谁按照老师的要求完成了？""唰"的一下子学生全部举起了手。"真棒！你们太棒了，老师为你们点赞！"此时的我真是为学生的自觉感到欣慰，为他们感到骄傲！就这样，我每次会在课前问问同学们体育家庭作业完成情况，我也特别找过同学们单独聊过关于家庭作业的问题，他们的回答大都也让我比较满意。一次上课前，我肚子不大舒服去卫生间，我"偷"听到了孩子们真实的谈话："快点、快点，一会老师又要问我们昨天体育家庭作业完成情况了，你昨天做了吗？""哈哈，昨天有点事，我给忘了。""那你今天准备怎么说？""反正老师也看不到，我就说做了，不然该受批评了。""这样说，不好吧？""没什么，我听说咱们班有的同学就这样说，要不然，你相信大家都能按照老师要求做完吗？好了，快点，不然要迟到了。"就这样，他们两个方便完很快就出去了。我听出了他们的声音，这两个学生都是平时上课表现比较好的学生，他们也有因为各种原因忘了做的时候，但是我每天课前都会问，他们怕挨批评，所以就出现了上面的一幕。这事对我触动很大，经过几天的思考，我决定改变检查作业的方式。"同学们，今天开始老师不每天检查体育家庭作业了。"我的话还没说完，学生就开始雀跃起来，个个神采飞扬。我顿了一下接着说："老师虽然不天天检查，但是作业同学还得完成，一周之后我检查同学们是否达到老师制订的标准。"检查作业方式改变一段时间后，经过"明察暗访"我了解到，虽然不再天天检查作业，但是同学们为了达到标准，练习积极性比以前高多了。

　　★案例分析：

　　"收作业是体育家庭作业最重要的一个环节。"当前管用的方式是：上传视频、家长签字、体育教师课上询问等。或许对于诚实的学生和家长来说可以实行，但却难以杜绝"假作业"和"虚作业"的现象。所以，体育家庭作业的"收"和"判"可以采用"目标管理式"的做法，即通过对作业目标的达成度来督促作业过程和评价学生。这种方法是：不限制每天完成情况，给学生设置时间，利用上课时间进行检测，评定良好、优秀，并计入平时成绩。"目标管理式"的收、判作业可以摆脱"每天是否做了作业"的拘泥，而让学生更加积极、更自主地根据自己的实际情况，瞄准最终目标进行锻炼，可以摆脱对"家长和学生都必须诚实"的依赖，而由教师在课堂上、在众多学生的见证下对体育作业进行最真实的验收，从而避免了"不诚信教育"的危险。

（赵国利供稿）

　　【案例3】课前三分钟展示，让家庭作业也精彩

　　★案例描述：

　　"铃、铃、铃！"上课铃声响了。"掌声有请今天课前三分钟展示的同学杜嘉艺。""大家好！我叫杜嘉艺（武术敬礼），来自二（1）班。今天我课前三分钟展示的题目是《武术基本手型》。武术是我国优秀的传统文化，历史悠久，内容

丰富。今天我向大家介绍武术基本手型。拳：四指双双向下卷，拇指紧扣食中间。拳！拳！拳！掌：四指并拢指向天，拇指紧扣虎口边。掌！掌！掌！勾：五指聚拢如捏豆，手腕弯曲似弯勾。勾！勾！勾！下面，请大家跟我一起说一起做。拳：四指双双向下卷，拇指紧扣食中间。拳！拳！拳！掌：四指并拢指向天，拇指紧扣虎口边。掌！掌！掌！勾：五指聚拢如捏豆，手腕弯曲似弯勾。勾！勾！勾！我的展示到此结束，请大家给我点评。"精彩的课前三分钟展示，伴随着同学们精彩的点评，收到了良好的效果，为全班同学在体育课上进行课前三分钟展示起到了良好的示范带头作用。

★案例分析：

课前三分钟展示，是我区教委重点打造的课前展示活动。在以往的课上三分钟展示活动中，我们主要仿照其他学科，组织学生进行课前三分钟演讲活动，虽然也取得了一定的成效，但是从体育学科特点来说，这样的课前三分钟展示活动还不够，不能达到体育特有学科的特点。为此，我结合体育学科特点，开展边说边做课前三分钟展示活动。这样就需要给学生布置体育家庭作业，学生要精心准备，查阅相关资料，才能在课前三分钟展示活动中取得良好的效果。

（韩洋供稿）

第七章 "双减"政策下学校、学生变化的案例

第一节 主管领导的案例

【案例】"选菜"式课后体育服务，促学校体育质量提升

"双减"政策出台后，体育教育受到了多方关注，尤其是小学体育成绩计入中考，学校、社会、家庭对体育的关注度更成为大家共同关注的焦点。新时代，在"双减"背景下，体育教育如何抓住机遇、迎接挑战，实现高质量快速发展，是摆在每一个体育教育者面前的一个难题。

为进一步落实"双减"政策，我校专门召开体育工作会，研究课后服务时间段体育活动如何开展。确定每天课后服务体育活动时间为40分钟，课后服务体育活动内容分为七个项目，分别是足球、篮球、乒乓球、武术、羽毛球、毽球、花样跳绳。每名学生每天任选一项活动参与，这样每天都有不同运动体验。我们形象地把它比喻成学生每天一盘菜，天天口味都不同。此外为了解决师资力量的不足，除了本校的体育教师外，通过校外机构聘请专业羽毛球、花样跳绳教练充实到教练团队中，并发展对体育锻炼有兴趣的教师参与到课后服务体育锻炼活动中来，进一步提高课后服务体育锻炼的实效性。

体育在德智体美劳五育中最不可或缺，它最能体现素质教育，体育锻炼使每一名学生"享受乐趣、增强体质、健全人格、锤炼意志"。我校"双减"后课后服务体育锻炼活动的开展，凸显出实效性、趣味性相结合。具体体现在：一是活动内容不远离课堂，达到了增强学生体质、提高运动技能、养成锻炼习惯的育人目标；二是优选提供课后服务体育锻炼内容，配足配齐师资队伍增强活动的实效性；三是丰富课后创新体育锻炼形式，增强学生参加体育运动的兴趣，为学生终身体育思想打下坚实基础。通过有效的课后服务体育活动，教会学生想学的内容

与科学锻炼方法，为学会、勤练、常赛提供有力保障。

（金宗健供稿）

第二节　班主任的案例

【案例1】春花秋月两相宜，月竞光华花竞姿

"双减"政策为新时代义务教育阶段学生的健康发展指明了新的方向，提出了新的要求，实施"双减"政策是对教育格局的调整，更是教育改革的大变革。对于这种变革，作为班主任，有着最深切的感受。

（1）全体教师观念的转变。面对双减的落地，面对中高考体育考试的改革，学校上至领导，下至各位教师对于体育运动的认识有了本质上的改变，都认识到体育的改革不仅是为了给孩子们一个强健的身体，更是为了给孩子们一个全新的面貌，一个美好的未来。这是国之大计，所以孩子们的运动时间不能有一点点的耽误。没有一个老师会为了几道数学题把孩子留下，即使孩子身体不太舒服，也会被老师"撵"下楼去，到操场遛弯，晒太阳。学生在校每天运动至少一小时，上午课间操半个小时，下午跑步40分钟。体育老师能够规范的管理学生；班主任老师也能够积极的投身其中进行指导与辅助；孩子们无论是做操还是跑步都能认真对待。每次看到孩子们做操时那优美的身形，看到他们跑步时那整齐的步伐，都让人感受到一种青春的活力在跳跃。

（2）学生们对自身体育运动要求的提升。我们班的赵炫博在寒假里胳膊骨折了，虽然来上课了，但是仍需要休息，每次上体育课，看到同学们打篮球手就痒痒的，自己不能上场，但是看别的同学打也能如痴如醉。胳膊刚好一点儿他就和我商量："老师，我胳膊骨折，腿没事，我可以跑步的。"出于安全考虑，我一直没同意他跑步。直到，他家长也打来电话，告诉我孩子的胳膊没问题，可以跑步了。我们班级里的孩子们很少有因为生病请假不跑步的。很多同学在家长的陪伴下进行体育锻炼。张艺轩比较胖，跑步总也跟不上，家长就每天晚上带着他跑步4公里并且计时，每当孩子跑步快时，家长就会发朋友圈表扬孩子。结果，张艺轩不仅跑步越来越快，人也瘦了十几斤，整个人都显得精神了。谢梓萱的家长工作很忙，但家长每天晚上都会抽出一个小时陪她打羽毛球。李天翔、张梓朔、李沐阳组成"我为篮球狂"动感小队，周六下午在家长的陪伴下打半天篮球。这一切的变化都来源于学生们作业的减少，课外班的减少。

（3）学生们的精神面貌有了质的飞越。随着运动的开展，学生们整体的精神面貌有了质的飞越，孩子们生病的少了，时时刻刻充满了活力。大家能够做到：运动时倾尽全力地去运动，学习时踏踏实实地去学习，两者相得益彰，互相促进。相信长此以往，学生们的体质会越来越好，学生们的精神风貌会越来越棒，孩子们的未来越来越光明！

（赵淑敏供稿）

【案例 2】"双减"背景下的变化

2022 年北京冬奥会的成功举办，使北京成为历史上第一个"双奥"之城。冬奥会的成功举办也掀起了全民参与体育运动的热潮，有三亿人参与体验冰雪运动，感受到运动的激情与快乐，用行动诠释了奥林匹克运动精神。

学校作为培养未来接班人的摇篮，体育锻炼更加重要。"双减"政策落地后，给学校教育带来更多改变。特别是《义务教育阶段体育与健康评价标准》的出台，加大了群体锻炼时间，更加注重居家锻炼，同时加大了评价力度。这一系列的举措都在告诉人们，"双减"政策颁布后，体育越来越成为一门重要的学科。学校对于学生的教育不仅是知识的传授，更多关注的是学生的个性发展、道德品质、理想信念、良好的行为习惯，更要培养学生积极向上的健康心态，强健的体魄，以确保学生健康快乐的幸福校园生活。

（1）学生锻炼时间增加。学校领导非常重视，成立了领导小组，亲自安排部署、协调课程资源，优化师资力量，保证双减政策的有效落实。在提升课堂教学质量的前提下，作业数量明显减少，学生有更多时间参加体育锻炼，培养自己的兴趣爱好。学生在校锻炼时间明显增加，每个班级每周至少有三节体育课，不仅如此，在每天的课后服务时间，也加强了跑步锻炼时间。操场上，整齐的步伐，洪亮的口号声，成为一道亮丽的风景线。

（2）学生锻炼意识增强。密云二小的教育理念是"为学生的发展奠基"。培养德智体美劳全面发展的建设者和接班人，是学校教育的最终目标。"双减"政策实施以来，体育越来越得到社会的重视，体育成绩真正成为衡量学生全面发展的一项重要标准。记得六年级三好生评选时，体育监测成绩达到优秀成为评定三好生的重要条件，很多学习成绩优秀的孩子因体育成绩低于 85 分，而无缘参与三好生评选，给自己留下了遗憾。鲜活的事实引起更多优秀生的重视，在后来的体育锻炼时间，偷懒请假的学生明显减少，铃声一响，学生快速站队，跑步上操，操场上呈现出一幅生动的运动画面。科任课、自习课也看不到教师留学生补课的现象，从教师到学生的锻炼意识明显增强，大家都在积极参与锻炼，校园中到处是活力张扬的运动画面。

（3）学生整体素质提升。户外活动时间的增加，不仅有助于学生身体的成长，充分锻炼了体能，还增强了团队合作能力及同学们之间的情感沟通。学生的身体素质和精神面貌得到充分改观。运动场上，学生矫健的身影出现在体育课激烈的篮球比赛中，出现在抢动的绳影间，出现在此起彼伏的垫上运动中，也出现在集体做操、跑步时整齐划一的动作中，出现在嘹亮的口号中，更出现在学生健康洋溢的笑脸上中。不仅如此，学生的变化还出现在课堂上，自信大方的发言映照着学生红润健康的脸庞，挺拔优雅的身姿呈现出学生健康的体魄。生病请假的学生减少了，小胖墩越来越少，学生身体素质和精神面貌达到双提升。

"双减"下的体育变化，真正做到了"减"下来，课堂质量的提升，让学有余力的孩子"学得好"，让"跑"得慢的孩子"跟得上"，使每一名学生有更多时间参加体育锻炼，在锻炼中都能享受运动的乐趣，增强体质，培养健全人格和锻炼意志，养成终身锻炼的好习惯。

（马丽供稿）

第三节　家长的案例

【案例1】在人生的跑道上自由奔跑

"爸爸，今天的篮球社团我拍球又被老师表扬啦！"

"妈妈，今天的足球课我进了2个球呢！"

看着满脸兴奋的孩子，放学回家后第一件事情就是将自己在体育课上的小成就与家人分享，作为家长的我们总是会心的一笑，为孩子发自内心的快乐感到由衷的开心。"双减"政策实行以来，孩子的课余生活有了非常大的改观，虽然作业量有所减少，但是孩子对学习的热情却随之升高。孩子越来越喜欢上学，心中充满阳关与快乐，各学科学习时间的分配日趋合理，孩子的自主管理能力日益增强。

更可喜的是，"双减"一改往日繁重的课业负担，取而代之的是在校的体育锻炼时间显著增加，学校开设的体育活动丰富有趣，形式多样，不拘一格。篮球、足球、乒乓球、健美操、独轮车等，满足各类孩子的个性化需求，尊重孩子的天性。每天下午第二节课之后，操场上都会响起动感十足的音乐，孩子们跟着乐点、按照固定的路线有条不紊地进行跑步，不仅锻炼了身体，还培养了耐力，可谓一石二鸟。放学前，操场上充盈着孩子们的欢声笑语，一个个矫健的身影在这洒满余晖的操场上肆意地奔跑。孩子在强身健体的同时，充分释放了天性，在学校里除了学习知识，还收获了跑道和赛场上的比拼。俗话说，兴趣是最好的老师，丰富的体育活动，让孩子找到了自己的乐趣，也进一步懂得了一份汗水，一分收获的真理。

感谢体育老师们在"双减"背景下践行"以体育人"的教育理念，努力改变传统"重智轻体"的教学现象，借着北京冬奥会的春风，让孩子尽情感受竞技体育的乐趣，在人生跑道上全面发展，遇见更好的自己！

（二 3 班郭田利家长）

【案例 2】闺女的小学体育活动

我的孩子是密云区第二小学一名普通的学生，今年已经 6 年级了，每天她都很开心地去上学。除了书本内容的学习，她最喜欢的是各种体育活动。作为一名父亲，孩子能够健康快乐地成长，我很欣慰，也对密云二小的各项教学工作感到满意，尤其是体育活动的开展令我印象深刻。

首先对密云二小的幸福教育理念感受颇深。体育活动不单是枯燥乏味的体能训练，还有五花八门、让孩子们喜欢得各种活动。我的女儿这 6 年来始终热爱着各种体育运动，不但有一个好身体，还学会了好多种体育项目，同时交到了一些有着共同爱好的朋友，这对她来说是一生的财富。

我记得她每天最喜欢的课就是体育课，无论赛跑，扔沙包，比赛仰卧起坐，还是打篮球，踢足球，都十分开心。要是因为下雨了或者因为有其他事情耽误了体育课，她就很不高兴，一节体育课胜过其他的所有课。除了体育课，听她说学校每天还有课间操、集体跑步活动，周 2、3、4 还开设了社团活动。我问她，那社团是选择画画，还是摄影呢？她的回答很简单：篮球。因为她从 3 年级开始就入选了周六日学校开办的篮球队，所以一直在进行篮球训练。我说，那这样下来，几乎每天都要进行篮球的练习了，不枯燥吗？闺女说，每天做喜欢的事，难道不好吗？好，当然好了，作为家长，我举双手赞成。其实当初进入学校篮球队梯队训练的原因很简单，除了篮球教练的选拔，我们做家长的单纯地想让孩子通过篮球训练，提升身体素质，现实一点为将来初三体育中考，选择篮球项目，做准备而已。不成想，孩子却爱上了这项运动。她已经把篮球这项运动当成了一生的体育活动。运球、投篮、奔跑、比赛、拼抢，几乎每天都坚持的篮球训练，让她养成了能吃苦，敢于拼搏的精神。而且通过篮球活动，她又结识了不少志同道合的朋友，也学会了如何与队友相处。有一天，她突然告诉我，她们篮球队要出校去和别的学校比赛了。她说有点紧张，但是更多的是激动，是向往，想要跟其他学校的学生同场竞技，想要代表二小篮球队取得胜利！她说的我都很激动，我说，闺女加油，比赛输赢，我都奖励你！她却说，不行，一定要赢，我们几个主力都商量好了，不能白白训练这么多年，要一起努力，打好比赛为教练，为学校争光！听她这么说，我很是欣慰。打心里觉得孩子真棒，成长了。

我的女儿很快将会升入初中，这六年来小学生活十分开心和幸福，我也十分感谢二小的体育老师，给孩子们创造了这么好的运动条件，不但教给她们知识、技能，优良的品质，还教育他们怎么做人，怎么去更好地成长。最后希望密云二小越来越好，体育事业越来越丰收。

（六6班贾茜文家长）

第四节　学生的案例

【案例1】体育锻炼好处多

俗话说得好，"生命在于运动。"体育锻炼有助于身心健康、可以增强免疫力、促进新陈代谢、减少和预防疾病、控制体重、促进睡眠、消除压力等等，好处多到根本数不清。

以前的我也和多数同学一样，明知体育锻炼好处多，可一到动起来就累得直打退堂鼓。但自从"双减"政策实行以后，课余时间变多了，在家和学校的体育锻炼也变丰富了。我意识到"减量不减质"，有这么好的机会一定要把握住。学好体育以后有大用处，升学、考试的体育分值很高，若不趁早为将来打下基础，到时候后悔可就来不及了。

现在想想真感谢我当时的举动，要不是我一直没有松懈，每天坚持上好体育课、课间操和跑步，没特殊情况绝不请假，回到家后合理安排时间，劳逸结合，有空就运动，现在的荣誉很有可能就不属于我了。

要知道，三好学生一直是我努力的目标，在听到要评选之前我很是忐忑，因为班里优秀同学很多，三好学生的名额只有两个，我很担心自己会选不上。没承想这次评选标准与以往不同，严格按照德智体美劳各方面去衡量，其中有明确要求体育成绩需达到85分才有参选资格。很多同学因为平时不注重体育，从而错失良机，我呢，经过层层竞选，很幸运的评上了三好学生。我不禁感叹："体育锻炼的好处真不少啊！多亏了体育我这个亲爱的朋友，没有你我该怎么办！"

由此可见，体育锻炼作用之大，现在开始锻炼还不晚，"身体是革命的本钱。"想拥有一个健康的体魄，就赶快行动起来吧！

（六2班王一然）

【案例2】体育带给我的快乐

体育，体育活动各式各样，人们对体育也很重视。四年一届奥运会、国际足联世界杯、世界一级方程式锦标赛，这三个比赛被称为"世界体育三大赛"。此外，还有好多种关于体育的比赛呢。体育就在我们的身边，体育也非常重要，人活在世上一定要有个好身体。所以说我们从小就要好好练习体育，锻炼出一个好身体。我们国家很重视体育，中考体育的分值达到了70分呢。

我的体育其实不太好，本身我也很懒，每天除了上体育课，跑步，做操，我就没有其他的体育活动了，我的身体也越来越差，每次体测的时候都是八十多分，我也没有时间再去做体育运动，写完作业后天都黑了。今年国家发布了新政策"双减"，我们学校也正确落实了"双减"，我们的作业明显变少了，我基本能在学校写完作业，到家后我有时间多读一会儿课外书和弹钢琴了，最重要的是我有富余的时间做体育活动了，可以做我喜欢的事情了。而且，周末也可以多出去运动而不是忙忙碌碌的从这个课外班赶到那个课外班了。

小时候的我身体很不好，隔两天就发烧，妈妈看这样下去不行，我的体质会越来越差的，所以每月都会去爬山或者爬长城。大了以后，学习任务繁重，我没有那么多的时间了，妈妈只能在食物上给我增加营养。谁曾知，我营养又过剩了，身高170厘米体重一百多斤了。我和妈妈都很着急。严格控制我摄入的营养，渐渐发现这样也瘦不下去。今天推出的"双减"政策正好让我有了锻炼的时间。

现在我每天晚上都会跑800米，也是在为我的中考体育做准备。第一次跑800米的时候我跑了4分20秒，全程下来我特别累，小脸通红通红的，脚底下也有些站不稳。虽说很累，但跑的过程很享受，跑的过程中我很快乐。从那次以后，我也爱上了跑步。

今年的社团我选的是乒乓球社团，因为在暑假的时候我看奥运会爱上了乒乓球，等开学后我就报了乒乓球社团。从一开始我正手连着只能颠10个球，慢慢地，我正手连着能颠60个球了，我特别开心，我跟社团的同学打比赛也能赢过他们，我特别开心，回家就把这个好消息告诉了爸爸妈妈，他们也为我感到开心。体育给我带来了快乐，我爱上了体育。

我的体育有了很大的进步，多亏了"双减"我才有充裕的时间锻炼身体，让我的身体更加强壮，我要继续努力，争取中考时考个好成绩。生命在于运动，我爱运动！

（六1班李涵）

【案例3】我锻炼，我快乐

"双减"政策实施以来，我们的体育锻炼时间明显增加了，如大课间跑步，从原来的30分钟变成了现在的40分钟，让我们有更多的时间可以体育锻炼，对此我有深深的感受。

这学期刚开学的时候，我跑步跑一两圈就已经气喘吁吁了，经过不懈的锻炼和努力，现在我跑十圈仍然不觉得累。都是因为"双减"以后，我们才有了更多的时间参加体育锻炼。

记得以前，作为班里的卫生班长，我常常找出各种理由为借口，借故不跑步。在班里扫地，一边扫一边玩，等同学们跑完步回来以后，我还没有扫完，渐渐地，我的体质越来越差，身体也变胖了。为此，父母担心，老师着急，常常提醒我要积极参加体育锻炼。

放寒假的时候，我开始坚持每天去跑步，锻炼身体，父母还帮我制订了详细的锻炼计划。每天早晨，我起床后就出去跑步，吃完午饭天气暖和了，就去楼下和妹妹一起玩会儿，而且我还坚持每天晚上跳绳。这样坚持一段时间后，我的体重也减轻了。

开学后，我的身体素质有了明显变化。每次跑完步回到班，虽然满头大汗，但那种酣畅淋漓的痛快感让我格外轻松，学习也更加精力充沛，成绩有了明显提高。

如今，我坚持每天体育锻炼已有很长时间了。在学校，我会每天一丝不苟的跑步，一丝不苟的上体育课，珍惜每一次在学校体育锻炼的机会。我从来没有因为什么事不跑步，也不会因为什么事不上体育课，不体育锻炼。我也能做到每天坚持锻炼，如果在集体跑步的时候不小心跌倒我也会站起来继续跑，直到结束。休息日在家里，我坚持早晚锻炼，运动让我的精神面貌发生了巨大改变。

现在，我越来越喜欢运动，真正感受到我运动，我快乐！

（六2班高晟浩）

【案例4】运动有益健康

体育锻炼对我们身体有着非常重要的意义，只有经常参加体育锻炼才能够使我们有一个强健的体魄。它可以增强我们的心肺功能，有助于睡眠，体育锻炼还能延长生命，减缓肌体老化，能够强身健体，增强身体的免疫力，在锻炼的过程中能够让我们的心情愉悦，人也会变得积极阳光。全家一起锻炼还可以减少家庭矛盾。

生命在于运动！我的业余时间就很喜欢运动。我还给自己制订了一个周末运动计划：仰卧起坐 40 个，乒乓球 1.5 小时，打篮球 1 小时，慢跑 1 千米等。我相信只要坚持下去，一定会增强我的身体素质。

之前，总是有人说我的身高比同龄孩子矮。有一天，家里的灯坏了，看到爸爸一个人踩在椅子上面修，我很想上去帮忙，可是一看自己的身高，就是踩两个椅子也够不到啊！"我为什么不能长高点呢？"听说打篮球可以有助于长高，于是我就申请参加的校篮球队。经过了一段时间的锻炼，我的身高确实增高了不少。

还有一次，家里装修搬家，我也很想帮忙，可是一看自己的小身板。哎！只能灰溜溜地走开，干一点力所能及的事。怎么才能够增强我的肌肉力量呢？查了查相关的书籍，说是举哑铃可以增加肌肉力量，于是我又开始举哑铃。经过了每天 30 个的锻炼，坚持了 1 个月，我的肌肉力量有了明显的提高。

我很认真对待和珍惜每一节体育课，一是我喜欢体育运动，它可以缓解压力，二是能使我的身体素质得到提高，所以我的体育成绩还可以。在六年级的三好生评选中，我居然也在入选人名单中，我特别激动。班上比我优秀的同学之所以没有入围，大多数跟体育有关，要求是德智体美劳全面发展。同学们，少年强则国强，让我们从现在做起，从自身做起，一起运动起来吧！

（六 2 班赵菁祺）

【案例 5】"双减"后我的体育生活

"双减"前我的课余生活可以说是索然无味，尤其是年级高了以后，几乎所有时间都被包在了课外班中，导致很多自己想做的事情都做不了。但是"双减"之后可不一样了，课外班在一点点地减少，老师留的作业也几乎为零，这下我们自己的时间多了，能干的事情也多了。其中最为突出的就是我的体育生活变得丰富多彩了。

寒假的时候，我常常出去和朋友打乒乓球。一次，我又和小 a 约好了去公园打球。比赛开始了，前几个回合我们之间的比分还一直咬得很死，可谓是旗鼓相当了。但好在幸运女神一直偏袒着我，我的比分总是比她多那么一两分。又到了我发球，我将球高高抛起，紧接着微微跳起，球拍对准球来了一记扣杀。整套动作可是行云流水，打了小 a 一个措手不及！就这样我们之间你来我往，很快比分就到了 10∶10，这可是我们两个人的赛点。我轻轻吹了一口气，眼睛死死地盯住乒乓球，右手一挥，狠狠地将球打向了小 a。她没接住，很显然第一局我获得了胜利。很快第二局比赛就开始了，刚开始我们之间的比分还不相上下，可突然，小 a 发力了。只见她将球高高抛起，全神贯注在这只银白色的小球身上。球刚和球拍接触的那一刻，她的手一抖，双脚一踮，球迅速向我飞来，这令我头昏眼花，即使想护住，却还是无能为力了。就这样我们来回打了好几个回合，因为"双减"作业的减少，我们也不用担心写不完作业了。直到天都黑了我们才回家。

这几天，我的腿骨折了。虽然不能再和伙伴们一次驰骋在操场之上，但我也利用这个假期了解了许多有关于花滑的知识。2022 北京冬奥会开在了家门口，由于寒假作业早已写完，所以那几天我可以说是天天守在电视机前。因为这个冬奥我认识了许多人，如羽生结弦、金博洋、谢尔巴科娃等，他们的花滑不仅仅是技术，也有美感。像羽生结弦在今年的赛场上挑战了人类极限——阿克塞尔四周跳，虽然落冰摔倒了，但他的精神感动了很多人。特鲁索娃也在自由滑中跳了五个四周跳，就像她说的一样"为什么只有男孩子能跳四周跳，女孩子也可以，我就要做跳四周跳的第一个女孩子"。金博洋作为扛起中国男单大旗的人，在冬奥之前他的状态一直不好，但在冬奥的赛场上他又一次刷新了自己赛季的最好成绩。他们都是我们的榜样，在他们身上奥林匹克精神被呈现得淋漓尽致！

"双减"让我们的课余生活变得丰富多彩，因为作业的减少、课外班的减少，也让我们有了更多时间去干自己喜欢的事情。不仅仅体育时间多了，阅读、画画等等很多时间都多了。"双减"既让我们轻松了，也让我们的身体变得更强壮；既让我们了解了许多体育的知识，也让我们的兴趣爱好多了很多。

（六 1 班景思齐）

【案例 6】"双减"后的体育锻炼

"双减"政策实施后，老师为我们讲解什么是"双减"："双减如她的名字一样是为我们同学减去两大负担。一是减轻作业负担，二是减轻校外培训负担。更专业一点来讲就是，中共中央办公厅和国务院办公厅印发的《关于进一步减轻义务教育阶段学生作业负担校外培训负担的意见》。"我们班的同学们听后都很高兴，因为觉得可以少写些作业，有更多时间去玩，但我的关注点并不是这些，而是体育的变化。

在没有"双减"以前，虽然也有体育时间，但并没有现在的充足。记得有一次，妈妈买了一个新的羽毛球拍，计划好让我在学校里把所有作业写完，回到家以后就去打。于是我在学校里头也没抬地写上作业，有人问我题，我就会急急忙忙地说："你去问一下别的同学吧，我要抓紧时间写作业，下了学我好和我老妈一起去打羽毛球！"可是我没有写完，还差了一项作业。我还抱着一丝的挣扎与侥幸，跟妈妈说："妈妈如果我把这一项作业写完以后，我们是不是就可以去打羽毛球?"妈妈温柔地说:"到时候看看天吧,如果天没黑,咱们俩就去!"结果,我的希望变成了泡影。等吃完晚饭以后,天已经黑了,我和妈妈只好利用村里微弱的灯光散了散步。不过,这已经让我很满足了!

再想想现在,在学校里有整整两个小时的写作业时间,这时间是非常非常充足。就算是放在以前,也能写完。不是因为时间增加了,而是因为这两个小时老师全让我们写作业,再加上在学校里同学们比着写、拼着写的那股劲儿,和在家里写作业的感觉不一样,于是在上学期没有完成的心愿,在这学期通通完成了。这学期,当我放学回到家就算是作业没有写完,在家里也只用半个小时就能写完。每当我写完作业以后,我就先回去和妈妈打打羽毛球、踢踢足球、打打乒乓球,然后我们再一起去荡秋千、比赛跑,其乐融融!虽说作业减少了,但并没有影响到我们的学习质量,我感觉现在的作业是减量提质的,不比以前差。

"双减"了,体育时间就增多了,我们有更多的时间投入到体育运动当中了,我爱"双减"!

(六1班张合美)

【案例7】"双减"政策下的体育活动自由

近来,教育部下发的"双减"已经得到了初步的落实。

"双减",具体指全面减少我们的作业量,减少我们的作业负担,减轻我们的校外培训负担。这样,也让我的家庭作业量大大地减少,老师布置的家庭作业,我都能按时地在学校高质量完成。而富裕下来的课后时间,我便可以加强体育的锻炼了。

伏尔泰说:"生命在于运动。"达·芬奇说:"运动是一切生命的源泉。"如今,国家对体育这方面也是越来越重视了。体育已经纳进中考、高考的考试范围,并且其分值高达几十分呢!不仅如此,现在的小学也会定期进行体育健康测试:一分钟跳绳、一分钟仰卧起坐、坐位体前屈、50米短跑、400米跑等多项体育项目检测。其成绩也都将纳入我们的各科成绩之中,对我们的未来有着十分重大的影响。在中考、高考时,最容易得分,但也最容易被我们忽视的,就是体育这个学科了。其实只需勤加练习,就能够做到"健步如飞"。而小学六年级的三好生评选,是德、智、体、美、劳这几个方面,不仅语数英等各个主课要成绩优异,体育评分也必须要在优秀范围内,才能拥有竞选资格。

记得以前,作业量比较大。在学校没有完成作业的时间,课后的时间便都在写家庭作业之中了。每天只有课间操和体育课拥有短暂的锻炼时间。周六周日的课外班不亚于周一至周五的课程,锻炼的时间更是少之又少。每天的课余时间都用在老师布置的家庭作业之中了。

如今，"双减"政策已经得到落实。我们的作业大部分能够在学校老师的带领下完成。剩余时间，我可以和老爸，老妈一起去公园跑步、跳绳、打羽毛球。学科类课外班已经大量地减少，我也在课余时间报了舞蹈班、绘画社团等艺术类课外培训班。这些艺术类课外培训班开阔了我的视野，丰富了我的眼界，放松了我的身心，提高了我的审美素养，锻炼了我的动手能力。

除此之外，老爸还在寒假给我报了羽毛球培训班。不仅可以为我以后的中考体育打下基础，而且我又多了一项业余爱好。课上，我认真配合教练练习，已经学会了前场步伐、后场步伐、正手挑球、反手挑球、搓球、中场步伐等各种动作了。我也渐渐爱上了打羽毛球这项运动。游泳，对于我来说更是再熟悉不过的了。在休息时，我便会到游泳馆去，借着游泳来锻炼身体，强健体魄，放松身心。仰泳、蛙泳、自由泳、潜泳、蝶泳对我来说都不在话下，都能信手拈来。不仅如此，寒假期间举行的冬奥会活动，看着中国健儿谷爱凌姐姐，苏翊鸣哥哥为国摘冠，滑雪时那潇洒的姿态，也让我瞬间迷上了滑雪，一时间不能自拔。我也利用寒假的时间，一连去了好几次滑雪场。跟随着教练的步伐，从教学道到初级道，从初级道到中级道，我也学会了滑雪。

生命就是运动，人的生命就是运动。让我们坚持体育锻炼，让我们的国家成为一个国强、民强的国家吧！

（六1班谢梓萱）

【案例8】双减让运动更充足

自从国家实行了双减的政策，我的学习和生活发生了翻天覆地的变化。

"双减"前，我的作业很多，每天作业课的时间老师都会讲课，除了课间之外几乎没有时间写作业，回家后要花一个多小时的时间才能写完，还要保证一个多小时的读书，运动时间只有不到一个小时，天生爱吃的我更是胖了许多。周六周日我有很多课外班，几乎一上就是一天，剩下的一天还要把作业写完，运动时间更是少之又少，几乎都没有了！

我还是早发育的孩子，除了每个月到医院打一次针以外，运动也是必不可少的。每天中午我都会去打篮球，但只有中午的时间可以运动，运动的时间是不够的，晚上回家还要写作业，看书，就没有时间运动了。国家提出了"双减"政策后，我的作业就少了很多。作业课的时间，老师也让我们写作业，有什么不会的题可以问老师，老师都会耐心地给我们辅导，作业基本在学校就可以完成，这样晚上就有很多的时间去运动。爸爸知道后，给我买了一个小篮筐，装在墙上，每天晚上放学后我都会去打上一会儿。这样我的运动时间就从一个小时，提升到了每天三个小时左右，我的个子也窜得更高了！

周六周日的课外班也没有了。周六下午，我都会去打三个小时篮球，周日中午我也会打两个小时的羽毛球，有时候我还会去游泳，非常充实。

寒假也没有语数英的课外班，爸爸就给我报了一个羽毛球班，每天我都会和朋友们去打羽毛球，既开心又能锻炼身体。作业少了，自然时间也多了，我还去滑了好几次雪，不仅体验到了滑雪的激情，还锻炼了身体，让我又有了一项爱好，真是两全其美。

生命在于运动，运动可以让我们强身健体，也让我们更有活力，在烦恼时，可以用运动来忘记烦恼，在紧张时，可以用运动来平复心情，在伤心时，可以用运动来发泄情绪。"双减"给我们很好的运动时间，我们要抓住这次机会，多运动，让自己变得更健康。

达·芬奇曾说过："运动是一切生命的源泉。"生命不息，运动不止，让我们继续运动下去吧！

（六1班孙英展）

【案例9】"双减"下的运动

体育锻炼可以改善心理和生理状况，增强身体的柔韧性，增加血液循环，舒展身心，帮助睡眠，增强自信心，保持良好的心态，还能调节人体紧张情绪。真是不看不知道，一看吓一跳呀，体育锻炼居然有这么多的好处。

一年前的今天我们的作业"堆积如山"，可能现在你还在争分夺秒的跟作业在较量呢吧？每次写完作业都晚上八九点了，哪儿有时间出去锻炼。每次弟弟和我比赛跑步时，不出意外都是他赢。每次我都是跑到一半我就自甘放弃了，放弃后还气喘吁吁地坐在一旁半天也缓不过来。跳绳就更不能提了，每次都是不到40秒，我就累得"趴"在地上了，每次跳绳都跳不过110个。因此，我总是被弟弟嘲笑。

一年后的今天你一定想不到我们的作业会寥寥无几吧？一场轰轰烈烈的"双减"政策让我们彻彻底底地解放了！操场上有着我们活跃的身影，小区里有着我们欢快的声音。"双减"以后我有了很多锻炼的机会和时间。看！我现在正在和弟弟比赛呢。只见我左腿在前右手在后，听到妈妈大喊一声"预备，开始"后，我就开始拼命地往前跑。我大口地呼吸着空气，离终点还有50米的时候弟弟开始加速，我又输给了他。

我的胜负欲燃起来了，在他休息的时候，我一个人练习。我发现起跑时可以稍微速度慢一点，到最后时再冲刺。我们又重新开始了一轮比赛。我这次有了经验，在前面比弟弟慢了好多，可他怎么也没想到我会超过他。我超过他时，他完全慌了，最后输给了我。

以前我的跳绳也老是比不过弟弟，每次他都可以一口气跳到130个，而我只可以跳到100个，所以我下定决心一定要超过他。妈妈拿出手机帮我计时，我手握跳绳，一切准备就绪。我握着绳子，站好姿势，等待开始。"开始！"妈妈大叫了一声。我甩起绳子，像一只在被猎人追赶而逃窜的兔子。我的耳边只有"呼呼"的风声。不一会儿，我的手甩酸了，动作渐渐慢了下来。可是想到我每次被弟弟的嘲笑，我又咬紧牙，加快了速度。体力渐渐不支，可时间还在继续，我握紧绳子，准备最后的冲刺，耳边的风"呼呼呼"又快又急。最后我比弟弟多了10个，果然功夫不负有心人！

"双减"不仅让我们体会到了运动的快乐，也让我们体会到了运动的好处，我们也会坚持每天锻炼，让自己的身体越来越好！

（六 1 班刘欣蕊）

【案例 10】体育锻炼，刻不容缓

"德智体美劳"是衡量一个学生全面发展的五个方面。如今，北京"双奥"的成功举办，掀起了全民健身的热潮。体育不仅从校内走向校外，也从在校生的必修课，走向全民体育运动。

柏拉图曾说："身体教育和知识教育之间必须保持平衡。体育应造就体格健壮的勇士，并且使健全的精神寓于健全的体格。"这句话可以看出西方人对体育的重视。体育的重要，不仅在于个人，也在于全民运动。

特别是"双减"政策颁布以来，体育锻炼时间明显增长，曾经锻炼半小时，现在至少要锻炼一小时了。"双减"对我们学生来说，真的有许多好处，让我们增强了身体素质，改变了精神面貌。

有的学生不重视体育锻炼，体质下降，接连生病；有些同学因为学习排斥体育，体育课不好好上，"每天锻炼一小时"沦为空谈。校园外，健身卡办好后，就去"吃灰"，不少人宁肯在家玩手机遭辐射也不愿锻炼。体育不好，学习成绩再好，也是"无用功"。所以，没有好身体还是不行的。

明白这个道理，我们就要从现在开始好好锻炼。从前，我们被人叫"东亚病夫"，鸦片的输入，让我们被人踩在脚下。炮火烧在我们祖国面前，我们没有健壮的兵，只能任西方人打击，还被迫割地赔款，这是我们所不能忘记的耻辱！如今，中国的体育之火已被点燃，刚刚结束的冬奥会，中国运动员在赛场上摘金夺银，他们以自己的实力向全世界证明：中国人站起来了，中国已成为名副其实的体育强国。体育运动的强大代表着国家的实力，体育对一个国家的重要性，已经显而易见了。

得"体智"者得天下，我们要重视体育，体育运动强国是我们的目标，这样才能雄于地球。加强体育事业，刻不容缓！

（六2班杜海云泽）

【案例11】我和运动做个伴

六年级开学第一天，老师就告诉我们"双减"工作要在学校里全面落实了。不仅是在校内，校外辅导机构也告诉我们周末不再进行课外辅导培训了。骤然发生的变化，带给我们的既有学习压力的大幅下降，也有业余时间的增多，更有体育活动的增加。也正因如此，我现在几乎每天晚上都有时间去锻炼身体，每周末都能够与父亲一起去徒步或骑行。

转眼间，"双减"已陪伴我走过了快一年的时间。在这一年里，我的身体逐渐变得健壮起来。因为作业量的大幅减少，晚上我回到家里不用再花费大块儿的时间去写作业。爸爸妈妈为了让我能够提高身体素质，开始带着我每天到小区的广场上去运动。有时候妈妈带着我一起跳绳，有时候爸爸陪着我一起跑步，有时候我自己在健身器械上做有氧运动。经过半年多的锻炼，我从刚开始时跳一会儿绳子或跑一小段路就气喘吁吁，到现在我可以一口气跳满一千次绳或一口气跑完一千米。"双减"让我增加了运动时间，增强了身体素质。

随着周末课外辅导的取消，我有了更多的空余时间，通过户外运动我的性格也得到了改善。以前每到周末，课外辅导让我应接不暇，每次学习完都让我困顿不堪。那时的我对周末的课外辅导厌恶极了，也多次因为不想周末学习而生气甚至心情压抑。"双减"的到来，把周末的课外辅导全部叫停，我有了更多的时间去户外运动。因为我喜欢上了自行车运动，在我刚满12周岁时，爸爸送给了我一辆自己的自行车。周末，爸爸带着我开始有计划地去户外骑行。最开始，为了安全，他带着我在公园专用骑行路上练习。慢慢地，当我熟练掌握了骑行技术后，爸爸开始带着我到郊外车少人少、高低起伏的乡村小路上练习。每当我完成一次预定的骑行计划后，心中的自豪感油然而生，自信更加坚定，也更加喜爱上了这项户外运动。在大自然中的运动，我的身体素质不仅得到了提高，更主要的是通过运动使我的性格变得更加坚毅、开朗，身心更加愉悦。

"双减"给我带来了更多的运动机会，让我从题海中走出来，从无休止的课外辅导中解脱出来，让我有更多的时间去沐浴阳光、拥抱自然，也让我在运动中满血复活，有了更充沛的精力投入到新的学习中去。

（六2班张仲轩）

【案例12】我是女篮队员我骄傲

我是六年级女子篮球队的其中一员。因为到了毕业季，我一直纠结马上就要考初中了，要不要继续坚持训练，因为担心自己的作业做不完，担心周末训练与作文班时间冲突，可是这一切都在"双减"政策颁布以后成为"过去时"。我现在为自己是一名女篮队员而骄傲。

今天我要给大家分享的是我参加学校篮球队训练的一些感触。

许多同学说训练很累很枯燥，一点乐趣也没有，是这样吗？训练时虽然流了许多汗水，但那是点滴的收获和积累。训练时虽然一直在不断重复运球、传球等等，但那是打磨技术追求完美的必经之路。我在比赛中能把运球技术、传球技术、投篮技术展示出来，是一种无法用言语表达的喜悦。在篮球训练和比赛中我获得了同伴的关心和信任，我明白了什么是团队精神，明白了比赛的胜负都蕴含着什么，明白了什么是真正的篮球。篮球训练带给我的乐趣有很多很多，而这些乐趣是在书本上无法学到的，需要你的亲身实践。

有的同学说参加训练会影响自己的学习，是这样吗？训练时间相对于学习时间是增多了，但是训练后学习的效率却提高了，劳逸结合，身体和大脑都得到充分的休息。所以，我认为，课余训练不仅不会影响学习成绩，反过来还能促进学习成绩的提高。

经过篮球队的训练，我不仅仅获得了一个好身体，而且我的学习成绩也提高了很多，这样两全其美的事情，你不想试试吗？来吧，快快加入我们篮球队吧，你也会像我一样，为自己是一名女篮队员而骄傲！

（六1班刘嘉懿）

后记

2004 年 7 月，因为工作调整，我调入北京市密云区第二小学这所百年老校，当时学校一直致力于"快乐教育"的研究，但是，随着教育改革实验的深入，很多教师发现"快乐"概念本身制约了实验的发展。2007 年 7 月，学校开始探索和研究"幸福教育"，"结识"了"幸福教育"，方知"幸福教育"有更深远而实际的发展意义。

在学校领导的鼓励和支持下，我们成立了"幸福体育"研究小组，先后组织小组成员深入学习了刘次林博士的《幸福教育论》，密云二小的《幸福教育的理论与实践》《赋能幸福：回眸幸福教育 13 载》等著作。通过学习和梳理，我们对"幸福教育"有了更深的理解和更有实践的研究，幸福教育观认为，一方面，教育的目的或结果是为了人的幸福，另一方面，教育的过程是人体验幸福的过程。换句话说，为了学生的明天，教育是为学生未来的幸福奠基，为了学生的今天，学生正在接受的教育过程本身应该是幸福的。

2021 年 5 月，中央全面深化改革委员会第十九次会议审议通过了《关于进一步减轻义务教育阶段学生作业负担和校外培训负担的意见》（以下简称《"双减"意见》），《"双减"意见》的出台旨在有效减轻义务教育阶段学生过重作业负担和校外培训负担（以下简称"双减"），构建教育良好生态环境，有效缓解家长焦虑情绪，促进学生全面发展、健康成长。"双减"精神和"幸福教育"理念异曲同工，这更加坚定了我们践行"幸福教育"的决心和信心。

本书前六章，是我们"幸福体育"研究小组的共同研究成果。第一章"双减"政策下的"双增"育人模式（理念），主要由霍中阳执笔；第二章指向核心素养的体育大单元教学，主要由郭新宇、韩佳男、赵国利执笔；第三章打造特色体育课后服务多元供给，主要由王宗云执笔；第四章落实体教融合的课余体育训练，主要由张凯执笔；第五章培养集体荣誉感的群体活动，主要由金宗健执笔；第六章提升主观幸福感的家庭体育作业，主要由贾燕南执笔；最后，由霍中阳进行统稿和校对。

在写作过程中北京市密云区第二小学给予我们莫大的鼓励和支持，值此《"双减"中的幸福体育》出版之际，我们向下列人士表达由衷的谢意。

感谢北京教育学院体育与艺术教育学院陈雁飞教授，陈教授亦是我的老师，本书出版前后，数次亲临指导，谆谆教诲，在书稿的三级目录、书写框架与全书成稿等方面给予指导和建议，并为本书作序，使我们受益良多。

感谢北京教育学院体育与艺术教育学院潘建芬教授、张庆新博士、韩金明老师多年来的指导、帮助和鼓励。

感谢所有关心这本书出版、参与这本书撰写、提供资源的老师和朋友，是他们的努力才使这本书得以面世。

由于我们"幸福体育"研究小组成员均为一线教师，水平有限，错误及疏漏在所难免，诚恳希望各位专家和读者批评指正。

编者

2022 年 4 月 30 日

参考文献

[1] 尤传豹，高亮."'双减'政策下体育教育高质量发展"导读 [J]. 体育学研究，2022，36(02)：2.

[2] 胡文斌，李嘉玥."双减"政策背景下体育教师权威重塑的机遇与挑战——基于退役武术运动员视角的分析 [J]. 中华武术，2022(04)：110—112.

[3] 戴立军."双减"政策背景下初中体育家庭作业的校本实践研究 [J]. 学苑教育，2022(10):54—56.

[4] 张杰，唐钰传，夏正清.双减政策下社区青少年体育"三社联动"模式发展机遇与路径 [J]. 体育文化导刊，2022(03)：33—38.

[5] 肖洪恭."双减"政策背景下创新小学低学段体育教学的实践对策 [J]. 名师在线，2022(08):2—3+72.

[6] 王戬勋，沈克印，方千华."双减"政策之下的我国青少年体育教育培训：机遇、困境与策略 [J]. 西安体育学院学报,2022,39(02)"240—248.

[7] 王广伟.我国青少年体育培训行业的机遇、挑战与对策——基于"双减政策"背景下的分析 [J]. 丽水学院学报，2022，44(02)：90—95.

[8] 赵长通，邱建国，吴明静.基于 SWOT 分析的"双减"政策背景下小学课后体育服务发展契机 [J]. 新校园，2022(02)：18—20.

[9] 周秋婷，车旭升."双减"政策背景下青少年体育活动开展策略研究 [J]. 体育科技文献通报，2022,30(02)：198—201.

[10] 沈克印，吕斌，王戬勋."双减"政策下体育教育培训业的高质量发展 [J]. 体育教育学刊，2022,38(01)：23—30+95.

[11] 杨曼丽，张吾龙，胡德刚，宗波波，王宝森."双减"政策下我国中小学课后延时体育服务的演进历程、机遇挑战及实现路径 [J]. 体育学研究，2022,36(02)：21—32.

[12] 夏颖.让孩子拥有美好的童年——"双减"政策背景下对体育课堂教学的思考 [J]. 清风，2022(02)：3+8.

[13] 张翔."双减"政策下的小学体育教学探究 [J]. 教学管理与教育研究，2022，7(01)：16—17.

[14] 李彦龙，常凤."双减"政策下我国中小学课后延时体育服务时效与保障 [J].

体育学研究，2022，36(02)：33—40.

[15] 闫纪红，吴文平，代新语."双减"背景下中小学体育教师专业发展的生态化路径研究 [J]. 体育学研究，2022，36(02)：9—20.

[16] 龙德芳，何元，李配亮.学生负担减下来 教育质量升上去——云南落实"双减"工作纪实 [J]. 云南教育 (视界综合版)，2022(Z1)：4—6.

[17] 季斌."双减"，催生体育教育新样态 [J]. 小学教学研究 ,2022(04)：85—87.

[18] 于素梅.从"双减"谈体育教育的价值走向与创新发展 [J]. 武汉体育学院学报，2022，56(01)：83—91.

[19] 邓金鑫.庆安县教育体育局"双减"在行动 为学生减负 为家长解忧 [J]. 基础教育论坛，2021(35)：112.

[20] 程延风.民办非企业体育俱乐部参与初中教育服务的影响因素探析 [J]. 体育视野，2021(23)：1—4.

[21] 徐维嘉.减下来，增上去——"双减"政策下的体育教学新思路 [J]. 新体育，2021(22)：51—53.

[22] 赵同志.中学体育大数据辅助教学的反思与实践 [J]. 青少年体育，2021(11)：123—124+101.

[23] 魏煜钢.中学体育课程改革实践与走向 [J]. 文体用品与科技，2020(14)：188—189.

[24] 牛群，王恒利，邰峰.家庭体育教育发展价值、困境及对策 [J]. 体育文化导刊，2021(10)：90—95.

[25] 薛龙，李浩.中小学体育教育教学改革新思考 [J]. 冰雪体育创新研究，2021(20)：53—54.

[26] 雷宇生，况明亮.体育课堂内外一体化教育教学路径探索 [J]. 食品研究与开发，2021，42(20)：241—242.

[27] 宋博.创新体育教学方法 提高人才培养质量——评《新时期体育教育理论与实践新探》[J]. 山西财经大学学报，2021，43(11)：133.

[28] 樊腾飞."双减"政策下我国青少年体育的发展方向研究 [J]. 青少年体育，2021(08)：123—124+122.

[29] 浪成国，梁冬梅.浅谈初中体艺教学与立德树人 [J]. 课程教育研究，2020(35)：117—118.

[30] 麻广一，宫士君."双减"政策背景下小学体育教学中德育渗透现状、问题、对策 [J]. 嘉应学院学报，2021，39(06)：86—91.